北京市属高等学校人才强教计划资助项目

2009年北京市优秀教学团队"国际经济与贸易"教学团队成果

服装产业经济学丛书

国际纺织品服装贸易理论与措施

◎ 郭 燕 杨楠楠 编著

人民出版社

前　言

本书以国际纺织品服装贸易为主要内容,介绍国际纺织品服装贸易发展现状、WTO 体制下的国际纺织品服装贸易规则、国际贸易基本理论、国际纺织品服装贸易壁垒和全球纺织品服装贸易格局等。

在国际贸易中,纺织品服装产品较为敏感,竞争激烈,贸易限制和壁垒繁多,特别是发展中国家成为国际纺织品服装主要出口国,美国、欧盟和日本等发达国家为主要进口国,因此,发达国家为限制进口,长期以来对国际纺织品服装贸易设置了种种障碍,包括传统的关税壁垒、非关税壁垒、技术性贸易壁垒、绿色壁垒和社会壁垒,以及近年来实施的产品召回制度等,极大地影响了发展中国家的纺织品服装的出口。

自 1994 年以来,我国一直保持世界纺织品服装第一大出口国地位,同时,纺织品服装又是我国最大类别的贸易顺差产品。在中国纺织品服装出口额不断增长的同时,国际市场上一批新兴发展的纺织品服装出口国亦在崛起,这使得未来的国际纺织品服装市场竞争将更加激烈。因此,对于国际纺织品服装贸易理论与措施进行系统的研究意义深远。

全书分为四篇,共七章。第一篇国际纺织品服装贸易概况;第二篇国际贸易基本理论;第三篇国际纺织品服装贸易壁垒;第四篇国际纺织品服装贸易格局。上述内容对国际纺织品服装贸易理论与措施进行了系统归纳,内容广泛,具有实际指导作用。

本书具备以下特点:1. 本书从全新的视角来深入诠释国际纺织品服装贸易发展、贸易理论和措施,使读者对国际纺织品服装贸易有一个全景式的了解。2. 本书体例新颖,每一章都从基本问题的提出为出发点,深入浅出地阐述基本理论和贸易措施,对国际纺织品服装贸易相关问题进行系统的论述,并加以相关背景知识介绍。3. 本书研究内容丰富,理论观点具有一定创新性及前瞻性,数据翔实,具有较强的参考价值。它将为国内纺织服装院校的师生、专业人员提供丰富而翔实的信息。

本书适合于国际贸易专业、国际纺织品服装贸易专业的本科生、研究生,尤其是纺织服装类院校专业学生,以及企事业单位相关管理与研究人员等各种层次的读者阅读。

在高等教育强调应用型人才培养,突出专业特色的背景下,《国际纺织品服装贸易理论与措施》课程作为国际贸易专业特色课程、纺织服装类院校专业基础理论课程,有利于纺织品服装贸易专业人才的培养,书中内容具有较强的行业针对性,对我国纺织品服装行业及企业也具有参考价值。

本书由北京服装学院商学院郭燕教授主编。郭燕承担第一章、第二章、第三章、第四章和第五章的编写,北京服装学院商学院杨楠楠承担第六章和第七章的编写。

本书的出版获得"北京市属高等学校人才强教计划资助项目(项目编号:PHR201007219)"资金资助,并作为"2009 年北京市优秀教学团队《国际经济与贸易教学团队》"研究成果之一。

本书在编写过程中得到了人民出版社的大力协助。查阅和参考了大量有关的国内外图书、报刊资料以及教材,有些加以引用,在此特予说明,并致以诚挚感谢。国际纺织品服装贸易研究,有许多理论和实践问题仍在探索中,还需要进一步地完善和丰富。愿本书的出版能对读者和国内服装企业有所帮助。本书如有不妥之处,敬请各位读者批评指正。

作　者

2011 年 4 月于北京

目　　录

第 一 篇

国际纺织品服装贸易概况

导　　言

　　纺织业是世界各国工业化发展历程中的先导产业,在人类社会200 多年工业化发展进程中,许多国家的工业、经济和社会发展历程都证明了这一点。无论是在第一次工业革命时期,纺织业作为英国先导产业的出现,还是在 21 世纪初,越南、孟加拉和柬埔寨的工业化初期阶段,都选择纺织业为本国工业化的先导产业,其原因在于发展纺织业投资小、见效快、技术含量低、技术障碍较小,又是劳动密集型产业,能为一国提供大量的就业机会,同时纺织业还能带动农业、机械工业、化工和化纤工业、商贸领域的发展。

　　在一国工业化进程中,科技革命的出现带来先进的生产方式,必然引起产业结构的调整,最终各国产业结构演进一般都沿着:轻工业化—重化工业—重加工业—知识技术集约化的路径发展。同时与之相伴的是生产要素投入的改变,即:劳动密集型—资本密集型—技术密集型—知识密集型的依次更替。

　　世界上各国工业化道路并无统一的模式,但是就工业化的基本进程而言,却有相同的特征,即:从轻工业或消费品工业开始工业化,然后发展到重工业或资本品工业,继而推动服务业或第三产业兴起。而每一时期处于国际纺织品服装贸易中心地位的国家,其纺织服装业在该国属于先导产业,该国当时基本上都处于本国工业化的早期阶段。这一规律无论是第二次世界大战后的日本工业化早期,还是改革开放初期的中国,直至当今的越南等国均未改变。

第一章　国际纺织品服装贸易发展

【本章知识点】

1. 国际纺织品服装贸易发展阶段
2. 国际纺织原料贸易格局
3. 国际纺织品服装贸易格局
4. 国际纺织品服装贸易现状

【学习提示】

通过本章学习,了解国际纺织工业发展历程、纺织原料贸易特点、国际纺织品服装贸易发展阶段及发展现状,掌握国际纺织品服装贸易特征和变化规律。

第一节　国际纺织品服装贸易发展阶段

一、国际纺织品服装贸易发展阶段

人类历史上四次科技革命及与之相伴的四次产业革命,都对全球纺织品服装贸易的发展起到了积极的推动作用,自第一次工业革命至今,国际纺织品服装贸易经历了五个发展阶段。

国际纺织品服装贸易格局是由纺织品服装生产格局决定的,在过去的 200 多年间,曾出现了三次明显的贸易格局转移:第一次是从英国转移到美国、日本和欧洲;第二次是转移到韩国、中国香港和中国台湾;第三次是转移到中国、印度、墨西哥和巴基斯坦。目前有迹象显示,第四次转移已经开始,全球纺织品服装产地正在向越南、孟加拉和柬埔寨等新兴国家转移,未来上述新兴生产国将成为国际纺织品服装的出口国,新的全球纺织品贸易格局正在逐渐形成。

(一)第一次工业革命——以英国为中心的纺织品贸易体系的形成

工业革命,也叫产业革命,是资本主义由工场手工业阶段过渡到大机器生产的一个飞跃。第一次工业革命,以英国为首,以蒸汽机为主要标志,以轻工业为主导,从18世纪60年代珍妮纺纱机的问世,到19世纪30年代蒸汽机的广泛应用,火车、小汽车和轮船的出现而基本完成,历时70载。

第一次工业革命以前,纺织服装业是以手工操作的生产方式为主要特征。1785年瓦特发明了一种能耗低、效率高,有实际价值的蒸汽机,开始应用于棉纺业,随后用于毛纺业。在第一次科技革命中,欧洲的棉纺业、毛纺业向以蒸汽为动力的生产方式转变,机械力取代了人类社会千百年来对人力和畜力的依赖,形成了一大批以蒸汽为动力的新兴制造业。

第一次工业革命使英国作为世界头号工业强国迅速崛起,也使世界格局随之发生了巨变。英国真正成为"世界工厂",国际纺织品服装贸易格局初步形成,世界纺织品服装生产和出口以英国为中心,而印度、澳大利亚等殖民地国家成为英国棉花、羊毛的供应地,全球市场成为英国棉纺产品和毛纺产品的销售地,形成了以英国为中心的国际纺织品服装贸易分工格局。

背景知识

第一次工业革命前后一系列纺织机器的发明

在由工场手工业向机器大工业的转化过程中,由于圈地运动的进一步发展,广大农失去了赖以生存的土地,他们只好流浪到城市谋生。大量自由劳动力的出现有力地促进了当时英国的工场手工业的快速发展。同时,由于纺织工业本身具有投资少、见效快等特点,因此它成为当时的工场手工业的中坚。第一次工业革命首先出现于工场手工业新兴的棉纺织业。

1733 年,机械师凯伊发明了飞梭,大大提高了织布速度,棉纱顿时供不应求。

1765 年,织工哈格里夫斯发明了"珍妮纺纱机",大幅度增加了棉纱产量。"珍妮纺纱机"的出现首先在棉纺织业中引发了发明机器、进行技术革新的连锁反应,揭开了工业革命的序幕。

1769 年,钟表匠阿克莱发明了一种以水力为动力的纺纱机,这种以水力来转动纺轮的新的纺纱机,是继"珍妮纺纱机"后的又一大进步。

1779 年,一个童工出身的纺织工克隆普顿(1753—1827)对"珍妮纺纱机"和水力纺纱机进行了综合分析,在综合这两种纺纱机优点的基础上,研制出了一种被称为骡机的新纺纱机。骡机以水力为动力,一台骡机能带动近 2000 个纱锭,使纺纱机的工效大大提高。

1785 年,一个叫卡特赖特(1743—1823)的机械师在水力纺纱机和骡机的启发下,发明了水力织布机。新的水力织布机的工效要比原来带有飞梭的人力织布机的工效高 40 倍。水力织布机的发明,又暂时缓和了织布机落后的矛盾。就像一对相互啮合的齿轮,纺纱机与织布机在相互作用共同发展。

(二)第二次工业革命——以欧洲和美帝国主义为中心的国际纺织品分工格局

第二次科技革命是以内燃机和电动机的发明和使用为代表,电能取代蒸汽能。电力技术在纺织工业中得到广泛应用,因而进一步提高了纺织业的生产效率,实现了纺织服装生产设备的电气化,比原有的以蒸汽为动力的生产方式,效率提高了数十倍。

在科技革命的推动下,化学工业在第二次产业革命中得到了迅速发展,合成化学对纺织业的影响主要表现为"合成染料"的发明及其推广和应用,它改变了人们对天然染料的依赖,纺织业开始减少了对自然资源的依赖。

在这次工业革命中处于领先地位的是德国和美国,这一时期,英国以外的一些欧洲发达国家和美国,纷纷从事纺织品服装的生产,并开始大量出口,随着欧美国家的对外扩张,亚、非、拉国家成为帝国主义的殖民地,为欧美纺织业生产提供棉花、羊毛和丝麻原料,并成为纺织加工产品的销售地,欧洲和美帝国主义为中心的国际纺织品服装贸易分工格局基本形成。

法国的工业革命起自18世纪80年代,到19世纪中叶完成。法国棉纺织业首先开始了技术革命,采用机器,并开始建立自己的机器制造厂。1852年,法国纺织业共有工厂企业1438家,蒸汽机1179台,动力达16494马力,所采用的蒸汽机数量和马力居法国各工业部门之首。丝织业是法国传统的工业部门,1835年以后,较大型的丝织厂开始建立。在丝织业方面,法国机器比英国的还要精良。因此,法国一直是世界精美丝织品的供应商,其产品一半输往国外。19世纪20年代以后,法国的毛纺织业也开始使用机器,并大量出口毛纺织品。虽然法国的棉纺织业比英国规模小,但丝织、毛织业有较强的竞争力。法国的纺织工业在当时仅次于英国居世界第二位。

德国的工业革命从19世纪30年代开始,19世纪80年代基本完成。第二次工业革命与德国两个工业部门的领先地位相关,一个是电气工业,另一个是化学工业。德国是最早发明和广泛应用电力的国家,第二次工业革命时期德国毛纺织业普遍采用了机器,19世纪40年代德国还建立了几家制造纺织机的工厂,纺织业成为德国最主要的产业。

19世纪德国的化学研究突飞猛进,以合成染料的生产为例,1900年德国已完全垄断了世界染料市场。纺织工业的发展扩大了对染料的需求,由于德国首先发明和使用了矿物染料,纺织品成本下降,德国的纺织品在国际市场上具有了一定的竞争力。

早在1789年,美国在罗得岛建立了第一个水力纺织厂。美国纺织业发展迅速,很快成为最主要的工业部门。在棉纺织业的带动下,一些纺织机械制造厂先后建立起来,成为最早的机器制造业。毛纺织业也随着国内市场的扩大发展起来。

19世纪的后30年,昔日的英国逐渐失去了工业垄断地位。1863年诺贝尔发明了炸药。炸药化学的研制又引来了合成纤维工业。1884年第一座人造丝厂问世,化学纤维时代从此开始了。1899年,德国开始生产铜氨丝。20世纪30年代,美国成功生产出一种纺织纤维,即后来举世闻名的尼龙纤维。1828年,德国法本公司的保罗首次发明德国的贝纶,与尼龙纤维具有同等的价值。

如果说第一次工业革命造就了一个大英帝国,那么第二次工业革命则导致德国和美国的崛起。

(三)第三次工业革命——国际纺织品服装贸易形成了产业内分工格局

第三次工业革命发生在第二次世界大战后,是以原子能技术、航天技术、电子计算机的应用为代表,包括人工合成材料、分子生物学和遗传工程等高新技术。计算机的应用使纺织纤维的生产实现了自动化,从而减少了对劳动力的依赖,生产效率得到飞跃发展。

化学合成纤维的出现是纺织原料的重大革命,化学纤维在产量上与天然纤维并驾齐驱,且应用范围比天然纤维更广泛。化学纤维在纺织服装领域业的应用,改变了纺织工业原料对农牧业的依赖,化纤技术及纺织技术的高速发展和变化,促进了发达国家纺织业向高端发展和升级,而低端产品的生产和加工向发展中国家转移,第二次世界大战后国际纺织品服装贸易形成了产业内分工格局,即欧美发达国家将劳动密集型的服装加工转移到发展中国家,发展中国家成为服装生产国和出口国,发达国家将高端的资本密集型和技术密集型纺织纤维生产留在国内,成为纺织品的生产和出口国。

这个阶段的特点是纺织服装生产和贸易的地区结构发生了重大变化。在 20 世纪 60 年代,纺织服装生产中心从美国、日本和西欧转移到亚洲新兴工业国家和地区,韩国、中国香港和中国台湾等;从 20 世纪 80 年代开始又继续从韩国、中国香港和中国台湾向亚洲的其他发展中国家,如中国、印度和巴基斯坦转移。亚洲发展中国家成为服装出口地区。20 世纪 60 年代初,世界服装贸易主要集中在西欧和北美洲之间,20 世纪 70 年代开始,西欧各国和美国就开始变为服装的净进口国,同时,亚洲和其他地区的发展中国家的服装出口不断增长。

表 1-1 显示,在 20 世纪 90 年代,世界服装出口前 15 位国家和地区中有 7 个是发达国家,意大利和德国服装出口额位于全球前 5 位,在前 15 位中还有中国香港、韩国和中国台湾 3 个新兴工业化国家和地区,以及中国、土耳其、泰国、印度和菲律宾 5 个发展中国家。

2000 年,世界服装出口前 15 位国家和地区中有 6 个发达国家,在 2009 年世界服装出口前 15 位国家和地区中只有欧盟 27 国和美国是发达国家,韩国和中国台湾已不在前 15 位中,其余均为发展中国家和地区,表明世界服装出口贸易格局正在改变,孟加拉、越南、印度尼西亚、泰国、巴基斯坦和马来西亚等新兴服装生产国正在崛起。

表 1-1　全球服装主要出口国家和地区构成

1990 年		2000 年		2009 年	
服装出口国家和地区	出口额（亿美元）	服装出口国家和地区	出口额（亿美元）	服装出口国家和地区	出口额（亿美元）
中国香港	154.1	中国	360.7	中国	1072.6
意大利	118.4	中国香港	242.2	欧盟(27)	968.0
中国	96.7	意大利	132.2	中国香港	228.3
德国	78.8	墨西哥	87.0	土耳其	115.6
韩国	78.8	美国	86.5	印度	114.5
法国	46.7	德国	68.4	孟加拉	107.3

续表

1990 年		2000 年		2009 年	
服装出口国家和地区	出口额（亿美元）	服装出口国家和地区	出口额（亿美元）	服装出口国家和地区	出口额（亿美元）
中国台湾	39.9	土耳其	65.3	越南	86.3
葡萄牙	34.9	法国	54.3	印度尼西亚	59.2
土耳其	33.3	印度	51.5	美国	41.9
英国	30.4	韩国	50.3	墨西哥	41.7
泰国	28.2	印度尼西亚	47.3	泰国	37.2
美国	25.6	英国	41.1	巴基斯坦	33.6
印度	25.3	泰国	39.5	马来西亚	31.3
荷兰	21.9	比利时	39.4	突尼斯	31.2
菲律宾	17.3	中国台湾	29.7	摩洛哥	30.8
合计	830.3	合计	1359.4	合计	2999.5

资料来源：根据 WTO 年各度统计数据整理。

　　表1-2 显示，1990 年世界服装进口前15 位国家和地区中，除中国香港外，均为欧、美、日发达国家，2000 年世界服装进口前15 位国家和地区中，有 13 个是发达国家，2009 年世界服装进口前15 位国家和地区中，发展中国家和地区数量大幅增加，包括沙特阿拉伯、阿拉伯联合酋长国、土耳其、墨西哥和中国，同时韩国也成为了服装进口国，表明世界服装进口贸易格局正在改变，新兴服装进口消费市场正在形成。

表1-2　全球服装主要进口国家和地区构成

1990 年		2000 年		2009 年	
服装进口国家和地区	进口额（亿美元）	服装进口国家和地区	进口额（亿美元）	服装进口国家和地区	进口额（亿美元）
美国	269.8	美国	663.9	欧盟(27)	1601.1
德国	204.1	日本	197.1	美国	720.6
日本	87.4	德国	193.1	日本	255.1

1990 年		2000 年		2009 年	
服装进口 国家和地区	进口额 （亿美元）	服装进口 国家和地区	进口额 （亿美元）	服装进口 国家和地区	进口额 （亿美元）
法国	83.8	中国香港	160.1	中国香港	155.1
英国	69.6	英国	129.9	加拿大	75.6
中国香港	69.1	法国	114.8	俄罗斯	72.5
荷兰	47.7	意大利	60.7	瑞士	52.4
比利时— 卢森堡	35.9	荷兰	48.3	澳大利亚	40.6
瑞士	34.4	比利时	48.1	韩国	33.8
意大利	25.8	西班牙	37.7	沙特阿拉伯	30.3
瑞典	25.1	加拿大	36.9	阿拉伯联 合酋长国	25.4
加拿大	23.9	墨西哥	34.1	挪威	22.4
奥地利	23.5	瑞士	32.2	土耳其	21.5
西班牙	16.5	俄罗斯	29.6	墨西哥	21.1
挪威	12.3	奥地利	24.7	中国	18.4
合计	1028.9	合计	1811.2	合计	3145.9

资料来源：根据 WTO 年各度统计数据整理。

二、全球纺织原料纤维结构的变化

（一）天然纤维以棉为主

纺织天然原料资源包括棉花、羊毛、蚕丝、麻四大类，这些原料统称为天然纤维，取自于动物或植物，天然纤维的种植、养殖与气候、地理条件和农业密切相关，在天然纤维中又以棉花生产和消费为主（见图1-1）。

（二）化学纤维中合成纤维为主

第二次世界大战后的第三次科技革命，在纺织领域引发了新型纤维材料的发明与创新，各种化学纤维不断涌现。化学纤维是指用天然的或人工合成的高分子物质为原料，经过化学或物理方法加工而制得的纤维的统称。因所用高分子化合物来源不同，可分为以天然高分子

（单位：万吨）

	1990年	2000年	2001年	2002年	2003年	2004年	2005年	2006年	2007年	2008年
□棉花	1871	1904	2071	1916	2061	2620	2439	2566	2628	2340
■羊毛	195	134	132	127	126	122	123	123	121	119
■丝/麻	86	74	90	101	114	114	118	112	113	80

□棉花　■羊毛　■丝/麻

图1-1　全球天然纺织纤维产量

资料来源：历年中国纺织工业发展报告数据整理。

物质为原料的人造纤维和以合成高分子物质为原料的合成纤维两类，简称化纤。

人造纤维是以天然高分子化合物（如纤维素）或其衍生物做原料，经溶解后制成纺织溶液，然后纺制成纤维，竹子、木材、甘蔗渣、棉子绒等都是制造人造纤维的原料。根据人造纤维的形状和用途，分为人造丝、人造棉和人造毛三种。重要品种有粘胶纤维、醋酸纤维、铜氨纤维等。

合成纤维是以人工合成的高分子化合物为原料制成的化学纤维，如聚酯纤维、聚酰胺纤维、聚丙烯腈纤维。主要有涤纶、绵纶、腈纶、维纶、丙纶和氯纶等六大化学纤维。

化学纤维出现以后，纺织工业的原料完全依赖农牧业的情况才开始发生变化。在化学纤维中，以合成纤维生产和消费为主（见图1-2）。

（三）纺织服装原料从天然纤维向"天然纤维+人造纤维"的二元型结构发展

100多年前，纺织用的材料全部来自天然物质。为了种植棉、麻，养蚕，牧羊，要占用大量土地，消耗许多人力物力。

人类于20世纪50年代发明化学纤维并在纺织工业中应用以来，化学纤维的广泛使用和稳定的供给来源，使纺织原料的生产和供给在很大程度上摆脱了对农业的依赖，使纺织原料由农业生产扩大到了工

图 1－2　全球化学纤维产量

资料来源:历年中国纺织工业发展报告数据整理。

业领域。由于长期以来纺织天然纤维生产受到的气候状况、自然灾害、耕地面积的约束,导致产量难以预测和供给的不确定性,对化学纤维的需求不断增长。

20 世纪 60 年代初,天然纤维与化学纤维产量比重为 68:32,到 20 世纪 80 年代末,化学纤维产量超过天然纤维,天然纤维与化学纤维产量比重为 49:51。

自 21 世纪以来,受服装消费需求的增加、天然纤维价格上涨等一系列因素的影响,纺织服装业原料生产和消费,从第二次世界大战后的"天然纤维+化学纤维"并重,向以"化学纤维"为主,"天然纤维"为辅的二元型结构发展(见图 1－3),2008 年天然纤维与化学纤维产量比重为 37:63。

图 1－3　全球天然纤维和化学纤维产量占比重

资料来源:历年中国纺织工业发展报告数据整理。

三、全球棉花贸易格局

(一)全球棉花产量和消费量

自 20 世纪 80 年代以来,全球棉花产量和消费量都有较大幅度的增长(见图 1-4),1980 年全球棉花产量为 1425 万吨,棉花消费量为 1451 万吨,2007 年达历史最高点,全球棉花产量达 2628 万吨,消费量为 2639 万吨。

图 1-4　全球棉花产量和消费量增长情况

资料来源:历年中国纺织工业发展报告数据整理。

多年来,全球棉花产量基本能够满足需求量,但个别年份也存在一定的缺口(见图 1-5),棉花缺口主要通过棉花库存加以弥补。总体而言,全球棉花产量受天气条件、种植面积和政策性因素的影响,棉花消费量主要受服装消费需求、居民收入水平和国际市场环境等因素的影响。

图 1-5　全球棉花产销缺口情况

资料来源:历年中国纺织工业发展报告数据整理。

（二）全球棉花主要贸易国家和地区构成

1. 亚洲、澳洲是全球棉花主要产地和消费地

棉花作为纺织品服装的主要原料,世界棉花生产历史悠久,近代科学技术的发展、育种技术和种植工艺的革命极大地推动了世界棉花生产。棉花产地分布于亚洲、非洲、北美洲、南美洲和欧洲的热带及其他温暖地区,是种植较广泛而集中度相对较高的大田经济作物。

全球有 100 多个国家种植棉花,产棉区域大都在北纬 40 度至南纬 30 度之间的广阔地带,全球具有商品量、千吨量以上的产棉国约 80 个,其他为自产自用国家。

亚洲是全球最大的产棉洲,产量占全球的 60%(见图 1-6)。主要有中国、印度、巴基斯坦、乌兹别克斯坦和土耳其,产量占全球的一半、占亚洲的 95%。产量在 5 万—30 万吨的国家有土库曼、塔吉克斯坦、叙利亚、伊朗和阿塞拜疆等。

北美洲是全球的第二大产棉洲,产量占全球的 13% 以上。主要产棉国有美国和墨西哥。欧洲的产棉国不多,产量占全球的 8% 以下。非洲是全球第四大产棉洲,产量占全球的 7% 以下。虽然产棉国多,但各国产量不高,最大的是北非的埃及,产量最高为 53 万吨。南美洲产量约占全球的 6% 以下,主要产棉国有巴西和巴拉圭等。大洋洲只有澳大利亚种植棉花,产量约占全球的 1% 以下,但全部出口。

迄今,全球棉花形成了 4 大相对集中产区。第一集中产区在亚洲大陆的南半部,包括中国、印度、巴基斯坦、中亚和部分西亚国家,其面积和产量占全球的 60% 以上。第二集中产区在北美洲,产量占全球的13%,是世界最大的出口区。第三集中产棉区在欧洲,产量占全球的8%。第四集中产棉区在非洲,产量占全球的 7%(见图 1-6)。

亚洲还是全球最大的棉花消费区域,约占全球棉花消费总量的80%,也是全球纺织产业转移的承接地,形成了全球棉纺织品生产中心。非洲不仅棉花生产能力低,纺织工业落后,而且棉花自用量不高,以出口为主。欧洲棉花消费量约占全球的 4%(见图 1-7)。

图 1-6 2008 年各大洲棉花产量占比重

图 1-7 2008 年各大洲棉花消费量占比重

背景知识

国际棉花市场介绍

世界棉花生产有着悠久的历史,积累了丰富的种植经验。由于近代科学技术突飞猛进,育种技术和种植工艺的革命,极大地推动了世界棉花生产。目前世界上种植棉花的国家约有100多个,分布在亚洲、非洲、美洲、欧洲和大洋洲,产棉区域大都在北纬40度至南纬30度之间的广阔地带。

国际权威棉花价格及其走势

目前,国际市场上权威的棉花价格有两个:一是纽约期货交易所的棉花期货价格,它是目前世界上唯一的棉花期货价格,也是各国政府制定棉花政策和各国涉棉企业生产经营时参考的主要依据。二是英国利物浦棉花展望公司整理的Cotlook A 和 Cotlook B 指数,它是英国棉花展望公司每天从各个渠道得到的北欧主要港口的棉花到岸价,是实际交易价格。影响国际市场棉价波动的原因很多,如气候、经济景气程度、战争、化纤的价格等。

国际棉花期货市场

在纽约棉花期货交易所推出棉花期货交易以前,棉花现货市场价格波动很大,供求关系的突然失衡会造成价格的剧烈波动并严重冲击棉花生产和贸易。为了转移现货市场固有的风险,1870年纽约棉花交易所应运而生,并于当年推出棉花期货交易。在此后的130多年中,全球有15个商品交易所开展过棉花期货交易,比较著名的有:亚历山大棉花交易所(埃及)、新奥尔良交易所(美国)、利物浦棉花交易所(英国)、不来梅交易所(德国)等等。日本、印度、巴基斯坦、法国、巴西、中国香港等地交易所也曾先后开展过棉花期货交易。除纽约棉花交易所(现已更名为纽约期货交易所,简称NYBOT)至今仍在进行棉花期货交易所,其他14个交易所的棉花期货交易均已停止。

随着棉花期货市场的不断发展,尤其是20世纪六七十年代以后,纽约棉花的期货价格越来越受到重视,其规避风险、发现价格的功能已充分发挥出来,棉花期货价格在贸易界和管理界都有很高的权威,目前已成为棉花行业和产棉国政府不可缺少的价格参考依据。美国政府依据纽约期货交易所的棉花期货价格对农民进行补贴;墨西哥政府为保护棉农利益,由农业部出面在纽约期货交易所对全国棉花进行套期保值操作(主要利用期权);英国的棉花企业、澳大利亚的植棉农场主也都在纽约期货交易所从事棉花的套期保值交易。

资料来源:中国棉花网。

2. 中国是全球棉花最大生产国

表1-3和图1-8显示,全球棉花的主要生产地为亚洲。其中,中国是全球第一大棉花生产国,2008年中国棉花产量占亚洲总产量的45%,占全球棉花总产量的28%,其次是印度,占全球棉花产量的20%,巴基斯坦位居第四位,占全球产量的9%。

棉花生产在中国处于重要地位。20世纪80年代后棉花生产发展迅速,中国成为世界上的产棉大国之一。经过多年发展,中国目前主要有三大产棉区域,即新疆棉区、黄淮流域棉区和长江流域棉区。

表1-3 全球棉花主要生产国 (单位:万吨)

年份	中国	中国占比(%)	美国	印度	巴基斯坦	独联体	巴西
1980	270.7	19.0	242.2	132.8	71.6	286.6	72.6
1990	442.5	23.6	324.5	226.4	150.9	269.9	71.7
1995	476.8	23.5	389.7	275.4	188.6	180.6	36.0
2000	432.0	22.7	379.0	235.0	170.0	139.5	85.8
2001	479.9	23.2	435.2	258.9	185.3	158.9	72.0
2002	492.0	25.7	374.4	230.7	169.8	147.1	76.7
2003	486.9	23.6	397.4	300.8	173.4	146.4	130.9
2004	631.9	24.1	506.1	470.9	248.2	174.6	131.8
2005	581.8	23.9	478.9	380.4	230.7	172.3	127.3
2006	706.4	27.5	469.9	458.8	209.1	179.9	145.7
2007	807.7	30.7	418.2	535.4	184.5	180.3	160.3
2008	672.8	28.8	278.9	458.8	209.1	180.0	119.3

资料来源:历年中国纺织工业发展报告数据整理。

美国是北美洲最大的棉花生产国,居全球第三位,占全球棉花产量的12%;独联体是欧洲棉花最大生产国,居全球第五位,占全球产量的8%;巴西为南美洲最大产棉国,棉花产量占全球的5%,居第六位。

图1-8　2008年全球棉花主要生产国占全球产量比重

背景知识

美国的四大棉花种植区

在美国,棉花生长主要分布在四个区域,即东南部地区、中南部地区、西南部地区和西部地区。

东南部地区包括阿拉巴马州、佛罗里达州、佐治亚州、北卡罗来纳州、南卡罗来纳州和弗吉尼亚州。这一区域种植的棉花约占美国棉花总量的24%,同时也是美国国内纺织业最发达的地区。棉花的生长周期是从4月初到6月初,有大约20%的棉花需要灌溉,而且纤维平均长度超过1—1/16英寸,收获期是从9月底开始一直持续到12月初。

中南部地区种植着占美国总量32%的棉花,这一区域包括阿肯色州、路易斯安那州、密西西比州、密苏里州和田纳西州。这里的棉花大部分供国内消费使用,生长周期是从4月中旬一直延续到6月初,有大约35%的区域需要灌溉,棉花的平均纤维长度超过1111—3/32英寸,收获期是在9月底到12月初之间。

西南部棉区包括堪萨斯州、俄克拉荷马州和得克萨斯州,棉花产量约占总产量的24%。至少有一半棉花用于出口,有近30%的棉花需要灌溉,平均纤维长度低于1—1/16英寸。得克萨斯州南部棉区棉花播种从2月底开始,收获是从7月底到9月中旬。其余地区从4月中旬开始播种,收获从10月中旬开始到12月结束。

亚利桑那州、加利福尼亚州和新墨西哥州组成了西部棉区,有近20%的棉花生长在这一区域。其中大部分棉花用于出口,平均纤维长度超过1—1/8英寸。该区域最大的特点就是所有棉花都需要灌溉,收获期从9月底一直到12月初。

资料来源:中国棉花网。

3. 中国是全球棉花最大消费国,产需缺口较大

表1-4显示,全球棉花主要消费国为中国、印度、巴基斯坦、土耳其、巴西和美国。其中,2008年中国棉花消费量占全球总消费量的39%,居第一位。中国棉花产量远远不能满足棉花消费需求,缺口较大(见表1-5),主要通过进口棉花来弥补缺口。

表1-4　世界主要棉花消费国　　　　(单位:万吨)

年份	中国	中国占比（%）	印度	巴基斯坦	土耳其	美国	巴西
1980	347.8	24.0	139.9	50.9	34.8	122.5	57.2
1990	422.4	22.7	195.8	134.3	55.7	188.5	72.3
1995	429.9	23.1	247.4	155.7	90.0	230.8	84.5
2000	538.5	27.3	288.5	171.0	112.1	192.9	90.0
2001	549.9	27.3	290.7	185.0	130.0	168.1	86.0
2002	559.9	27.0	296.5	194.3	140.0	177.4	87.5
2003	709.9	33.3	294.9	210.0	132.5	141.3	80.0

续表

年份	中国	中国占比（%）	印度	巴基斯坦	土耳其	美国	巴西
2004	819.9	35.0	330.0	230.0	155.0	136.1	93.5
2005	859.9	35.9	346.4	241.5	155.0	129.3	90.0
2006	1049.8	40.1	398.9	259.2	150.0	106.7	860.0
2007	1089.8	41.3	401.0	257.4	135.0	100.2	99.6
2008	899.8	39.0	382.6	245.2	114.0	78.4	93.7

资料来源:历年中国纺织工业发展报告数据整理。

　　印度是全球棉花第二大生产国和消费国,也是世界上种植棉花历史最悠久的国家之一,早期曾是世界最主要的棉纺织品出口国。18 世纪末英国机器纺织工业兴起,印度转而成为英国原棉供应地。19 世纪统治印度的不列颠东印度公司,为了从印度获得廉价原棉以供应英国纺织工业需求,鼓励植棉。印度棉花产量直到第二次世界大战前一直超出本国需求。第二次世界大战后,由于人口增长,对粮食需求增加,棉花年平均总产大幅度下降。20 世纪 60 年代起,印度大力进行品种改良,单产和品质都得到提高,生产开始持续发展,到 70 年代中期,棉花开始自给有余,有部分出口。

　　2008 年印度棉花消费量占全球棉花消费总量的 17%,近年来,随着印度棉花产量的增加,供需矛盾已得到解决,从 2003 年开始印度棉花产量大于消费量,不仅能自给自足,并且能部分出口。

表 1-5　主要国家棉花产量与消费量缺口或盈余

年份	中国	巴基斯坦	印度	美国	巴西
1980	-77.1	20.7	-7.1	119.7	15.4
1990	20.1	16.6	30.6	136.0	-0.6
1995	46.9	32.9	28.0	158.9	-48.5
2000	-106.5	-1.0	-53.5	186.1	-4.2
2001	-70.0	0.3	-32.3	267.1	-14.0

续表

年份	中国	巴基斯坦	印度	美国	巴西
2002	−67.9	−24.5	−65.8	197.0	−10.8
2003	−223.0	36.6	5.9	256.1	50.9
2004	−188.0	18.2	140.9	370.0	38.3
2005	−278.1	−11.5	34.0	349.6	37.3
2006	−343.4	−50.1	60.0	363.2	59.7
2007	−282.1	−72.9	134.4	318.0	60.7
2008	−227.0	−36.1	76.2	200.5	25.6

注:本表数据是用表1-3中各年度主要生产国棉花产量减去表1-4中各年度主要消费国棉花消费量得出该国当年棉花供求缺口或盈余额。

巴基斯坦是全球第四大棉花生产国和第三大棉花消费国,2008年巴基斯坦棉花消费量占全球11%,但随着巴基斯坦服装加工业的快速发展,对棉花消费需求增长较快,自2005年开始,巴基斯坦棉花产量和消费量缺口加大,只能通过进口弥补。

美国是全球第三大棉花生产国和第六大棉花消费国,美国自用棉比例越来越低,从20世纪80年代棉花年消费250万吨,2008年下降到不足100万吨,为78万吨,约占全球消费量的3.4%。美国棉花种植和出口一直处于世界霸主地位,美国棉花产量远远大于消费量,因此,长期以来美国棉花原料资源丰裕,不仅能够满足国内需求,还有大量充裕的棉花可供出口。

巴西棉花在世界上占有很重要的地位,产量居世界第六位,出口量居第三位。18世纪英国的工业革命,带动了巴西的植棉业。从1781年开始,英国消费的原棉大部分来源于巴西。美国的南北战争,推动了巴西棉花生产,出口量剧增。巴西棉花生产品质较好,这是巴西棉花能够保持一定出口的原因所在。

2008年巴西棉花消费量占全球消费量的4%,自2003年以来,巴西棉花产量大于消费量,并可供出口。

4. 美国是全球棉花最大出口国，中国是全球棉花最大进口国

棉花作为重要的纺织原料，除生产国消费棉花外，许多非产棉国也要消费棉花，主要是从国际市场进口，同时一些产棉国由于亦是棉花消费大国，也需要从国际市场进口棉花，这就出现了产棉国与非产棉国之间、产棉国之间的供求和调剂关系，形成世界棉花进出口市场和棉花贸易格局。

棉花消费趋势的变化反映了纺织工业中心的转移。当前全球棉花贸易格局具有以下特点：①美国既是棉花生产大国，也是棉花出口大国，每年40%的产量要依赖国际市场；②中国、印度均是棉花生产和消费大国，但是中国棉花产销缺口较大，印度棉花自给自足有余，还可以出口；③东亚与澳大利亚、欧盟与土耳其是全球棉花主要消费区域，而且每年均有较大的消费缺口，需要从国际市场上大量进口棉花。

图1-9显示，自2005年以来全球棉花进口量和出口量都有所下降，2008年分别为651.8万吨和655.1万吨，美国是全球棉花第一大出口国，2008年美国棉花出口量占全球棉花出口总量44.1%，其次是CFA区①、乌兹别克斯坦、印度和巴西。

（单位：万吨）

	1980年	1985年	1990年	1995年	2005年	2006年	2007年	2008年
□出口量	481.7	449.8	545.0	616.0	973.8	810.5	836.1	655.1
■进口量	507.1	454.5	523.9	588.3	961.0	814.2	831.6	651.8

图1-9　全球棉花出口量

资料来源：历年中国纺织工业发展报告数据整理。

表1-6显示，自2005年以来，除美国和巴西棉花年度出口量保持稳定，CFA区、乌兹别克斯坦和印度年度棉花出口量大幅度减少。

---

①　非洲金融共同体（African Financial Commuvity），简称CFA区。

表1-6 全球棉花主要出口国　　　　　　（单位:万吨）

年份	美国	美国占全球比重(%)	CFA区	乌兹别克斯坦	印度	巴西
2005	382.1	39.2	101.0	102.0	75.1	42.9
2006	283.3	35.0	38.4	98.0	96.0	28.3
2007	297.3	35.6	58.9	88.7	153.0	48.6
2008	289.0	44.1	47.0	56.0	50.5	59.6

资料来源:历年中国纺织工业发展报告数据整理。

　　表1-7显示,中国是全球棉花第一大进口国,2008年中国棉花进口占全球进口总量的23.4%,其次是巴基斯坦和独联体,分别占7.3%和3.7%。2008年东亚和澳洲棉花进口占全球进口总量的25.4%,欧洲和土耳其棉花进口量占全球的13.3%。

表1-7 全球棉花主要进口国家和地区　　　　　（单位:万吨）

年份	中国	中国占全球比重(%)	东亚、澳洲	欧洲、土耳其	独联体	巴基斯坦
2005	420.0	43.7	177.4	127.5	33.3	35.2
2006	230.6	28.3	189.9	134.4	32.2	50.2
2007	251.1	30.2	186.0	108.5	27.1	85.1
2008	152.3	23.4	165.7	86.9	24.2	47.5

资料来源:历年中国纺织工业发展报告数据整理。

四、全球羊毛贸易格局

(一)全球羊毛产量持续下降

　　20世纪60年代以来,按照世界羊毛产量变化,可划分为四个阶段(见图1-10和图1-11)。第一阶段是20世纪60年代,世界羊毛的产量稳步增长,从1961年的260万吨,到1969年达290万吨以上。

　　第二阶段是20世纪70年代,世界羊毛产量出现下滑,1974年和1978年羊毛产量下降到最低点,回到1961年的260万吨的水平。

第三阶段是 20 世纪 80 年代,自 1979 年后,20 世纪 80 年代世界羊毛产量持续增长,到 1990 年羊毛产量创历史最高水平,为 335.8 万吨。

第四阶段是 20 世纪 90 年代至今,世界羊毛产量持续下降,大大低于 1961 年羊毛产量,进入 21 世纪以来,2000 年为最高点,羊毛产量达 233 万吨,2008 年达历史最低点,为 210.7 万吨。

图 1-10　1961—1999 年世界羊毛产量

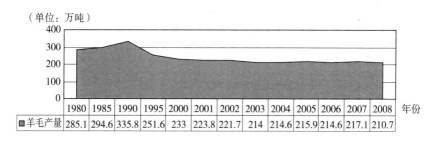

图 1-11　全球羊毛产量(原毛)

(二)澳大利亚是羊毛最大生产国和出口国

全球羊毛产量占全球纤维产量的 2% 左右。目前世界羊毛的主要产区集中在澳大利亚、中国、新西兰、阿根廷、土耳其和东欧国家,2008 年上述产区羊毛产量占全球总产量的 66%(见图 1-12)。

澳大利亚的养羊业发达,有"骑在羊背上的国家"之称。澳大利亚

图 1-12 2008 年世界羊毛主要生产国

是世界上著名的适宜养羊并生产优质美利奴羊毛的国家。美利奴羊毛是毛纺工业的重要原料。澳大利亚羊毛产量近年来一直下降,主要是因为澳大利亚羊群数量受到气候持续干旱的影响不断减少。2008 年澳大利亚羊毛产量为 43.8 万吨,占世界羊毛总产量 20.8%。澳大利亚是全球最大的羊毛生产和出口国,澳大利亚国内羊毛生产总量的95% 以上用于出口,国内消费量不足 5%。羊毛出口结构主要以原毛为主,占该国羊毛出口总量的 85% 左右。澳大利亚除有原毛出口外,还有部分羊毛经过加工以洗净毛的形式出口,年约在 10 万吨左右。

表 1-8 世界主要国家羊毛产量　　　　　　　(单位:万吨)

年份	澳大利亚	澳大利亚占全球比重(%)	中国	中国占全球比重(%)	新西兰	东欧	阿根廷	土耳其
1980	70.1	24.6	15.9	5.6	38.5	46.2	16.3	5.7
1990	106.6	31.7	23.9	7.1	30.5	47.1	13.6	8.5
2000	67.0	28.8	29.2	12.5	26.0	18.7	5.7	5.0
2001	60.0	26.8	29.4	13.1	24.6	18.8	6.0	7.0
2002	56.9	25.7	29.3	13.2	25.3	18.9	6.4	7.0

续表

年份	澳大利亚	澳大利亚占全球比重（%）	中国	中国占全球比重（%）	新西兰	东欧	阿根廷	土耳其
2003	54.7	25.6	33.8	15.6	22.7	19.5	6.8	5.4
2004	52.3	24.4	37.4	17.4	21.8	19.5	7.9	5.4
2005	52.0	24.1	37.9	17.5	23.1	19.7	8.0	5.4
2006	50.8	23.7	39.5	18.4	22.5	19.7	7.8	5.4
2007	47.7	22.0	36.3	16.7	21.8	21.9	7.8	4.6
2008	43.8	20.8	40.5	19.2	20.5	22.5	6.5	4.7

资料来源：历年中国纺织工业发展报告数据整理。

中国羊毛产量居世界第二位，与其他主要生产国羊毛产量下降相反，中国羊毛产量保持增长，2008 年达 40.5 万吨，占世界总产量的 19.2%，较改革开放初期 1980 年羊毛产量 15.9 万吨，增长了 1.5 倍。

新西兰是世界第三大羊毛生产国和第二大羊毛出口国，羊毛出口额约占全世界羊毛出口总量的 20%，出口量约占其产量的 85%—90%。新西兰羊毛品种丰富，既有质量上乘的美利奴羊毛，也有强度最高的各种杂交型羊毛，新西兰羊毛以其一贯的优异品质而获得了国际声誉。新西兰的羊毛出口采取在羊毛拍卖交易会上进行拍卖的方式，新西兰北岛城市内皮尔和南岛城市克赖斯特彻奇的羊毛交易会是主要的羊毛拍卖场所。

阿根廷是世界中细、半细羊毛主要出口国，天然牧场和人工牧场约占全国总面积的 55%。畜牧业总值占农业总产值的 40%。阿根廷羊毛生产主要为美利奴中度细毛和考力代半细毛，两类中细毛和半细毛产量约占全国羊毛总量的 70%，近年来，阿根廷羊毛产量在不断下降，2008 年羊毛产量仅为 6.5 万吨，占全球产量的 3%。

（三）中国是世界羊毛最大进口国

中国和澳大利亚是世界上位居前两位的羊毛生产国和贸易国，在全球羊毛生产和贸易中占有重要的地位。澳大利亚是全球羊毛第一大出口国,中国是羊毛最大进口国,表1-9显示2006—2008年中国羊毛年进口量基本保持在30万吨,其中,澳大利亚是中国羊毛第一大进口来源地,中澳双边羊毛贸易依存度非常高,无论是中国的羊毛需求对澳大利亚的养羊业,还是澳大利亚羊毛供给对中国羊毛加工和纺织服装业都起着举足轻重的作用。

表1-9　中国羊毛进口来源国　　　　　(单位:万吨)

进口来源地	2006 年	2007 年	2008 年
中国进口量	29.97	33.25	30.50
其中:澳大利亚	18.88	19.40	17.33
新西兰	3.63	3.41	3.98
乌拉圭	2.22	1.46	1.22
南非	0.65	0.82	1.03
阿根廷	0.63	0.72	0.59
美国	0.57	0.51	0.26
法国	0.46	0.54	0.55
英国	0.39	0.66	0.50
其他	2.54	5.73	0.54

资料来源:历年中国纺织工业发展报告数据整理。

图1-13显示了2008年中国羊毛进口主要来源地所占比重,可以看出:中国羊毛进口市场的集中度非常高,羊毛进口主要来源于澳大利亚、新西兰和乌拉圭三个国家。其中,澳大利亚羊毛作为中国羊毛进口的第一大来源,其占有的市场份额远远高于新西兰和乌拉圭。2008年中国进口澳大利亚羊毛17.33万吨,包括原毛和毛条,占中国羊毛进口总量的67%;进口新西兰羊毛3.98万吨,包括原毛和洗净毛,占中国羊毛进口总量的15%;进口乌拉圭羊毛1.22万吨,包括毛条、原毛和洗净毛,占中国羊毛进口总量的5%;其他还有南非、阿根廷、法国、英国和美国,上述进口来源地占中国羊毛进口总量的98%,集中度非常高。

图1-13 2008年中国羊毛进口来源地所占比重

五、化学纤维生产格局

20世纪50年代以前,纺织纤维一直以棉花为主体,其次是羊毛、丝和麻,天然纤维一直占据绝对优势。1990年棉花占纺织纤维总产量的80%左右,1950年棉花所占比重下降到71%,1970年降为55%,仍占50%以上。羊毛曾是第二大类纺织纤维,1900年羊毛占纺织纤维总产量的18%,1950年占11%,此后羊毛地位明显下降,特别是1991年以来,全球羊毛量持续减产,近20年羊毛在纺织纤维中的比重只有2%左右。2008年天然纤维产量为2539万吨,其中棉花2340万吨,羊毛119万吨,丝麻80万吨。

20世纪50年代以来,随着化学纤维的快速发展,1950年化纤占纺织纤维总产量的18%,20世纪80年代化学纤维和天然纤维大体上"平分秋色",1994年开始化学纤维产量超过天然纤维,成为主要纺织纤维。1960年世界化纤产量只有32万吨,到2008年化纤产量达4559万吨,其中合成纤维4263万吨,人造纤维产量296万吨(见图1-14、图1-15)。

从世界化学纤维产量的地区分布看,亚洲产量居第一位,占全球总产量的84.4%(见表1-10),其次是北美洲、欧洲、南美洲和非洲。

图 1-14　世界棉花、化学纤维、羊毛占纤维产量的比重

图 1-15　全球化纤产量

表 1-10　全球化学纤维产量地区分布(不含 PP 纤维)

（单位:万吨）

地区	2006 年	2007 年	2008 年	2008 年占总量比重（%）
总额	3741.9	4102.7	3929.5	100.0
亚洲	2999.1	3388.8	3317.3	84.4
北美洲	293.4	275.6	282.4	7.2
欧洲	275.5	267.2	246.6	6.0
南美、非洲	173.9	171.1	93.2	2.4

资料来源:历年中国纺织工业发展报告数据整理。

　　化学纤维是第二次世界大战前后发展起来的纺织纤维,发达国家以美国为首,在第二次世界大战以后纷纷开始发展化纤业,1950 年美国化纤产量为 62.3 万吨,1960 年为 77.4 万吨,1970 年迅速增长到 224.9 万吨,至 1980 年达到 360.8 万吨,一直处于世界第一位,此后一直停滞不前,长期停留在 300 万吨的水平。在 20 世纪 50—80 年代,英国、法国、德

国、意大利、日本也经历了化纤业快速发展阶段,1980 年美国、英国、法国、德国、意大利、日本等 6 个发达国家的化纤产量占世界化纤产量的 53%。

从 20 世纪 70 年代开始,发展中国家大力发展化学纤维,到 20 世纪 90 年代进入高速增长阶段,特别是中国,1997 年化纤产量达到 460.9 万吨,超过美国,成为全球化纤第一大生产国,一直保持至今。中国台湾化纤业发展是从 20 世纪 60 年代开始,1960 年产量仅为 0.4 万吨,1970 年为 6.9 万吨,1980 年迅速上升到 63.6 万吨,1997 年增加到 308 万吨,化纤产量位居世界第三位。目前发展中国家化纤产量已超过发达国家,并主要集中在亚洲。

在亚洲,化纤主要生产国家和地区有中国、印度、中国台湾、韩国和日本。其中,中国是全球化学纤维第一大生产国,占全球产量的 53.6%,年产量不断增长。2007 年印度超过中国台湾,成为全球第三大化纤生产国。

2006—2008 年主要国家和地区的化纤生产状况是中国、印度继续增加,其他国家和地区继续减少。美国虽居全球化纤产量第二位,但年产量在持续下降,特别是中国台湾、韩国减产更显著(见表 1-11)。

表 1-11　全球主要国家和地区化学纤维产量(含 PP 纤维)

(单位:万吨)

	1950 年	1960 年	1970 年	1980 年	1990 年	2006 年	2007 年	2008 年	2008 年占总量比重(%)
总额	167.6	330.5	837.0	1373.0	1771.5	4389.2	4788.5	4558.6	100.0
中国	–	1.1	10.1	45.0	164.8	2024.4	2397.2	2441.8	53.6
美国	62.3	77.4	224.9	360.8	311.5	379.2	365.9	308.0	6.8
印度	0.1	4.3	13.4	20.3	64.8	257.9	291.7	273.2	6.0
中国台湾	–	0.4	6.9	63.6	177.0	270.4	268.9	219.2	4.8
韩国	–	–	5.3	56.4	128.6	162.6	162.6	149.6	3.3
日本	8.7	55.0	154.0	175.4	170.1	117.5	116.6	103.0	2.3

资料来源:历年中国纺织工业发展报告数据整理。

从化学纤维主要品种看,以合成纤维为主,占到化学产量的93%,人造纤维仅占7%。合成纤维主要包括涤纶、锦纶、腈纶、丙纶和PVA纤维五大类。其中,涤纶产量居第一位,涤纶占合成纤维的比例在70%以上,其次是丙纶、锦纶、腈纶和PVA纤维。2008年全球合成纤维中涤纶产量为3065万吨,锦纶为351.2万吨,腈纶为191.3万吨,丙纶为593.9万吨(见表1-12)。

表1-12　全球主要化学纤维产量　　　　(单位:万吨)

化学纤维	2006 年	2007 年	2008 年	2008 年占合成纤维总量比重(%)
合成纤维	4127.6	4450.1	4262.6	100.0
其中:涤纶	2780.8	3109.4	3065.0	71.9
锦纶	388.3	389.1	351.2	8.2
腈纶	253.4	240.6	191.3	4.5
丙纶	647.3	646.7	593.9	13.9
PVA 纤维及其他	57.8	64.2	61.2	1.4
人造纤维	261.0	388.0	296.0	—

资料来源:历年中国纺织工业发展报告数据整理。

第二节　国际纺织品服装贸易发展现状

从世界范围看,纺织品服装贸易格局已形成三大消费市场、三大制造中心和三大贸易圈。三大消费市场是:以美国、加拿大为中心的北美市场;以欧盟为中心的欧洲市场;以日本为主的东亚市场。三大制造中心分别为:中国、印度、东盟、巴基斯坦、孟加拉等亚洲国家;墨西哥和加勒比海盆地国家;土耳其、中东欧和北非诸国。三大贸易圈是:欧盟及其周边国家,如土耳其、地中海沿岸国家以及中东欧国家和北非诸国组成的泛欧洲贸易圈;美国、加拿大、墨西哥及加勒比海盆地国家组成的美洲贸易圈;中国、东盟、印度、巴基斯坦及孟加拉国家与日本、欧盟、美国、加拿大组成的亚洲——欧盟——北美贸易圈。

一、国际纺织品服装贸易占国际货物贸易的比重逐年下降

第二次世界大战后,国际纺织品服装出口额占国际货物贸易出口额的比重在4%—6%,20世纪90年代,超过了6%,之后逐年下降,2008年纺织品服装出口额占国际货物贸易出口额的3.9%,为第二次世界大战后的最低点(见图1-16)。因此,国际纺织品服装出口额占同期国际货物出口总额的比重越来越小。

(单位：%)

图1-16 纺织品服装出口占全球货物出口额比重变化

资料来源:根据历年中国纺织工业发展报告数据整理。

从2008年国际货物贸易出口构成看,在八大类主要出口商品中,燃料所占比重最高为18.2%,其次是化工产品为10.9%,其他依次顺序为办公和信息设备、农产品、汽车产品、矿山产品,纺织品服装为第七大类出口商品(见图1-17)。

二、国际纺织品服装出口额超过6000亿美元

自20世纪60年代初以来,国际纺织品服装贸易发展迅速,从1960年的64亿美元,到2008年达到6121亿美元,48年间国际纺织品服装出口额增长了95倍,同期国际货物贸易出口额从1960年的1293亿美元,到2008年达157167亿美元,48年间国际货物贸易出口额增长了121倍。

自20世纪80年以来,国际纺织品服装出口贸易增长较快,从1984年的1000亿美元,1990年超过2000亿美元,用了6年时间;1995

图 1-17 2008 年国际货物贸易出口构成

资料来源：International Trade Statistics 2009, World Trade Organization, 2009.

图 1-18 国际纺织品服装出口额

年超过 3000 亿美元, 从 2000 亿美元升到 3000 亿美元, 用了 5 年时间;
2004 年超过 4000 亿美元, 从 3000 亿美元升到 4000 亿美元, 用了 9 年
时间; 2006 年超过 5000 亿美元, 仅用了两年的时间; 2008 年达到 6000
亿美元, 达历史最高水平。这表明, 2005 年全球纺织品服装贸易一体
化以来, 出口增速明显加快(见图 1-18、表 1-13)。

表 1-13　全球纺织品服装出口增长情况　（单位:亿美元）

年份	纺织品服装出口额	用时
1980—1983	900	4 年
1984—1989	1000	6 年
1990—1994	2000	5 年
1995—2003	3000	9 年
2004—2005	4000	2 年
2006—2007	5000	2 年
2008	6000	1 年

三、国际纺织品服装贸易与货物贸易和工业制成品出口增长密切相关

从纺织品服装贸易变化规律看,世界纺织品服装贸易的发展和世界经济发展周期关系密切,两者一般是同步发展。凡是世界经济发展迅速之时,纺织服装业生产发展也比较快,纺织品服装市场需求旺盛,纺织品服装贸易相应扩大。凡是世界经济出现衰退和危机时,纺织服装业生产也将停滞不前,纺织品服装市场需求萎缩,纺织品服装贸易亦将出现停滞或下降。世界经济从供给和需求两个方面影响纺织品服装贸易的发展,世界经济有繁荣衰退的周期,世界纺织品服装市场也有兴衰涨落的变化规律,总的趋势都将是不断地向前发展[1]。

图 1-19 显示,1960—2008 年世界货物贸易出口额年增长率与全球 GDP 年增长率的变化规律为:两者间的增长不仅表现为一前一后,而且货物出口年增长水平一般要高于 GDP 年增长率。国际货物贸易是基于总值统计,全球 GDP 包括了货物生产和服务生产所创造的价值。因此,当国际贸易中,半制成品跨境贸易量越大,制成品贸易额相对于 GDP 就越大,国际供应链的增长也呈现同样走势。

---

① 施禹之:《WTO 与中国纺织工业》,中国纺织出版社 2001 年版,第 22 页。

（单位：%）

图 1－19　1960—2008 年世界货物出口额和 GDP 的年增长率

资料来源：International Trade Statistics 2009，World Trade Organization，2009。

因此，全球 GDP 的增长与全球货物出口的高增长率密切相关，如 2000 年。下降是也同样如此，当全球 GDP 下降时，全球货物出口额也随之下降，如 1975 年。

图 1－20 显示，国际货物贸易和制成品出口年增长率变化规律表现为两者变化走势的一致性。一般而言，制成品出口增长率要高于货物出口增长率，例如，1960—2008 年全球货物贸易平均年增长率为 1.7%，制成品平均年增长率为 2.1%。

（单位：%）

图 1－20　1960—2008 年国际货物贸易和工业制成品出口年增长率

资料来源：International Trade Statistics 2009，World Trade Organization，2009。

纺织品服装出口贸易的发展受到国际市场环境的影响，当国际货物贸易,特别是制成品贸易快速增长时,纺织品服装贸易业呈上升趋势,如果国际货物贸易下降,纺织品服装出口也随之下滑。

图 1-21 显示,各个时期世界纺织品出口年增长率、服装出口年增长率和制成品出口年增长率变化情况,其中,1985—1990 年和 1990—1995 年为快速增长阶段,纺织品服装出口额从 1000 亿美元增加到 3000 亿美元,1980—1985 年和 1995—2000 年两个阶段增长缓慢,图 1-17 中数据显示,1980 年国际纺织品服装出口额为 960 亿美元,1985 年为 1028 亿美元,增幅较小。1995 年国际纺织品服装出口额为 3097 亿美元,2000 年为 3564 亿美元,增幅有限。

图 1-21　世界纺织品、服装与工业制成品出口年增长率

资料来源:International Trade Statistics 2009,World Trade Organization,2009。

四、由纺织品出口为主向服装出口为主的转变

20 世纪 60 年代在全球纺织品服装贸易中,以纺织品出口为主,服装出口规模小,1960 年全球纺织品服装出口额为 64 亿美元,其中纺织品为 52 亿美元,占 81%,服装出口额为 12 亿美元,占总额的 19%。

1987 年全球服装出口额首次超过纺织品。其中,服装出口额为 790 亿美元,纺织品出口额为 788 亿美元,服装成为纺织品服装贸易的主体,这表明各国已经从过去的初加工纺织品出口,向深加工服装出口的转变。

在 50 多年的发展过程中,世界纺织品服装贸易结构也有较大变化,从以纺织纤维和纺织品出口为主转为以服装出口为主,纺织品为

辅。例如,2008 年全球服装出口额为 3619 亿美元,占总额的 59%,纺织品出口额为 2502 亿美元,占总额的 41%(见图 1–22)。

(单位:%)

图 1–22　纺织品和服装出口占比重

五、全球纺织品服装出口国家构成

第二次世界大战后,世界纺织品服装出口国家和地区构成经历了,以发达国家出口为主,到以新兴工业化国家和地区出口为主,后转向以中国出口为主的格局变化。

20 世纪 70 年代以来,日本、德国、意大利和中国香港先后成为世界第一大纺织品服装出口国或地区。1971 年以前,日本是世界第一大纺织品服装出口国,1972 年被德国取代,中国香港在 1984 年和 1987—1993 年间取代意大利成为世界第一大纺织品服装出口地区。1994 年至今,中国一直保持全球纺织品服装第一大单一出口国地位,而欧盟作为区域一体化组织在 2007 年以前一直是第一大出口市场,包括成员国内部贸易和对成员国以外的贸易。

从世界纺织品服装出口排位看(见表 1–14),2004—2008 年全球前 12 位的主要出口国家和地区构成走势表现为四大阵营:以欧盟、美国、日本发达国家组成的第一阵营;以中国、印度、土耳其、巴基斯坦、墨西哥传统出口国家组成的第二阵营;以印度尼西亚、孟加拉、越南和泰国新兴出口国家组成的第三阵营;由中国香港、韩国和中国台湾新兴工业化国家和地区组成的第四阵营。

从出口增长态势看,大致可以分为三大类型:一是高速增长型——

基本保持连续增长且增幅较大,如中国、土耳其、印度、孟加拉、越南等,上述国家不仅出口规模保持增长,出口地位也在不断上升;二是缓慢增长型——波浪式增长且增速减缓,如欧盟、美国、巴基斯坦、印度尼西亚等国家和地区,其中美国和印度尼西亚的位次也保持稳定;三是逐渐下降型——总体呈下降趋势,位次也在不断下滑。如日本、韩国、墨西哥、泰国、中国台湾和中国香港等国家和地区。

随着《ATC 协议》①的终止,全球纺织品服装出口地区构成正在发生改变,一些出口国家,如日本、中国台湾已退出全球前十位纺织品服装贸易出口国家和地区行列,同时印度、孟加拉位次在上升,还有越南出口增长较快,而日本、韩国已成为服装的进口国。

表 1-14　世界纺织品服装主要出口国家和地区排位

位次	2004 年	2005 年	2006 年	2007 年	2008 年
1	欧盟	欧盟	欧盟	欧盟	中国
2	中国	中国	中国	中国	欧盟
3	中国香港	中国香港	中国香港	土耳其	中国香港
4	土耳其	土耳其	印度	中国香港	印度
5	美国	印度	土耳其	印度	土耳其
6	印度	巴基斯坦	美国	美国	美国
7	韩国	韩国	巴基斯坦	巴基斯坦	巴基斯坦
8	墨西哥	墨西哥	中国台湾	韩国	孟加拉
9	巴基斯坦	美国	韩国	孟加拉	韩国
10	印度尼西亚	印度尼西亚	印度尼西亚	印度尼西亚	印度尼西亚
11	日本	日本	墨西哥	墨西哥	中国台湾
12	泰国	泰国	孟加拉	泰国	越南

注:欧盟成员国数量:1995—2003 年为 15 国,2004—2006 年为 25 国,2007 年后为 27 国。
资料来源:根据历年 WTO 统计数据整理。

---

①　世界贸易组织多边贸易协定之一,《纺织品与服装协议》,英文全称为:Agree ment on Textile and Clothing》,简称为《ATC 协议》。

六、发达国家以纺织品出口为主

按照出口国家和地区统计,2000 年和 2009 年全球纺织品出口前十位的国家和地区(见表 1-15),包括欧盟、美国和日本等发达国家和地区,还有中国、印度、巴基斯坦和土耳其等发展中国家,以及中国香港、中国台湾和韩国新兴工业化国家和地区。其中,纺织品出口增长最快的国家有中国、印度、土耳其和巴基斯坦等,而欧盟和日本纺织品出口增长缓慢,中国香港、韩国、中国台湾和美国纺织品出口在下降。

表 1-15 世界纺织品出口前十位国家和地区统计

(单位:亿美元)

2000 年		2009 年	
国家/地区	出口额	国家/地区	出口额
欧盟	529.6	欧盟	622.2
中国	161.4	中国	598.2
中国香港	134.4	中国香港	99.8
韩国	127.1	美国	99.3
中国台湾	116.9	韩国	91.6
美国	109.6	印度	91.1
日本	70.2	中国台湾	78.9
印度	50.9	土耳其	77.2
巴基斯坦	45.3	巴基斯坦	65.1
土耳其	36.7	日本	61.0

资料来源:根据 WTO 历年统计数据整理。

七、四大市场的进口需求拉动世界纺织品服装出口的强劲增长

欧盟、美国、日本和中国是世界纺织品的主要进口国家和地区,从纺织品进口情况看(见表 1-16),欧盟、美国、中国和日本进口额占全球纺织品进口额的一半左右。与 2005 年相比,2009 年欧盟和日本纺织品进口保持小幅增长,美国和中国进口规模均有所下降。

表 1-16　四大市场纺织品进口额　（单位:亿美元;%）

	2005 年		2009 年	
	进口额	占进口总额比重	进口额	占进口总额比重
欧盟	65.83	30.8	66.04	29.7
美国	22.54	10.5	19.21	8.6
中国	15.50	7.2	14.94	6.7
日本	5.81	2.7	6.75	3.0
合计	109.68	51.2	106.94	48.0

资料来源:根据 WTO 历年统计数据整理。

从服装进口情况看(见表 1-17),欧盟、美国和日本的服装进口占全球的 80% 左右,相当于全世界数十个国家每年服装出口的 4/5 被这三大市场所吸纳。与 2005 年相比,2009 年欧盟和日本进口规模均有大幅度增长,美国服装进口有所下降。

表 1-17　三大市场服装进口额　（单位:亿美元;%）

	2005 年		2009 年	
	进口额	占进口总额比重	进口额	占进口总额比重
欧盟	128.70	44.8	160.11	48.5
美国	80.07	27.9	72.06	21.8
日本	22.54	7.8	25.51	7.7
合计	231.31	80.5	257.68	78.0

资料来源:根据 WTO 历年统计数据整理。

整体上讲,在未来相当长的时间内,欧盟、美国和日本将一直是世界纺织品服装最大进口国家和地区,是纺织品服装出口国家的主要销售市场,同时这三大市场进口需求的变化,也直接影响到全球纺织品服装的出口。

八、《ATC 协议》的终止对全球纺织品服装贸易发展的影响

(一)《ATC 协议》实施 10 年间,全球纺织品服装贸易稳步发展

伴随着 WTO 的建立,《ATC 协议》作为全球纺织品服装贸易回归 GATT 体制的过渡性协议开始实施,按照《ATC 协议》的规定,全球纺织品服装进口配额在 1995—2004 年 10 年过渡期内逐步削减直至取消,各国进口平均关税降至 11.64%,这一阶段较为开放的国际市场环境,促进了全球纺织品服装贸易的增长。

图 1-23 显示,1995—2004 年全球纺织品出口额及年增长情况,从 1995 年的 1503 亿美元到 2004 年《ATC 协议》结束时达到 1947.3 亿美元,10 年间全球纺织品出口额年均增长率为 3%。

（单位：亿美元）　　　　　　　　　　　　　　　　　（单位：%）

	1995年	1996年	1997年	1998年	1999年	2000年	2001年	2002年	2003年	2004年
纺织品出口额	1502.6	1506.5	1589.5	1513.1	1479.2	1541.8	1469.8	1521.5	1694.2	1947.3
增长率	17%	-0.30%	2%	-2%	-2%	6%	-5%	4%	11%	15%

图 1-23　1995—2004 年全球纺织品出口额及年增长率

资料来源:根据 WTO 历年统计数据整理。

图 1-24 显示,1995—2004 年全球服装出口额及年增长率情况,从 1995 年的 1574.2 亿美元到 2004 年《ATC 协议》结束时达到 2581 亿美元,10 年间全球服装出口额年均增长率为 6.4%。

表 1-18 显示,1995 年和 2004 年全球纺织品出口前 10 位国家和地区构成相同,但是位次略有改变。其中,2004 年韩国和中国台湾纺织品出口额较 1995 年均有所下降,同时位次也降了一位,而其他出口国家和地区均较 1995 年有所增长,中国出口增幅最大。

图 1-24　1995—2004 年全球服装出口额及年增长率

资料来源：根据 WTO 历年统计数据整理。

表 1-18　纺织品出口前 10 位国家和地区　（单位：亿美元）

1995 年		2004 年	
国家/地区	出口额	国家/地区	出口额
欧盟	605.0	欧盟	712.9
中国	139.2	中国	334.3
中国香港	138.2	中国香港	143.0
韩国	123.1	美国	119.9
中国台湾	118.8	韩国	108.4
美国	73.7	中国台湾	100.4
日本	71.8	日本	71.4
印度	43.6	印度	68.5
巴基斯坦	42.6	土耳其	64.3
土耳其	25.3	巴基斯坦	61.2

资料来源：根据 WTO 历年统计数据整理。

　　表 1-19 显示，1995 年和 2004 年全球服装出口前 10 位国家和地区构成发生了改变，2004 年泰国、韩国和中国台湾从前 10 位服装出口国家和地区中消失，同时墨西哥、罗马尼亚、孟加拉跃居前 10 位。与 1995 年相比，新兴服装出口国家正在崛起，美国服装出口额在下降。

表1-19 服装出口前10位国家和地区 （单位：亿美元）

1995年		2004年	
国家/地区	出口额	国家/地区	出口额
欧盟	479.2	欧盟	749.2
中国	240.5	中国	618.6
中国香港	213.0	中国香港	251.0
美国	66.5	土耳其	111.9
土耳其	61.2	墨西哥	72.7
泰国	50.1	印度	66.2
韩国	49.6	美国	50.6
印度	41.1	罗马尼亚	47.2
印度尼西亚	33.8	印度尼西亚	44.5
中国台湾	32.5	孟加拉	44.4

资料来源：根据WTO历年统计数据整理。

（二）2005年《ATC协议》终止后，全球纺织品服装贸易进入快速发展阶段

2005年《ATC协议》终止后，全球纺织品服装出口进入快速增长阶段，2005年全球纺织品出口额超过2000亿美元，2006年全球服装出口额超过3000亿美元，2009年受到华尔街金融危机的影响，纺织品和服装出口虽出现了负增长，但分别保持在2000亿美元和3000亿美元的规模（见图1-25、图1-26）。

1. 新兴服装出口国的崛起，传统服装出口国受到挑战

随着新一轮全球纺织服装业的国际转移，2009年全球前10位服装出口国中亚洲新兴服装生产国孟加拉、越南和印度尼西亚出口增长最快，孟加拉服装出口从2005年居全球第7位，2009年上升至第6位，越南服装出口额从2005年的第10位，2009年上升到第7位（见图1-27）。

同期，在传统服装出口国中，印度服装出口保持增长，墨西哥服装出口大幅度下降，从2005年的第6位，2009年下跌到第10位，土耳其

（单位：亿美元）　　　　　　　　　　　　　　　（单位：%）

	2005年	2006年	2007年	2008年	2009年
纺织品出口额	2029.7	2185.9	2381.3	2502	2110.5
增长率	4%	8%	9%	5%	−16%

图 1－25　2005—2009 年纺织品出口额及增长率

资料来源：根据 WTO 历年统计数据整理。

（单位：亿美元）　　　　　　　　　　　　　　　（单位：%）

	2005年	2006年	2007年	2008年	2009年
服装出口额	2756.4	3114.1	3453	3618.9	3156.2
增长率	7%	13%	11%	5%	−13%

图 1－26　2005—2009 年服装出口额及增长率

资料来源：根据 WTO 历年统计数据整理。

（单位：亿美元）

	2005年	2006年	2007年	2008年	2009年
孟加拉	64.1	78.0	100.6	109.2	107.3
越南	46.8	55.8	74.0	87.2	86.3
印度尼西亚	49.6	57.6	58.7	62.9	59.2

图 1－27　2005—2009 年新兴服装出口国

资料来源：根据 WTO 历年统计数据整理。

服装出口保持平稳。因此,孟加拉、越南和印度尼西亚3个亚洲新兴服装出口国正在崛起(见图1-28)。

（单位：亿美元）

	2005 年	2006 年	2007 年	2008 年	2009 年
■ 土耳其	118.2	118.9	140.0	135.9	115.6
◆ 印度	82.9	101.9	96.6	108.5	114.5
▲ 墨西哥	72.7	63.3	51.5	49.1	41.7

图 1-28 2005—2009 年传统服装出口国

资料来源:根据 WTO 历年统计数据整理。

2. 发达国家仍是服装的主要进口市场

欧盟、美国和日本仍是全球服装主要进口市场,与 2005 年相比,2009 年欧盟 27 国从区外服装进口来源地中,中国、印度和孟加拉对欧盟服装出口保持快速增长,而土耳其和摩洛哥对欧盟服装出口略有下降(见表 1-20)。

表 1-20 欧盟区外服装进口主要来源地 (单位:亿美元)

2005 年		2009 年	
区外进口来源地	进口额	区外进口来源地	进口额
中国	230.1	中国	380.6
土耳其	101.4	土耳其	99.7
印度	44.2	孟加拉	71.5
孟加拉	43.9	印度	63.2
突尼斯	30.7	突尼斯	31.9
摩洛哥	28.3	摩洛哥	28.1

资料来源:根据 WTO 历年统计数据整理。

在美国服装进口中,越南、印度尼西亚、孟加拉3个亚洲新兴服装出口国增长最快,墨西哥、印度和洪都拉斯对美国服装出口出现下滑,与2005年相比,2009年中国香港对美国服装出口额仅为3.4亿美元,从2005年的第3位,到2009年下降到第13位(见表1-21)。

表1-21 美国服装进口主要来源地 （单位:亿美元）

2005 年		2009 年	
进口来源地	进口额	进口来源地	进口额
中国	211.4	中国	282.0
墨西哥	63.7	越南	53.3
中国香港	37.4	印度尼西亚	41.5
印度	33.8	孟加拉	35.8
印度尼西亚	31.6	墨西哥	35.8
越南	29.1	印度	31.3
洪都拉斯	27.5	洪都拉斯	21.6

资料来源:根据WTO历年统计数据整理。

在日本服装进口中,越南服装出口增长最快,其次是泰国和马来西亚,而欧盟、韩国和美国对日本服装出口在不断下降,因此,在日本市场上,越南、泰国和马来西亚等东盟成员(ASEAN)的服装出口优势日益凸显(见表1-22)。

表1-22 日本服装主要进口来源地 （单位:亿美元）

2005 年		2009 年	
进口来源地	进口额	进口来源地	进口额
中国	18.24	中国	21.15
欧盟	1.60	欧盟	1.24
越南	0.61	越南	1.05
韩国	0.44	泰国	0.33

2005 年		2009 年	
进口来源地	进口额	进口来源地	进口额
美国	0.30	韩国	0.23
泰国	0.28	马来西亚	0.19

资料来源:根据 WTO 历年统计数据整理。

3. 新兴服装出口国对纺织品进口依存度进一步提高

随着新兴出口国服装出口规模的增长,对纺织品进口依赖程度在不断提高,与 2005 年相比,2009 年越南和印度尼西亚纺织品进口增长较快,主要与上述国家纺织业发展滞后,纺织原料缺乏,服装业以来料加工为主有关(见表 1 - 23)。

表 1 - 23　纺织品进口情况　　　　　　　　　(单位:亿美元)

	2005 年	2009 年
越南	33.3	59.0
印度尼西亚	7.6	28.0

资料来源:根据 WTO 历年统计数据整理。

九、各国劳动力成本比较

纺织服装业作为传统的加工业,劳动力成本始终是影响竞争力的重要因素。由于纺织业和服装业对资本和劳动力投入存在一定的差异。纺织业与服装业相比,纺织业对设备、技术、资金的投入要求更高,表现为技术密集型和资本密集型特征。服装业的技术水平低于纺织业,是典型的劳动密集型产业,因此,一国服装产业比较优势与该国劳动力成本有密切关系。虽然劳动力成本不能作为一国纺织服装业长期的比较优势,但国际产业转移的一般规律为:在劳动生产率相同的劳动取得不同报酬,使一国生产成本较高时,产业会向低工资成本的外围国家转移,这种转移导致二战后,服装业在国际间的不断转移。如美国的纺织服装业的生产向墨西哥转移、日本向东南亚转移、意大利向东欧转移等，由于成本优势很难长期保持，当一国失去比较优势时，必然导致产业的对外转移，被新兴生产国家所替代，如目前我国的劳动力成本虽然低于发达国家，但高于印度尼西亚、越南等东南亚国家，近年来国际服装加工订单开始从中国转向印度尼西亚、越南等国。

德国威纳国际顾问公司（Werner International）近年来对全球纺织业劳动力成本统计结果显示（见表 1-24），2008 年除韩国和墨西哥外，其他国家的纺织业劳动力成本均为上升趋势，其中，2008 年中国沿海地区纺织业小时工资已达到 1.88 美元/人。

表 1-24 主要国家纺织业劳动力成本比较

（单位：美元/小时/人）

年份	中国沿海	美国	韩国	土耳其	墨西哥	印度	印度尼西亚	越南	巴基斯坦	孟加拉
2000	0.69	14.24	5.32	2.69	2.20	0.58	0.32	–	0.37	–
2002	0.69	15.13	5.73	2.13	2.30	0.57	0.50	–	0.34	0.25
2004	0.76	15.78	7.10	2.88	2.19	0.87	0.55	0.28	0.37	0.28
2007	0.85	16.92	7.77	2.96	2.45	0.69	0.65	0.46	0.42	0.28
2008	1.88	17.41	6.31	4.27	2.17	0.85	0.83	0.57	0.56	0.31
2008 年全球位次	35 位	13 位	19 位	27 位	32 位	41 位	42 位	43 位	44 位	45 位

资料来源：Werner International Management Consultants 2000,2002,2004,2007,2008。

在 2000 年统计的 54 个国家和地区的纺织业劳动工资成本中，中国列第 48 位。2002 年统计的 52 个国家和地区中，中国列第 49 位。2004 年统计的 49 个国家和地区中，中国列第 45 位。2007 年统计的 44 个国家和地区中，中国列第 41 位。2008 年统计的 45 个国家和地区中，中国列第 35 位。

从整体上讲，孟加拉、巴基斯坦和越南纺织业小时工资较低，约 0.5 美元/小时/人，也是全球最低成本国家，在 2008 年公布的 45 个国家中三国分别列在第 45 位、第 44 位和第 43 位，同时，2008 年孟加拉和越南已进入全球服装前 10 位出口国行列,巴基斯坦位居第 12 位。印度尼西亚和印度纺织业小时工资不足 1 美元,约 0.85 美元/小时/人,在 2008 年公布的 45 个国家中分别列在第 42 位、第 41 位,两国分别位居 2008 年全球服装前 10 位出口国的第 8 位和第 6 位。

通过对世界各国劳动力成本的比较,说明中国服装相对于发达国家的劳动力成本优势明显,但相对于东亚国家低成本国家,中国纺织业劳动力成本较高,意味着中国比较优势正在消失,这正是导致发达国家服装加工订单向东南亚国家转移的主要原因。

【本章小结】

本章简要介绍了国际纺织品服装贸易发展阶段、发展现状、纺织原料贸易、纺织品服装贸易特征等内容,通过大量的统计数据,阐述了国际纺织品发展走势和特点,并具体讲述了世界纺织品服装贸易格局。

【本章复习与思考】

1. 世界纺织品服装贸易发展阶段是如何划分的?

2. 全球纺织品原料贸易特点是什么?

3. 国际纺织品服装贸易市场格局如何?

第二章　多边贸易体制下的国际纺织品服装贸易规则

【本章知识点】

1. 多边贸易体制下的国际纺织品贸易规则

2. 与纺织品服装贸易相关的国际贸易规则

3. 反倾销、反补贴和保障措施等贸易救济措施

4. 技术性贸易壁垒协议

【学习提示】

通过本章学习,了解多边贸易体制下的国际纺织品贸易规则变化及其发展阶段,掌握多边贸易体制下与纺织品服装贸易相关的国际贸易规则的主要内容,了解全球反倾销、反补贴和保障措施等贸易救济措施实施情况。

纺织品服装贸易在世界货物贸易中占有重要的地位。长期以来,美国等发达国家对逐渐衰退的本国纺织服装产业实行保护主义政策,在美国的压力和推动下,从 1961 年开始就在关税与贸易总协定(以下简称 GATT)体制下先后达成了短期和长期《国际棉纺织品贸易协议》,1974 年又扩大到《多种纤维协议》(以下简称 MFA),MFA 一直实行到1995 年 1 月 1 日世界贸易组织(WTO)成立为止。在长达 20 多年的时间里,发展中国家与发达国家的纺织品服装贸易是在上述多边协议规则框架内进行。

1986 年 9 月发动的乌拉圭回合把纺织品服装列为十五个谈判议题之一,确定了纺织品服装贸易回到 GATT 规则的谈判目标。《纺织品与服装协议》(以下简称《ATC 协议》)是乌拉圭回合一揽子协议的重要组成部分,但与其他 WTO 协议截然不同,它只是阶段性适用,并不作为一套长期使用的国际纺织品服装贸易规则。《ATC 协议》有效期自 1995 年 1 月 1 日起至 2004 年 12 月 31 日止,共 10 年期限,不得延长。其核心目标是在规定的 10 年时间内,将长期背离正常国际贸易规则的纺织品服装贸易,重新纳入到由 GATT 规则管辖的轨道。

在 WTO 多边贸易体制法律框架下,除了《ATC 协议》外还有一系列与纺织品服装贸易有关的协议,例如《原产地规则协议》、《反倾销协议》、《补贴与反补贴措施协议》、《保障措施协议》、《技术性贸易壁垒协议》和《与贸易有关的知识产权协议》。因而,使国际纺织品服装贸易在 WTO 多边贸易体制下更加有序地发展,使进出口各国的贸易利益得到保障。

第一节　多边贸易体制回顾

第二次世界大战后的 60 年多年间,世界纺织品服装贸易在 GATT 多边贸易体制和 WTO 多边贸易体制下,经历了三个发展阶段:第一阶段是 GATT 多边贸易体制下的国际纺织品贸易规则,主要包括《短期纤维协议》和《长期纤维协议》(1961 年至 1974 年)及《多种纤维协议》(MFA)(1974—1994 年);第二阶段是 WTO 多边贸易体制下的国际纺织品贸易规则,主要包括《ATC 协议》(1995—2004 年)的实施期;第三阶段是《ATC 协议》终止后(2005 年至今)全球纺织品服装贸易回归 WTO 多边贸易体制,进入贸易自由化发展阶段。

一、GATT 多边贸易体制下的国际纺织品贸易规则

自 20 世纪 50 年代中期开始,传统的纺织品生产国英国、美国等,受到来自日本纺织品的威胁。1956 年,美国与日本达成了为期 5 年的

"自动限制协议",将日本纺织品进口纳入配额管理之下。英国、法国及其他一些欧洲国家也援引 GATT 相关条款的规定对来自日本的纺织品进口实行歧视性的配额限制。

对日本纺织品进口的限制为其他未设限纺织品出口国家和地区提供了出口机会。到 20 世纪 50 年代末,中国香港和其他一些纺织品出口国家和地区很快赶上日本,成为主要纺织品供应方。由于要求各出口国采取自愿限制措施越来越难,单靠在 GATT 体制之外采取自愿限制或引用 GATT 条款已不足以有效地限制纺织品进口。美国决定在 GATT 体制内寻求多边解决纺织品问题的办法,通过达成一个国际协议,既对美国当时的"自愿限制"合法化,又为将来的选择性的纺织品设限提供法律依据。

(一)《短期纤维协议》和《长期纤维协议》(1961 年至 1974 年)

在美国政府的压力下,GATT 于 1961 年达成了《国际棉纺织品贸易短期协议》即称《短期纤维协议》,该协议引用了市场扰乱的概念:

1. 只要有进口商品和国内产品价格差即可

2. 没有补偿

3. 可以歧视地进行,允许进口国在进口纺织品造成威胁或市场扰乱时对进口设限,不受 GATT 关于取消数量限制的有关规定的约束

协议使当时采取的自愿出口限制合法化,允许就其他条款达成双边协议。此外,还建立了棉纺织品委员会,就棉纺织品问题寻求长期解决办法。

1962 年达成的《国际棉纺织品贸易长期安排》又称《长期纤维协议》,期限 5 年,并进行了两次延长。《长期纤维协议》对实行进口限制的程序作了更具体的规定,并界定了可以设限的情形,要求各成员国对各种限制向棉纺织品委员会报告,在棉纺织品委员会下设争端解决机制。在《长期纤维协议》后期,一些进口国,特别是美国,对协议范围之外的非棉纺织品产品开始进行限制,并签订了双边协议。

（二）《多种纤维协议》（1974 年至 1994 年）

20 世纪 70 年代初,纺织品贸易由棉纺产品转向人造纤维产品是 MFA 产生的关键因素。取消或减少合成纤维的进口成为当时进口国产业界的主要目标。1972 年在美国政府的倡导下,GATT 理事会成立了纺织品工作和谈判小组。经过谈判,最后于 1973 年 12 月 20 日签署了《国际纺织品贸易协议》,又称《多种纤维协议》(MFA),涵盖的产品由棉纺产品扩大到人造纤维和毛产品;在市场扰乱确定后,进口国可偏离 GATT 原则,对纺织品进口采取歧视性数量限制;建立了常设的纺织品监督机构,解决争端,监督协议执行。MFA 历经 5 次延长,主宰了世界纺织品贸易 20 年,对世界纺织品贸易产生了重大影响。

1994 年年底,当 MFA 效力终止时,它有 39 个成员国,其中,8 个是发达国家,被称为"进口方";其余 31 个发展中国家被认为是"出口方"。进口方成员国(美国、加拿大、欧盟 15 国和挪威)与 GATT 成员国签署了 81 项限制性协议,包含超过 1000 项单个配额。此外,还有 29 个对纺织品进口施加限制的非 MFA 协议或单边措施。

MFA 允许出口方与进口方国家签订要求出口方限制其某些种类的纺织品服装出口的双边安排。在达成协议时,要求各国严格遵守 MFA 规则,确定严重损害或严重损害威胁,制定限制程度,包括每年增长率,上年未利用的配额留到下期和部分为下一年使用的当年配额转入规定。

我国于 1984 年加入 MFA。1994 年 12 月 31 日前,我国与其他国家签订的双边纺织品协议均受到 MFA 规定的约束,由于当时我国经济体制的特征,西方国家认为我国是计划经济国家,对我国纺织品出口的限制更加苛刻,加入 MFA 缩短了我国与其他发展中国家成员国在纺织品出口地位上的差距。我国还于 1990 年成为 MFA 下设的纺织品监督局(TSB)的成员,一直到 1994 年。

二、WTO 多边贸易体制下的国际纺织品贸易规则

（一）《纺织品与服装协议》10 年过渡期（1995 年至 2004 年）

《纺织品与服装协议》,即《ATC 协议》,是乌拉圭回合一揽子协议的重要组成部分,只是阶段性适用。《ATC 协议》有效期自 1995 年 1 月 1 日起至 2004 年 12 月 31 日止,共 10 年期限,不得延长。因此,《ATC 协议》是世界贸易组织用以取代 MFA 并为最终取消配额限制而制定的一项特殊的过渡性安排,其核心目标是在规定的 10 年时间内,将长期背离正常国际贸易规则的纺织品服装贸易,重新纳入到由 GATT 规则管辖的轨道。在《ATC 协议》中,把这种逐步取消纺织品服装贸易限制的做法称为一体化。《ATC 协议》含有 9 个条款,主要内容包括以下几个方面。

1. 适用的产品范围

《ATC 协议》中逐步取消纺织品服装贸易限制的方案适用于协议附件所列的产品,这些产品的范围包括毛条和纱、机织物、纺织制品和服装四个组,涉及协调商品名称及编码制度(HS)第 50 至 63 章的全部产品和第 30 至 49 章、第 64 至 96 章的部分产品,按海关 HS 六位数编码共约 800 个税号。它囊括了世界贸易组织成员根据 MFA 已实行进口数量限制的全部产品,同时也包括少量的非 MFA 数量限制产品。

2. 产品一体化安排

《ATC 协议》第 2 条规定,附件中所有产品在 10 年内分阶段取消纺织品服装贸易限制,逐步纳入 1994 年的 GATT 规则,这就是产品一体化的过程。整个一体化进程分四个阶段(3 年、4 年、3 年、最后 10 年)逐步进行,到 10 年过渡期结束时,即 2004 年 12 月 31 日,所有产品将一体化完毕。

《ATC 协议》中最主要的规定是,在不得设立新的限制的前提下逐步取消已有的纺织品服装贸易限制,这一规定通常称为"经济条款",它具体规定了现有纺织品服装贸易限制的取消方式,包括把《ATC 协议》附件中的产品逐步从配额限制体制中取消,对仍然保留限制的产品进口配额逐步扩大数量。

表 2-1 是以原 MFA 通常使用的 6% 年增长率为基础。但在实践中,由于被限制的国别和产品不同,所适用的基础年增长率也随之不同。

表 2 - 1　配额回归比例及额外增长率

回归阶段	执行日期	回归比率(%)	额外增长率(%)
一	1995. 1. 1—1997. 12. 31	16	16
二	1998. 1. 1—2001. 12. 31	17	25
三	2002. 1. 1—2004. 12. 31	18	27
四	2005. 1. 1	49	—

第一阶段:从 1995 年 1 月 1 日至 1997 年 12 月 31 日,一体化的产品比例应不低于成员国 1990 年协议产品进口总量的 16%(以 1990 年进口量为基础),此期间每年为 6.96%。

第二阶段:从 1998 年 1 月 1 日至 2001 年 12 月 31 日,一体化产品的比例为 17%,每年为 8.7%。

第三阶段:从 2002 年 1 月 1 日至 2004 年 12 月 31 日,一体化产品比例 18%,每年为 11.05%。

第四阶段:到 2005 年 1 月 1 日,所有剩余产品(占 1990 年成员国进口产品总量的 49%)将完全一体化,融入 GATT,届时《纺织品与服装协议》将自行终止。

在符合上述规定比例的条件下,每个进口国可自主决定各阶段取消的具体产品,但取消产品目录必须包括以下四组产品:毛条及纱、机织物、纺织制品及服装。对于每一个阶段的取消产品清单,都要提前一年通知世界贸易组织。

《ATC 协议》中还规定了逐步放宽配额数量的比例,实行配额的自由化安排。放宽配额限制的安排是与取消配额限制产品的进程并行实施的一项计划。其具体做法是以 1995 年 1 月 1 日为起点,通过提高配额年增长率的方式,逐年增加从原 MFA 延续下来的现行双边协议的配额数量,达到渐进地放宽限制的目的。原 MFA 项下的配额,自 1995 年 1 月 1 日转至《ATC 协议》后,即标志着协议规定的自动的自由化进程的开始。

提高年增长率的具体步骤是:从 1995 年 1 月 1 日起,将现行配额所适用的原 MFA 的年增长率再增加 16% ,作为协议第一阶段的年增长率;从 1998 年 1 月 1 日起,第一阶段的年增长率再增加 25% ,作为协议第二阶段的年增长率;从 2002 年 1 月 1 日起,第二阶段的年增长率再增加 27% ,作为协议的第三阶段年增长率;第四阶段于 2005 年 1 月 1 日完全取消配额。对于结转(本年度剩余配额转入下年度)、类转(各个配额类别之间进行数量转移)和预借(下年度配额提前到本年度)等灵活条款的混合使用,不再实行最高比例的限制。

3. 过渡期保障措施

《ATC 协议》的一个重要部分是 10 年过渡期内的保障措施,这一机制的目的是保护成员国避免在过渡期受到未一体化产品且无配额限制产品进口激增的损害。《ATC 协议》第 6 条规定,过渡期保障措施(TSG)是指,在过渡期内,如果未受配额限制的纺织品或服装产品且未纳入关贸总协定的产品大量进口,对国内有关产业造成严重损害或严重损害的实际威胁,就可以采取保护措施,并且自单个成员的进口出现急剧和实质性增加,则可对该特定出口成员的特定产品实施配额限制。

(1)过渡期保障措施的条件

这个条款的执行必须具备以下两个前提:第一,进口国成员必须确定某一特定产品的总进口对其国内工业正在造成严重损害的威胁;第二,它必须确定这一损害是由哪一个成员造成的。

协议规定,确定损害的经济参数主要有:产量、生产率、开工率、库存、市场份额、出口、工资、就业、国内价格、利润和投资等。判断对某一工业造成严重损害或实质性威胁,必须综合考虑上述各种指标,而不能仅就某一指标来加以说明、判断。

(2)适用对象

《ATC 协议》第 6 条规定,过渡期保障措施只允许针对尚未纳入关贸总协定的产品使用,而已纳入的产品应适用《GATT》第 19 条与《保障措施协议》规定的保障措施。如果该损害或威胁是由于技术上的改变或消费者爱好的变化等原因造成的,则不能采取过渡期保障措施,只能采取《保障措施协议》规定的保障措施。

(3)过渡期保障措施实施期限

《ATC协议》过渡期保障措施实施最长为3年(2008年12月31日),而无延长期;或直至该产品纳入关贸总协定止,两者以前者为准。过渡期保障措施的实施时间超过1年的,则随后各年的进口限制水平应在第一年的基础上每年至少增长6%,除非向纺织品监督机构提出其他正当理由。在使用保障措施的规定时,应该给予最不发达国家、小供应国、新进入市场的国家等以更优惠的待遇。

(4)过渡期保障条款的有效期

如果在一产品被纳入《1994年GATT》规则之前,若进口国证明某一产品的总进口数量剧增,对有关国内工业造成严重损害或其实际威胁,并且自有关单个国家的进口出现急剧和实质性增加,则可针对该单个出口国家采取"过渡期保障措施"的保护行动。但过渡期保障措施只允许针对未纳入《1994年GATT》规则的产品使用,而已纳入《1994年GATT》的产品应采用世界贸易组织的保障措施。因此,《ATC协议》的过渡期保障措施则是有明确的期限,即产品纳入关贸总协定规则后就不能援用,并在《ATC协议》2005年1月1日终止后,过渡期保障措施就不存在了。

(5)保障措施实施的目的和对象

《ATC协议》的过渡期保障措施规定的行业性保护措施的目的是为了保护某一特定行业,但针对特定的具体成员的某一产品,是有针对性的,属于选择性保障措施的一种,而且对因此而受损失的成员无补偿。

(6)实施的步骤

《ATC协议》对每一步都有明确的标准和步骤。进口成员国必须与有关出口成员国进行磋商。过渡期保障措施可以在双方磋商后相互同意采取,或如果通过磋商未达成协议,可以单方面采取,但须接受纺

织品服装监督机构的审议。限制水平应不低于提出磋商那个月之前
14 个月中前 12 个月的实际进口或出口水平。

任何欲引用过渡期保障措施的成员,必须在规定的时间内,通知纺
织品监督机构其保留使用过渡期保障措施的权利。绝大多数世界贸易
组织成员保留了使用该保障措施的权利,并同时提交了各自在纺织服
装产品方面逐步取消限制的方案。只有少数几个成员放弃使用该过渡
期保障措施的权利。这些成员被认定已将附件所列产品 100% 纳入了
关贸总协议规则,提前实现了自由化。

4. 处理非法转口的规则和步骤

《TAC 协议》协议对处理非法转口的规则和步骤进行了明确规定。
非法转口,在《ATC 协议》中称为舞弊(Circumvention)是指通过转运、
改道、谎报原产地或原产国、伪造正式文件达到来规避协议规定的目的
和逃脱配额管理的做法。只要有纺织品服装贸易的配额制度存在,就
有可能产生非法转口问题。不仅进口国关注打击非法转口问题,出口
国以及中转国和地区也都必须重视和防止出现非法转口问题。

引用此条款时需要有关各方进行磋商并充分合作进行调查。如果
经过调查,有足够的证据说明进口产品是非法转口产品,则进口国在同
被指控为非法转口的出口国以及其他有关参与方进行磋商之后,可以
采取适当行动。这种行动包括对进口产品拒绝清关;若在产品已经入
境的情况下,则可以扣除有关出口国相应数量的配额。《ATC 协议》还
规定所有成员应在符合其国内法律和程序的情况下,制定必要的法律
规定和行政措施来处理并打击非法转口行为。

5. 设立纺织品监督机构

WTO 专门设立纺织品监督机构(TMB)。其旨在监督《TAC 协议》
的执行,并检查根据协议采取的所有措施,确保其与 GATT 规则一致。
TMB 是一个常设机构,发挥调解和准司法的作用,它由一名独立主席
和 10 名成员组成(美国、加拿大、日本、欧盟、巴西与一南美国家轮流、
印度与北非轮流、东盟一位、中国香港和韩国轮流、挪威与土耳其轮流、

巴基斯坦与中国澳门轮流)。成员的组成要求平衡并具有广泛代表性,还应按适当的间隔期进行成员的轮换。TMB 成员由货物贸易理事会指定的 WTO 成员来任命,以个人身份履行他们的职责。TMB 以一致意见方式作出决定。

TMB 负责监督《ATC 协议》的实施,审查根据该协议采取的全部措施是否符合协议的规定,包括各成员逐步取消纺织品服装贸易限制的自由化方案,以及根据过渡期保障条款所采取的限制措施。TMB 就这些问题提出建议并作出裁决,各成员应尽量全面接受这些建议和裁决;如果他们不能接受,而且 TMB 进一步审议之后认为这些问题仍未获解决,那么就可以将其提交 WTO 争端解决机构处理。TMB 还需要在过渡期的每一个阶段结束时,编写一份全面报告,提交给货物贸易理事会。

(二)《ATC 协议》终止后(2005 年至今)

伴随着 2005 年 1 月 1 日《ATC 协议》的终止,长达 40 年严重背离 GATT 非歧视原则和禁止数量限制原则的全球纺织品服装贸易最终回归 WTO 多边贸易体制,在无进口配额限制下,全球纺织品服装贸易进入贸易自由化发展阶段,将长期背离正常国际贸易规则的纺织品服装贸易,重新纳入到 GATT 基本原则的管辖。

在 WTO 多边贸易体制法律框架下,有一系列与纺织品服装贸易有关的协议和规则,例如《原产地规则协议》、《反倾销协议》、《补贴与反补贴措施协议》、《保障措施协议》、《技术性贸易壁垒协议》和《与贸易有关的知识产权协议》。

第二节　与纺织品服装贸易相关的
国际贸易规则

世界贸易组织不仅是一个由 150 多个成员国组成的多边贸易机构,同时 WTO 也是拥有一整套协议和协定的法律体系的国际经贸组织。WTO包括一部基本法(《建立世界贸易组织的协议》)、两项程序法(《争端解决规则与程序的谅解》和《贸易政策审议机制》)、三部实体法(《GATT1994》《服务贸易总协定》《与贸易有关的知识产权协定》)及其配套、附属协议构成,共有20多个多边贸易协议和几个诸边贸易协议。在WTO的法律体系中还有多项协议内容也涉及与国际纺织品服装贸易有关的协议:《原产地规则协议》《反倾销协议》《补贴与反补贴措施协议》《保障措施协议》《技术性贸易壁垒协议》和《与贸易有关的知识产权协议》等。

一、《原产地规则协议》

乌拉圭回合谈判以前,国际社会未能制定出一部协调一致的全球性原产地规则,而主要西方国家和地区制定了多套不同的原产地规则,客观上对国际贸易的发展造成了阻碍。人们意识到在国际范围内制定协调一致的原产地规则的必要性。于是,在1986年开始的乌拉圭回合谈判中,原产地规则被列为议题之一,最终达成了《原产地规则协议》。

1.《原产地规则协议》的适用范围

《原产地规则协议》(Agreement On Rules of Origin)适用于所有用于实施非优惠性商业政策措施的原产地规则,即适用于实施最惠国待遇、反倾销和反补贴、原产国标记和任何歧视性的数量限制或关税配额等措施时所采用的原产地规则,还包括为政府采购外国货物和贸易统计而使用的原产地规则。

由于《原产地规则协议》不适用于优惠性原产地规则。因此自由贸易区和普惠制给惠国有权自行制定更优惠的货物原产地规则。

2.《原产地规则协议》的宗旨

《原产地规则协议》的宗旨是进一步推动世界贸易的自由化和增长,增强世界贸易组织体制对发展变化中的国际经济环境的适应性。《原产地规则协议》的目标是进行除关税优惠之外的原产地规则的长期协调,保证这些规则本身不构成不必要的贸易障碍,不使各成员在《1994年GATT》项下的权利丧失或减少;协议以公正、透明、可预测、一致和中性的方式制定和实施。

3. 实施原产地规则的纪律

(1)实施明确的原产地规则

由于"实质性改变"原则较为笼统、不易操作。因此,大多数国家在对实质性改变标准作出具体解释时通常采用税目改变、增值百分比及加工工序三个标准。

《原产地规则协议》规定,货物原产地应为:"完整生产该项货物的国家;或者当该货物的生产过程涉及一个以上国家时,则对货物最后实现实质性改变的国家。"

如果采用"税目分类编号改变"标准,则必须清楚地列明该规则所述的税则目录内的品目和子目;如果采用"从价百分比"标准,则必须列明计算这一百分比率的方法;在制造或加工工序标准中,则必须准确地列明能授予有关产品原产地资格的制造或加工工序。

(2)实施中性的原产地规则

原产地规则应为中性,即尽管原产地规则与政策措施或手段有联系,但各成员方不得将原产地规则用作直接或间接地追求贸易目标的工具,来达到限制国际贸易的目的。原产地规则本身不得对国际贸易产生限制、扭曲或破坏性的影响。

(3)肯定性原产地标准

《原产地规则协议》要求各成员对原产地规则的管理必须建立在肯定的标准基础上。也就是说,应该表明哪些应该被授予原产地证明,而不是表明哪些不被授予原产地证明。

(4)及时公布原产地规则

《原产地规则协议》规定,出口商、进口商或任何持有正当理由的人可要求有关成员方的当局对有关产品的原产地作出评定。

(5)原产地规则的管理

原产地规则应以连贯的、统一的、公正的和合理的方式加以管理。

4. 机构设置

《原产地规则协议》规定,由各成员方代表组成原产地规则委员会,每年至少开会一次,审议和促进原产地规则协调工作计划的实施和运作。世界贸易组织秘书处行使原产地规则委员会秘书处的职责。同时,设立原产地规则技术委员会具体承担原产地规则方面的技术性工作,世界海关组织秘书处行使原产地规则技术委员会秘书处的职责。

5. 优惠性原产地规则

《原产地规则协议》附加 2 是关于各成员方之间达成的优惠性原产地规则的共同宣言。在承认一些成员方实施不同于非优惠性原产地规则的优惠性原产地规则的前提下,各成员方就如何实施优惠性原产地规则达成协议和安排。

优惠性原产地规则系指任一成员方为确定货物是否有资格根据契约或自治贸易的规定享受优惠待遇而实施的普遍适用的法律、法规和行政决定。该契约或自治贸易的规定使货物可享受超出《1994 年GATT》一般最惠国待遇的优惠关税待遇。并规定了优惠性原产地规则必须遵循的纪律。

背景知识

美国纺织品服装新原产地规则

1995 年 WTO 各项协议生效后,美国于 1996 年 7 月 1 日生效了重新修改的纺织品服装的原产地规则,并与 WTO《原产地规则协议》有许多不一致的地方,没有以“实质性改变”作为基本准则确定原产地,有些内容甚至背离 WTO 的《原产地规则协议》的精神。美国纺织品服装原产地规则,主要内容有以下三方面:

1. 服装“用针织成型的部件做成的成衣是这些部件制造地,除此以外,其余成衣以缝制国作为原产地”,因而,服装的原产地由原来的

"裁剪地"改为"缝制地"。

2. 各种面料的原产地一律为该织物的生产国,而不管其是否在另外一个或多个国家进行染色、印花或其他后整理加工,因此,面料的原产地由"染色地和印花地"改为"织造地"。

3. 家居织物和其他纺织制成品是以做成这些产品的织物的生产国作为原产地,而不管该织物在另一个或多个国家进行过多么复杂的缝制。

美国新原产地规则的特点是:纱类产品以纺纱地为原产地;布类产品以织布地为原产地;针织成型产品以织片地为原产地;裁剪成型产品(服装)以缝制地为原产地;多国缝制以最重要的缝制地或最终重要缝制地为原产地。

新规则直接损害了加工型和转口型的服装出口国。如我国来料加工的服装,在我国增值比率较低,我国企业只获取加工费,而按"缝制地"作为原产地,在香港地区裁剪,我国内地缝制的服装,出口到美国原产地由中国香港改为中国大陆,影响到中美之间的贸易统计和贸易顺差问题。

因此,按照新原产地规则,在其他国家或地区裁片在中国缝制,随后出口到美国的服装;或运到其他国家或地区经染色和印花加工后,再出口到美国的中国坯布;运到其他国家或地区被用来制成家居或其他制成品,再出口到美国的中国面料均将视中国为原产地。

在新原产地规则中规定:完全取得、生产或加工纺织品或衣着产品的国家将是原产国。但是,16种指定的种类受到另外一套规则的约束。因此,用纱线、扁条、细绳、粗绳、绳索、缆绳制成的物品的原产地不是生产该物品的国家,而是生产纱线等的国家。

美国新的原产地规则对纺织品服装出口国的贸易产生了不利影响,对成员国而言,诸如染色和印花的织品、加软衬料缝制产品、床上亚麻织品、手帕、领带、清洁用布、托把布、枕套和被套,都是限制性物品。一些发展中国家染色或印花进口的灰色织品再出口,根据新的规则,这些出口产品的原产地将是灰色织物的生产国。同样,许多国家为制作家用亚麻织品、帷幕或刺绣而进口织品,这些产品的原产地将仍然是进口织品的那个国家。

在新的原产地规则下,美国政府还加强了对世界各地工厂的检查。调查官员通过检查产品制造过程来核实商品的真实渠道。检查涉及厂家的基本情况,包括商业纪录、员工数量、员工技能水平、生产设备、库存情况。同时,调查官员要求厂家提供完整的文件和生产记录,列明生产步骤、生产设备、员工数量及厂外加工的情况。调查结束后,美国政府在国内公布黑名单,提示美国进口商谨慎与这些企业进行贸易。并且,美国海关通过核查诸如此类繁杂的产品证明文件,来达到管制纺织品服装进口的目的。

资料来源:联合国国际贸易中心英联邦秘书处,《世界贸易体制商务指南》,上海财经大学出版社 2001 年版。

二、《反倾销协议》

反倾销已经成为世界贸易组织各成员方对外贸易政策和法律的重要组成部分。WTO 法律框架下的《关于执行 GATT1994 第六条的协议》是关于反倾销的规定,所以也称为 WTO《反倾销协议》。该协议是在《1947 年 GATT》第六条基础上逐步演变而来,在不与《反倾销协议》相冲突的情况下,《1947 年 GATT》第六条仍然有效。《反倾销协议》的目的在于约束 WTO 各成员方的行为,以保证反倾销措施的公正实施。

(一)反倾销措施的实施必须具备三个要件

1. 倾销的确定

判断是否具有倾销行为,是采取反倾销措施的前提。反倾销协议第二条对倾销给予了明确的界定:“在正常的贸易过程中,当一项产品的出口价格低于其在正常贸易中出口国供其国内消费的同类产品的可比价格,即以低于正常价值的价格进入另一国市场,则该产品被视为倾销。”

(1)正常价值

　　正常价值的确定有三种方法,按正常贸易过程中的出口国国内销售价格、依该国向第三国正常贸易中的出口价格和按结构价格。

　　①出口国国内市场销售价格一般是指被指控的同类产品在调查期内(通常是一年至一年半),在其本国国内市场正常贸易中的成交价(包括批发价格)或销售牌价或一段时间内的加权平均价。以出口国国内市场销售价格确定正常价值时,下列情况例外:出口国国内市场的正常贸易过程中不存在该同类产品的销售;虽然同类产品在出口国国内市场有销售,但鉴于特殊的市场情形不允许做适当的价格比较。如某种情况下的关联企业之间销售或低于成本销售;虽然同类产品在出口国国内市场有销售,但如果"销售量低",也"不允许做适当比较"。《反倾销协议》就"销售量低"做了解释,如果被调查的同类产品在出口国供消费的数量等于或超过该产品向进口成员方销售的5%,该数量视为足以作为确定该出口产品正常价值的销售数量。但是如果有证据表明较低比例的国内销售仍属于进行适当比较的足够数量,则可以不以5%为限。

　　②向第三国的出口价是指出口到适当的第三国的可比价格。选用向第三国的出口价应考虑如下因素:产品具可比性;向所有第三国销售价格较高的产品价格;向该第三国的销售做法与向反倾销调查国销售该类产品的做法相类似;不能以低于成本销售。且出口量一般不低于出口到反倾销调查国市场总量的5%。

　　③结构价格是通过同类产品在原产国的生产成本(实际消耗的原材料、折旧、能耗和劳动力等)加上合理金额的管理费、销售费、一般费用和利润确定的。

　　(2)出口价格

　　出口价格是指在正常贸易中一国向另一国出口的某一产品的价格,也就是出口商将产品出售给进口商的价格。

　　(3)倾销幅度的确定

　　倾销幅度是对正常价值和出口价格进行适当的比较后确定的。

正常价值和出口价格是两个不同市场的销售价格,不仅在贸易环节上存在差异,其交易水平和渠道也各不相同。因此,在比较之前必须对这两个数据进行必要的调整,使之具有可比性。调整主要考虑如下因素:相同的贸易条件,通常倒推至出厂前的价格水平;尽可能是在相同时间进行的销售;影响价格可比性的差异;转售的费用;汇率;产品的同类性等。

《反倾销协议》的补充规定在进口产品来自贸易被完全或实质性垄断的国家,且所有国内价格均由国家确定的情况下,在进行比较价格时可能存在特殊的困难,在这种情况下,进口缔约方可能认为有必要考虑与此类国家的国内价格进行严格比较其不一定适当的可能性。在实践中该款的规定被一些进口国利用,成为使用特殊方法判断来自"非市场经济体制国家"产品正常价值的借口。实践中,这种方法常常导致反倾销的政策歧视。

2. 损害的确定

产业损害分三种情况。进口成员方生产同类产品的产业遭受了实质损害,进口成员方生产同类产品的产业受到实质性损害威胁,进口成员方生产同类产品的产业的设立受到实质阻碍。

(1)实质损害。指对进口国国内产业造成实质性的重大损害,轻微的影响不能予以考虑。对损害的确定应依据肯定性证据,并应审查下述有关内容:第一,进口产品倾销的数量情况:包括调查期内被控产品的进口绝对数量,及相对于进口成员方国内生产或消费相对数量,是否较以前有大量增长;第二,进口产品的倾销对国内市场同类产品价格的影响,包括调查期内是否使进口成员方同类产品的价格大幅下降,或在很大程度上抑制价格的上涨或本应该发生的价格增长;第三,进口产品的倾销对国内同类产品、产业产生的影响。应考虑和评估所有影响产业状况的有关经济因素和指标,包括销售、利润、产量、市场份额、生产率、投资收益或设备利用率的实际和潜在的下降;影响国内价格的因素;倾销幅度的大小;对流动资金、库存、就业、工资、增长率、筹措资本与投资的能力的实际和潜在的消极影响等等。

（2）实质损害威胁。指进口成员方的有关产业尚未处于实质损害的境地，然而事实将会导致这种境地。对实质损害的确定应依据事实，而不是依据指控、推测或极小的可能性。

（3）实质阻碍产业的新建。确定新建产业受阻必须有充分的证据。这不能理解为倾销产品阻碍了建立一个新产业的设想或计划，而应是一个新产业的实际建立过程受阻。

（4）损害的累积评估。累积评估也称累积进口。《反倾销协议》规定，在一定条件下进口成员方可以累积评估从不同来源进口的倾销产品对本国产业的影响。

这些条件是：来自每一个国家或地区的产品的倾销幅度超过了2%，即超过了"最低倾销幅度"；来自每一个国家或地区的倾销产品的进口量并非可忽略不计，一般来讲是指高于进口成员方对该类倾销产品进口总量的3%，或几个出口国各自所占份额虽低于3%，但它们的总和超过进口成员方进口该倾销产品总量的7%；根据进口产品之间的竞争条件及进口产品和国内同类产品之间的竞争条件，对进口产品所做的累计评估是适当的。

3. 因果关系的认定

实施反倾销措施的第三个必要条件是认定倾销与损害之间存在因果关系。

调查机关应审查除进口倾销产品以外的其他可能使国内产业受到损害的已知因素。这些因素包括但不限于：未以倾销价格出售的进口产品的价格及数量；需求萎缩或消费模式的改变；外国与国内生产商之间的竞争与限制性贸易做法；技术发展以及国内产业的出口实绩以及生产率等。

进口成员方主管机关应调查、审议其他方面的因素并分析其对产业损害的影响，并且不应把这些因素造成的产业损害归咎于进口产品倾销造成的。

（二）国内产业

《反倾销协议》的国内产业定义是有特定含义的,其范围应为国内同类产品的全部生产商,或者是其产品合计总产量占全部国内产品产量的相当部分的那些生产商。但如果生产商与出口商或进口商是关联企业或其本身就被指控为倾销产品的进口商可以不计算在内。

（三）反倾销措施

反倾销措施主要包括临时反倾销措施和最终反倾销措施:

1. 临时反倾销措施

临时反倾销措施是指,调查机关经过调查,初步肯定被控告的产品存在倾销行为和由此对国内同类产业造成的损害,据此可以在全部调查结束之前,采取临时性的措施,以防止在调查期间国内产业继续受到损害。

临时反倾销措施可以是征收临时反倾销税,也可以是要求进口商自裁决之日起提供与临时反倾销税数额相等的现金担保金或保函。

临时措施必须自反倾销案件正式立案调查之日起 60 天后才能采取。临时反倾销税征收时间应尽可能短,一般情况下不得超过 4 个月,特定情况下临时措施可以延长到 6 个月至 9 个月。

2. 最终反倾销措施

在全部调查结束后,进口成员方调查机关有充分的证据证明被调查的倾销产品存在倾销和对国内同类产品产业的损害,倾销与损害之间有因果关系,将采取最终反倾销措施。最终反倾销措施采取征收反倾销税的形式。

（四）征收反倾销税

反倾销税是指在正常海关税费之外对倾销产品征收的一种附加税。反倾销税的税额不得超过所裁定的倾销幅度。

除了达成价格承诺的产品,应在非歧视的基础上对所有确定具有倾销行为和造成损害的进口产品征收反倾销税,但要根据每一个案件的不同情况征收不同的适当的反倾销税。

反倾销税的纳税义务人为倾销产品的进口商,出口商不得直接或间接替进口商承担反倾销税。初裁时的反倾销税率与终裁的税率不同时,其不足部分不再补交,而多交部分则应退还。

除非进口成员方当局以复审方式决定继续维持该项征税,反倾销税的征收应自决定征收之日起不超过5年。

(五)价格承诺

价格承诺指被控倾销产品的生产商和出口商与进口成员方主管当局达成提高出口价格以消除产业损害,进口成员方借此暂中止案件调查的协议。从实际效果讲,价格承诺也属于反倾销措施的一种形式。《反倾销协议》规定,如收到任何出口商关于修改其价格或停止以倾销价格向所涉地区出口的令人满意的自愿承诺,而调查机关认为倾销的损害性影响已经消除,则调查程序可以中止或终止,而不采取临时措施或征收反倾销税。价格承诺协议对承诺者的出口价格进行限制,并通过定期核查等手段对其进行监督。

背景知识

全球反倾销调查情况

自1995年WTO成立以来至2006年年底,在世界范围内共产生3044起反倾销立案调查,其中经过最终裁决被采取反倾销措施的有1941个,所占比重约为63.8%。

1995—2006年期间,全球采取反倾销措施的数量变化走势大致可分为三个阶段(见图2-1)。

第一阶段为1995年至1998年,四年间共发起882起反倾销立案调查,其中506起最终采取了反倾销措施,占57.3%。其主要是因1997—1998年爆发的亚洲金融危机,及其对世界经济的冲击,使世界范围内反倾销调查与措施数量迅速增加。

（单位：件）

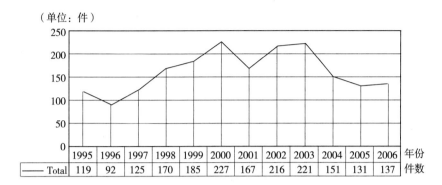

年份	1995	1996	1997	1998	1999	2000	2001	2002	2003	2004	2005	2006
Total（件数）	119	92	125	170	185	227	167	216	221	151	131	137

图 2 - 1 1995—2006 年全球采取反倾销措施数量

第二阶段为 1999 年至 2002 年,为亚洲金融危机后的恢复时期。四年间反倾销调查与措施数量都维持在较高的水平,分别是 1323 起以及 795 起。

第三阶段为 2003 年至 2006 年,这一阶段反倾销调查与措施的数量基本上呈现下降趋势。共计 839 起调查案中,有 640 起最终采取了反倾销措施,所占比例高达 76.3%,远远高于此前金融危机阶段。

1995 年以来,中国遭受的反倾销调查数量位于世界第一,共有 536 起,占世界总数的 28%。韩国位居第二位,共遭受 229 起调查。列第三位的是美国,共 175 起。中国台湾地区遭受调查 173 起,位于第四。在超过 100 起的国家中只有俄罗斯来自欧洲,而欧盟以 63 起位于第16 位。世界发达国家全部位于排名 65 位之前,其总数达到 1176 起,占 79%(见图 2 - 2)。

在发起反倾销调查的国家中,印度以 457 起位居第一。值得注意的是,其中 196 起针对中国地区,占其总数的 42%。其次是美国、欧盟、阿根廷、南非以及澳大利亚等(见图 2 - 3)。

从调查的裁决结果,也就是被采取反倾销措施的案件来看,中国以375 起位列第一,占遭受反倾销调查的案件的比重达到 70%,高于位居第二的韩国的 59%、第三位中国台湾地区的 62% 以及第四位美国的

图 2-2　1995 年以来遭受反倾销调查的主要国家和数量

图 2-3　1995 年以来发起反倾销调查的主要国家和数量

59%。其中,发达国家被采取反倾销措施的案件为 709 起,约占总数的 36.5%(见图 2-4)。

在采取反倾销措施的国家中,印度采取了 331 个,位列第一,占其发起的反倾销调查的 72.4%。随后是美国、欧盟以及阿根廷等。其中,发展中国家共采取措施 1018 项,约占总数的 52.4%(见图 2-5)。

图2-4　1995年以来遭受反倾销措施的主要国家和数量

图2-5　1995年以来采取反倾销措施的主要国家和数量

资料来源:根据中华人民共和国商务部产业损害调查局网资料整理。

三、《补贴与反补贴措施协议》

（一）补贴的定义

1.《补贴与反补贴措施协议》将以下情况应视为存在补贴

（1）在某一成员的领土内由政府或任何公共机构（统称"政府"）提供的财政资助,即:涉及资金直接转移的政府行为（如赠与、贷款、投股）、资金或债务潜在的转移（如贷款担保）;政府本应征收收入的豁免或未予征收(如税额减免之类的财政鼓励);政府不是提供一般基础设施而是提供商品或服务,或收购产品;政府通过向基金机构支付或向私人机构担保或指示后者行使上述所列举的一种或多种通常应由政府执行的功能,这种行为与通常的政府从事的行为没有实质性差别。

(2)存在1994年关贸总协定第十六条规定所定义的任何形式的收支或价格支持,和由此而给予的某种利益。

2. 补贴的类型

《补贴与反补贴措施协议》将补贴分为:禁止实施的补贴;可申诉的补贴和不可申诉补贴三种。

如所涉及的措施被认为是一种被禁止的补贴,WTO将建议实行该补贴的成员立即取消该项补贴。如果当一成员认为另一成员实施了可申诉的补贴,对其国内产业造成了损害或严重损害时,它就可以要求与实施了该项补贴的成员进行磋商。实施不可申诉补贴的成员有通知其他成员的义务。

(二)反补贴措施

1. 征收反补贴税

各成员应采取一切必要的措施,以保证对来自任何另一方领土的任何产品反补贴税的征收。任何一项特定的反补贴税的征收,应在起征之日起算不迟于5年期限之内停止征收。

2. 临时措施

临时措施可采用临时反补贴的形式,临时反补贴税由按相当于初步确定的补贴额所交存的现金存款或债券来担保。临时措施不得早于自发起调查之日以后的60天。临时措施的实施应限定在尽量短的时期内,不得超过4个月。

(三)反补贴税的征收条件

1. 一成员最终认定补贴的存在及其数量。

2. 因补贴导致受补贴的进口正在造成损害

包括:损害另一成员的国内产业;使其他成员直接或间接获得的利

益取消或减少;严重损害另一成员的利益。

对任何产品征收的反补贴税,不得超过经确认存在的补贴额,补贴额应以每单位受补贴和出口产品受到的补贴来计算。

在各个成员的领土内征收反补贴税应该是允许的,征收的税以较低的税率足以抵消对国内产业所造成的损害,补税额就应低于实际的补贴额。

当一种反补贴税是针对某种产品而征收时,这一反补贴税应以适当的税率,对来自任何地方的,被认定是受到补贴并造成损害的产品无歧视地征收。

(四)国内产业的定义

"国内产业"解释为国内同类产品生产者全体,或其产量总和占国内该产品生产总量大部分的那些国内生产者;若其中有些生产者与进口商有关或其本身就是从其他国家进口被控补贴产品或同类产品的进口商,"国内产业"一词则可解释为除他们以外的所有生产者。

背景知识

全球反补贴措施的立案调查情况

根据 WTO 统计报告显示,统计数据截至 2006 年 6 月底,1995—2006 年上半年,全球反补贴立案共 184 起(表 2-2 和图 2-6),已有 23 起世贸组织争端案件涉及反补贴问题,8 起案件被专家小组裁定与世贸组织规则相悖。

表 2-2 1995—2006 年上半年全球反补贴立案数量 (单位:件)

年份	1995	1996	1997	1998	1999	2000	2001	2002	2003	2004	2005	2006[*]
数量	10	7	16	25	41	18	27	9	15	8	6	2

注:*统计数据截至 2006 年 6 月底。

（单位：件）

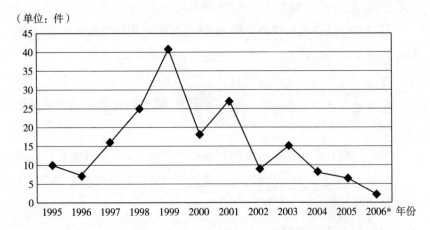

图2－6　1995—2006年上半年全球反补贴立案数量

自2004年以来，全球反补贴案件持续下降，总量远远少于反倾销案件，主要由于以下两个主要原因：（1）反补贴调查牵涉更多的是政治因素。调查不仅涉及出口商，同时还涉及该出口商所在国（地区）的政府的补贴政策；（2）补贴比倾销更难以认定。

因此，一些成员在使用反补贴调查时，往往与反倾销调查一并进行。

资料来源：根据中华人民共和国商务部产业损害调查局网资料整理。

四、《保障措施协议》

《保障措施协议》是WTO体制在特定情况下允许成员采取措施，限制进口，保护国内产业的三个协议之一。但保障措施在性质上不同于反倾销和反补贴，后两者针对的是不公平贸易，而保障措施针对的是在公平贸易条件下进口的产品。《保障措施协议》的宗旨在于澄清和加强《1994年GATT》第19条的纪律，重建保障措施的多边制约机制，消除规避这种制约的不当做法，进一步稳定并改善国际贸易体制。

（一）实施保障措施条件

保障措施是指，成员方在进口急剧增长并对其国内相关产业造成严重损害或严重损害威胁时,采取的进口限制措施。

根据《1994 年 GATT》第 19 条和《保障措施协议》的规定,成员方实施保障措施必须满足以下条件。

1. 某项产品的进口急剧增长

协议规定的进口激增指"数量急剧增长",其中包括两种情况,绝对增长和相对增长。绝对增长是指进口实绩的增长,相对增长是指相对于进口方国内生产而言进口产品所占市场份额的相对上升。

2. 进口增长的原因是意外情况的发生和成员方履行 WTO 义务

《保障措施协议》对所谓"意外情况的发生"并没有非常明确的解释。成员方履行 WTO 义务,主要是指成员方履行关税减让和削减非关税壁垒的义务。这些义务的履行都会增强进口产品对进口方国内产品的竞争力,进口的增长将是一种非常可能的结果。成员方实施保障措施,必须证明进口增长是由上述两种原因造成的。

3. 进口增长对国内产业造成了严重损害或严重损害威胁

拟实施保障措施的成员方必须证明进口增长与产业损害或损害威胁之间存在因果关系,该种证明必须有客观证据的支持。如果在同一时期国内产业所受损害系由进口增长以外的各类因素所致,则此类损害不得归咎于进口增长。

《保障措施协议》规定,"国内产业"应理解为在该成员领土内生产相似产品(like product)或直接竞争产品的国内生产者全体,或其产量之和占该国该产品生产总量主要部分的生产者。需要注意的是,关税同盟既可针对同盟所辖全部区域采取保障措施,也可仅代表同盟的某个成员实施保障措施。当针对全部区域实施保障措施时,对损害及损害威胁的确定应以同盟内整个产业的情况为基础;当同盟代表其某个成员实施保障措施时,对损害及威胁的确定应仅以该成员的产业情况为基础,保障措施的实施也仅以该成员的地域为限。

"严重损害"是指对国内某一产业的状况造成重大的总体损害。在确定对国内某一产业造成严重损害或严重损害威胁的调查中,主管当局须评估与该产业状况相关的、客观和可量化的所有相关因素,特别是绝对或相对条件下的有关产品进口的比例和数量,增加的进口产品在国内市场的占有份额,销售水平的变化,总产量、生产率、能耗、盈亏及就业。

"严重损害威胁"应理解为危急且显而易见的威胁,不能仅是想象或推测的威胁。

4. 采取非歧视待遇

保障措施应不分来源地适用与某项进口产品,不能对不同来源的产品有歧视待遇。

(二)实施保障措施的程序

为了保证充分的透明度和公正性,《保障措施协议》对保障措施的实施规定了比较详细的程序。该程序主要包括以下几个环节。

1. 调查

调查是采取保障措施的必经步骤,而且必须按照 GATT1994 第十条规定的程序进行。第十条主要强调了调查及决定的透明度问题。协议指出,成员国主管当局在采取措施前,应向所有利害关系方作出适当的公告、举行公开听证会,或给进口商、出口商以及利害关系方提供其他合适机会陈述证据和看法、对其他相关方的陈述作出回答。调查结束后,主管当局须公布一份报告,列明对一切相关事实和法律问题的调查结果以及作出的合理结论。

2. 通知

协议规定,成员方应将下列事项立即通知保障措施委员会:(1)发起调查的决定;(2)对进口增长与严重损害或损害威胁因果关系问题提出的调查结果;(3)就实施或延长保障措施作出的决定。

在履行(2)和(3)项通知义务时,成员方应提供以下有关信息:进口增长造成严重损害或严重损害威胁的证据、对调查所涉及产品和拟采取措施的准确描述、保障措施实施的日期、期限以及逐步放宽的时间表等。货物贸易理事会或保障措施委员会可以要求准备采取措施的成员方提供它们认为必要的补充资料。另外,成员方在采取临时保障措施之前应通知保障措施委员会。

3. 磋商

由于采取保障措施会影响到有关成员方根据 WTO 相关协议所享有的利益,因此,协议规定采取或延长保障措施的成员方应与各利害关系方进行协商,就保障措施交换看法,并达成谅解。协商的结果应由有关成员方及时通知货物贸易理事会。

(三)保障措施的形式、期限和实施方式

1. 保障措施的形式

成员方应仅在防止或补救严重损害的必要限度内实施适当的保障措施。保障措施的形式包括三种:(1)提高有关进口商品关税;(2)采取数量限制;(3)采取关税配额。

鉴于非关税措施对贸易的扭曲作用较大,《保障措施协议》第 5 条对数量限制和配额措施做了专门限定。协议规定,在实施数量限制时,不得使进口数量低于过去三个有代表性年份的平均进口水平,但进口方有正当理由的除外。在使用配额时,进口方应当与有利害关系的供应国就配额分配达成协议,磋商未能达成协议,则进口方应基于出口方前一有代表性时期的份额进行分配。除非在保障委员会的主持下进行了磋商并存在正当的理由,否则,分配应在非歧视的基础上进行。

2. 保障措施的期限

保障措施的实施期限一般不应超过 4 年,如果仍需防止损害或救济受损害的产业或该产业正处于调整之中,则期限可延长,但总期限(包括临时措施)不应超过 8 年。期限延长必须符合一定的条件,即按前述实体和程序规定确认继续实施保障措施是必需的,并拥有该产业正在进行调整的证据。

3. 临时保障措施

协议规定,在紧急情况下,如果迟延会造成难以弥补的损失,成员方可不经协商而采取临时保障措施。主管当局只能在初步裁定进口增长已经或正在造成严重损害或损害威胁的情况下,方可采取临时措施。临时措施的实施期限不得超过 200 天,并且此期限计入保障措施总的期限。临时保障措施只能采取增加关税形式,但如果随后的调查不能证实增加的进口已经导致或威胁导致对国内产业的损害,则增收的关税应迅速退还。成员方在采取临时保障措施前应通知保障措施委员会,在采取措施后应尽快与各利害关系方举行磋商。

(四)对实施保障措施的若干限制

如果保障措施的适用期预定在一年以上,进口方在适用期内应按固定的时间间隔逐渐放宽该措施;如果实施期超过三年,进口方须在中期审查实施情况,并根据审查情况,撤销或加快放宽该措施。延长期内的保障措施应宽于最初适用的措施。

对同一进口产品再次适用保障措施必须遵守以下规定。一般情况下,两次保障措施之间必须有一个不适用期,时间长度应不短于第一次保障措施的实施期限,且最短为 2 年。但是,如果保障措施的适用期只有 180 天或少于 180 天,并且在保障措施实施之日前的五年之内未对同种产品采取不超过两次的保障措施则自保障措施实施之日起一年后,可针对同种进口产品再次适用期限为 180 天或少于 180 天的保障措施。

(五)补偿与报复

保障措施针对的是公平贸易条件下的产品进口,其实施必然影响出口方的正当利益。为此,协议第 8 条要求双方就保障措施对贸易产生的不利影响,协商贸易补偿的有效方式。如果 30 天内达不成协议,出口方可以在保障措施实施后 90 天内,并在货物贸易理事会收到书面中止通知 30 天后,对进口方实施对等报复。但是,如果采取保障措施是因为进口的绝对增长,并且该措施符合《保障措施协议》的规定,则出口国在保障措施实施的第一个三年中不得进行对等报复。

背景知识

全球保障措施实施情况

根据 WTO 保障措施委员会的统计,截至 2006 年年底 WTO 成员方共发起保障措施调查 155 起(见表 2-3)。

1995—2006 年全球保障措施调查的发起数量经历了一个由低到高,再降低的过程。1995—1997 年,全球发起的保障措施调查案件每年都在 5 起以下;1998—2004 年,每年都在 10 起以上,2002 年达到最高峰为 34 起;2005 年低于 10 起;2006 年又上升至 13 起。

表 2-3　1995—2006 年 WTO 受理的保障措施案件数量

年份	1995	1996	1997	1998	1999	2000	2001	2002	2003	2004	2005	2006
数量(起)	2	5	3	10	15	25	12	34	15	14	7	13

155 起立案的保障措施中(见表 2-4),由 36 个成员国发起。其中,调查次数超过 5 起的有印度(15 起),美国、智利、约旦、菲律宾(各 10 起),捷克、土耳其(各 9 起),厄瓜多尔(7 起),阿根廷、保加利亚、委内瑞拉(各 6 起),它们也是发起保障措施调查前十位的国家(见表 2-4)。上述几个成员共发动 98 起保障措施案件,占保障措施案件的 60%。在上述国家中,除美国外,都为发展中国家,这说明越来越多的发展中国家开始拿起保障措施来保护国内市场和产业。

表 2-4　1995—2006 年全球保障措施立案国家

国家	数量(起)
印度	15
美国	10
智利	10

国家	数量(起)
约旦	10
菲律宾	10
捷克	9
土耳其	9
厄瓜多尔	7
阿根廷	6
保加利亚	6
委内瑞拉	6

在世贸组织成员发动的 155 起保障措施调查案件中(见表 2-5)，涉及化工产品的保障措施案件数位居首位，为 26 起，占比 17.6%；其次是贱金属及制品，为 21 起占比 14.2%；位居第三的是食品、饮料和烟草，为 16 起，占比 10.8%。这三者约占总数的 45%。蔬菜、皮革、饮料、烟草和活禽的立案数也都在 10 起以上。

表 2-5　1995—2006 年全球保障措施立案按行业统计

行业	数量(起)	占比(%)
化工产品	26	17.6
贱金属及制品	21	14.2
食品、饮料和烟草	16	10.8

相对于发起的保障措施案件调查数，最终被实施的数量较少，除个别年份保障措施的执行率过 50% 外，大部分案件的执行率都远远低于 50%。这是因为有的通过磋商达成协议而终止了调查；有的作出了否定的调查结果；而有的虽作出了肯定的裁决，但出于公共利益的考虑而最终未实施保障措施；有的是出于政治目的，如大选前的拉选票而立案调查，而一旦政治目的已达到或政治压力已消除，就自动放弃调查或终

止实施。

　　保障措施的案件执行率较低,从保障措施制度本身来看,则是实施保障措施的代价很大,易招致别国的报复。当一国,尤其是贸易大国采取保障措施时,通常会引发较多的国际贸易争端。另外,保障措施在结果上讲求利益的平衡,要求给予出口方补偿,且出口方有报复的权利。

资料来源:根据中华人民共和国商务部产业损害调查局网资料整理。

五、《技术性贸易壁垒协议》

　　《技术性贸易壁垒协议》(以下简称《TBT 协议》)其目标,一是消除不合理的技术性措施,减少国际贸易壁垒;二是通过制定多边规则指导成员制定、采用和实施被允许采取的技术性措施,努力保证这些措施不成为任意或不合理的歧视,造成不必要的国际贸易障碍;三是鼓励采用国际标准和合格评定程序,提高生产效率和便利国际贸易。《TBT 协议》适用于所有产品,包括工业品和农产品。

(一)制定、采用和实施技术性措施须遵守的规则

　　根据《TBT 协议》,WTO 各成员方在采取技术性措施时,必须遵守世界贸易组织的基本原则,特别是非歧视原则和透明度原则。在采取技术性措施时,进口产品的待遇不得低于国内同类产品的待遇;不能造成在具有同等条件的国家之间任意的或不公正的歧视,成为变相限制进口贸易的一种手段。

　　当成员方拟采取与国际标准的内容有实质性的不一致并对其他成员的贸易产生重大影响的技术性措施时,应通过各种方式(出版物、咨询点和秘书处)提前告知其他成员方,为它们留出准备书面意见的合理时间,并考虑这些书面意见、讨论结果迅速公布,以使有关各方知晓;在公布和生效之间给予宽限期,以便有关方面适应其要求。制定、采用和实施技术性措施必须遵守下述规则。

　　1. 贸易影响最小规则

　　成员制定、采用和实施技术性措施时,不能给国际贸易造成不必要

的障碍。努力采取对贸易影响最小的措施,对贸易的限制也不应超过为实现合法目标所必需的限度,同时要考虑不能实现合法目标可能带来的风险。在评估风险时,应考虑相关因素,特别是可获得的科学和技术信息、有关的加工技术或产品的预期最终用途。

2. 合理性规则

若采取对其他成员贸易产生重大影响的措施,经其他成员请求,该成员应说明技术措施的合理性。

3. 协调规则

《TBT 协议》鼓励成员为协调技术法规、标准和合格评定程序而作出努力,以减少国家间的差异对贸易造成的阻碍。协调的方法主要有:中央政府要保证地方政府及非政府机构制定、采用和实施的技术性措施也遵守《TBT 协议》的有关规定;如果有关的国际标准及国际性或区域性合格评定体系已经存在或即将拟就,成员应采用这些标准和合格评定程序作为各自技术性措施的基础,除非采用它们无法实现合法目标。《TBT 协议》鼓励成员参与国际标准化机构的工作;成员应积极考虑接受其他成员的技术性措施作为等效措施,只要这些措施能够充分实现相同的合法目标;为避免同一产品的多重测试、检查和认证对贸易造成的不必要壁垒,减少商业成本和不确定性,《TBT 协议》鼓励成员之间谈判达成相互承认协议。

4. 发展中成员尤其是最不发达成员的特殊和差别待遇规则

在规定权利和义务及履行协议时,应考虑发展中国家在发展、财政和贸易方面的特殊需要,向它们提供差别和更优惠的待遇。即使可能存在国际标准、指南或建议,发展中国家仍可按照其特定的技术和社会经济条件,采用某些技术性措施,以保护与其发展需要相适应的本国技术、生产方法和工艺;不应期望发展中国家成员使用不适合其发展、财政和贸易需要的国际标准作为其采取技术性措施的依据;应制定对发展中国家有特殊利益的产品的国际标准;《TBT 协议》鼓励发达国家对发展中国家在制定和实施技术性措施方面提供帮助和技术援助;为了确保发展中成员国能遵守《TBT 协议》,TBT 委员会在接到请求时,应就全部或部分义务给予特定的、有时限的例外。《TBT 协议》要求特别考虑最不发达国家成员的特殊问题。

(二)技术法规、标准与合格评定程序

1. 技术法规

技术法规是指必须强制性执行的有关产品特性或其相关工艺和生产方法,包括:国家法律和法规;政府部门颁布的命令、决定、条例;技术规范、指南、准则、指示;专门术语、符号、包装、标志或标签要求。许多强制性标准也是技术法规的组成部分。《TBT 协议》规定,只要适当,成员应按照产品的性能而不是按照其设计或描述特征来制定技术法规。

《TBT 协议》规定,成员应采取合理措施和机制,确保地方政府和非政府机构制定、采用与实施的技术法规遵守《TBT 协议》的规定。

如果有关国际标准已经存在或即将拟就,成员应使用这些国际标准或其相关部分作为技术法规的基础,除非由于基本气候因素、地理因素、基本技术问题等,采用这些国际标准或其中的相关部分无法达到合法目标。成员应在力所能及的范围内充分参与有关国际标准化机构制定国际标准的工作。

2. 技术标准

标准是指经公认机构批准的、非强制执行的、供通用或重复使用的产品或相关工艺和生产方法的规则、指南性或特性的文件。有关专门术语、符号、包装、标志或标签要求也是标准的组成部分。

《TBT 协议》专门制定了《关于制定、采用和实施标准的良好行为规范》,规定标准化机构要遵守非歧视原则,保证不给国际贸易制造不必要的障碍;同时尽量采用国际标准并充分参与有关国际标准化机构的工作。各成员的中央政府机构有义务接受并遵守该规范的规定,还要鼓励地方和非政府机构同样这样做。但是,无论其他标准化机构是否正式接受这一规范,成员都有义务使其领土内的标准化机构符合这

一规范。WTO还通过了两个决定,对该规范中的通知要求提供了支持:一是《关于世界贸易组织—国际标准化组织标准信息系统拟定谅解的决定》,这一系统在瑞士日内瓦建立,现被命名为世界贸易组织标准信息服务机构,作用是收集和公布该规范签署方的通知;二是《关于审议国际标准化组织/国际电工委员会信息中心出版物的决定》,规定对成员有关这一问题的通知进行定期审议。

3. 合格评定程序

合格评定程序是指任何直接或间接用以确定是否满足技术法规或标准中相关要求的程序。特别包括:抽样、检验和检查;评估、验证和合格保证;注册、认可和批准以及各项的组合。合格评定程序一般由认证、认可和相互承认三个方面组成。

(1)认证。是指由授权机构出具的证明,一般由第三方对某一事物、行为或活动的本质或特征,经对当事人提出的文件或实物审核后给予的证明,这通常被称为"第三方认证"。认证可以分为产品认证和体系认证。

产品认证主要指产品符合技术法规或标准的规定。其中因产品的安全性直接关系到消费者的生命健康,所以产品的安全认证为强制认证,例如,欧盟对玩具、锅炉、建筑用品、通信设备等20多类产品实行安全认证并要求加贴 CE 安全合格标志,否则不得在欧盟市场销售。典型的还有美国的 UL 安全认证、加拿大 CSA 认证、日本的电器产品认证等。还有对产品合格的质量进行认证,认证是自愿的。

体系认证是指确认生产或管理体系符合相应规定。目前最为流行的国际体系认证有 ISO 9000 质量管理体系认证和 ISO 14000 环境管理体系认证;行业体系认证有 QS 9000 汽车行业质量管理体系认证、TL 9000 电信产品质量体系认证;还有 OHSAS 18001 职业安全卫生管理体系认证等。

(2)认可。指权威机构依据程序对某一机构或个人具有从事特定任务或工作的能力给予正式承认的活动。包括产品认证机构的认可、质量和管理体系认证机构的认可、实验室认可、审核机构认可、审核员/评审员资格认可、培训机构等的注册等。到目前为止，世界上已有几十个国家和地区建立了80多个认可机构和3000余个认证机构。

（3）相互认证。指在评审通过的基础上，认可机构之间通过签署相互承认协议，互相承认彼此的认可与认证结果。《TBT协议》鼓励成员只要符合技术法规或标准就尽可能接受其他成员的合格评定程序，并就达成相互承认合格评定结果的协议进行谈判。

中央政府、地方政府、非政府机构制定、采用和实施合格评定程序都要符合《TBT协议》的规定；只要保证能符合技术法规或标准，成员应采用国际标准化机构已经发布或即将拟就的有关指南或建议，作为其合格评定程序的基础。另外，只要能确保符合技术法规或标准，而且可行，成员应采用国际合格评定体系，作为该体系的成员或参与其活动。成员也要尽其所能采取合理措施，保证国内相关机构加入或参与的国际或区域合格评定体系遵守《TBT协议》的规定。

各成员应以不低于本国或其他国家合格评定机构的条件，允许其他成员的合格评定机构参与其合格评定活动。

六、《与贸易有关的知识产权协议》

WTO的《与贸易有关的知识产权协定》（TRIPS），是WTO多边贸易体制的组成部分之一。把知识产权列入WTO协议范围，是乌拉圭回合谈判的主要成果之一。《与贸易有关的知识产权协定》的宗旨是：为减少国际贸易中的扭曲和阻力，有必要促进对知识产权进行充分、有效的保护，防止知识产权执法的措施与程序变成合法贸易的障碍。

TRIPS全面规定了知识产权的保护标准，对知识产权执法和救济提出了要求，并且为知识产权国际争端的解决提供了途径。此外，TRIPS对原有国际公约还有一些突破。TRIPS着重于知识产权对贸易的影响。因此，知识产权中的科学发现权、与民间文学有关的权利、实用技术专有权（例如实用新型）、创作者的精神权利等，被认为与贸易无关而没有包括在TRIPS范围内。

TRIPS 与货物贸易多边协定和服务贸易总协定不同,后两个协定是就与贸易政策有关的一般规则和原则达成的协定,并取得了各国自由化的承诺,但并没有要求各国政策的协调统一,而 TRIPS 包括所有成员都必须达到的知识产权保护的最低标准(如专利保护期为 20 年)。TRIPS 要求各成员积极采取行动保护知识产权,在多边贸易框架下寻求协调统一,即制定最低标准,以影响贸易政策和管理体制。

(一)TRIPS 中的基本原则

TRIPS 中的知识产权范围包括版权与邻接权;商标权;地理标志权;工业品外观设计权;专利权;集成电路布图设计(拓扑图)权;未披露过的信息专有权。

1. 与其他知识产权公约的关系

《与贸易有关的知识产权协定》的规定,不得有损于成员之间依照《巴黎公约》、《伯尔尼公约》、《罗马公约》及《集成电路知识产权条约》已经承担的义务。

2. 国民待遇原则

各成员在知识产权保护上,对其他成员的国民提供的待遇,不得低于其本国国民。但《巴黎公约》、《伯尔尼公约》、《罗马公约》及《集成电路知识产权条约》允许在某些情况下以互惠原则代替国民待遇原则;对表演者、录音制品制作者和广播组织而言,国民待遇仅适用于本协定所规定的权利;一些司法和行政程序,例如必须在一成员管辖范围内指定送达地址或委托代理人,也可以成为国民待遇的例外。

3. 最惠国待遇原则

在知识产权保护上,某一成员提供给第三方国民的任何利益、优惠、特权或豁免,均应立即、无条件地适用于全体其他成员的国民。把最惠国待遇原则引入知识产权的国际保护,是世界贸易组织的创造。也许正因为这一点,这个原则有更多的例外,下列情况免除最惠国待遇义务;来自一般性的而非专门针对知识产权保护的司法协助或法律实施国际协定的优惠;来自《伯尔尼公约》和《罗马公约》的互惠性保护;

本协定未规定的表演者、录音制品制作者和广播组织权;世界贸易组织成立前的《与贸易有关的知识产权协定》所产生的优惠。

最惠国待遇和国民待遇还有一个总的例外,即这两个原则不适用于世界知识产权组织主持下订立的有关取得或维持知识产权的多边协定中所规定的程序。

4. 其他原则

知识产权保护的目标,是促进技术的革新、技术的转让与技术的传播,以有利于社会及经济福利的方式去促进生产者与技术知识使用者互利,并促进权利与义务的平衡;成员可在其国内法律和条例的制定或修订中,采取必要措施以保护公众的健康与发展,以增加对其社会经济与技术发展至关紧要的领域中的公益;成员可采取适当措施防止权利持有人滥用知识产权,防止借助国际技术转让中的不合理的限制贸易的行为。

(二)有关知识产权的效力、范围及使用标准

1. 版权与有关权

版权是指作者对其创作的文字、艺术和科学作品依法享有的专有权利,包括署名、发表、出版、获得报酬等权利。有关权(邻接权)是指与作品的传播有关的权利,即表演者、录音制品制作者及广播组织许可或禁止对其作品复制的权利。例如,未经表演者许可,不得对其表演进行录音、广播和复制;录音制作者对其录音制品的复制和商业出租享有专有权;广播组织有权禁止未经许可对其广播内容进行录制、翻录和转播。版权与有关权的范围如下。

(1)《伯尔尼公约》所指的"文学艺术":文学、科学和艺术领域内的一切作品,不论其表现形式或方式如何,例如书籍、演讲、戏剧、舞蹈、配词、电影、图画、摄影作品、地图等。

(2)计算机程序与数据的汇编。

(3)表演者、录音制品制作者及广播组织权利。

版权的保护期,自其创作或出版起不得少于50年;表演者和录音制作者的权利应至少保护 50 年;广播组织的权利应至少保护 20 年。

2. 商标

商标是指一企业的商品或服务与其他企业的商品或服务区分开的标记或标记组合。这些标记包括人名、字母、数字、图案、颜色的组合。这些标记应能够作为商标获得注册。注册商标所有人享有专有权,以防止任何第三方未经许可而在贸易活动中使用与注册商标相同或近似的标记,去标示相同或类似的商品或服务。驰名商标应受到特别的保护,即不相同或类似的商品或服务,也不得使用他人已注册的驰名商标;在确定一个商标是否驰名时,应考虑相关公众对该商标的了解程度,包括在该国因促销而获得的知名度。

商标的首期注册及各次续展注册的保护期,均不得少于 7 年。商标的续展注册次数应系无限次。如以未使用为由撤销注册商标,则必须是连续 3 年未使用。

3. 地理标志

地理标志系指下列标志:标示出某商品来源于某成员地域内,或来源于该地域中的某地区或某地方;该商品的特定质量、信誉或其他特征,主要与该地理来源相关联。各成员应对地理标志提供保护,包括对含有虚假地理标志的商标拒绝注册或宣布注册无效,以防止公众对商品的真正来源产生误解或出现不公平竞争。

TRIPS 对葡萄酒和白酒地理标志提供了更为严格的保护。对于"虚假地表明"产品来源于某地的地理标志,即使不会对公众产生误导,不是不公平竞争,也不得用于葡萄酒和白酒。

4. 工业品外观设计

工业品外观设计是指对产品的形状、图案或其结合以及产品的色彩与形状、图案或其结合所提出的适于工业上应用的新设计。对外观设计进行保护的产品主要是纺织品、皮革制品和汽车。受保护的工业品外观设计的所有人,有权制止第三方未经许可而作为商业目的制造、销售或进口带有或体现有受保护设计的复制品或实质性复制品之物品。工业品外观设计的保护期应不少于 10 年。

纺织品设计具有周期短、数量大、易复制的特点,因此对纺织品设计给予保护的条件,特别是费用、审查和公布方面的条件,不得影响这些设计获得保护。

5. 专利

一切技术领域中的任何发明,不论是产品发明还是方法发明,只要其新颖、含创造性并可付诸工业应用,均可获得专利。但如果某些产品的商业性开发会对公共秩序或公共道德产生不利的影响,包括对人类和动植物的生命健康和环境造成严重损害,则各成员可以不授予专利。另外,对人类或动物的诊断、治疗和外科手术方法,除微生物外的植物和动物,以及除非生物和微生物外的生产植物和动物的主要生物方法,也可不授予专利权。

专利所有人享有专有权。对于产品,应有权制止第三方未经许可制造、使用、提供销售、销售,或为上述目的而进口该产品;对于方法,应有权制止第三方未经许可使用该方法的行为,以及使用、提供销售、销售或为上述目的进口依该方法直接获得的产品。各成员国的法律可以允许未经权利所有人授权即可使用一项专利,包括政府使用或政府授权其他人使用(即强制许可、非自愿许可),但必须有严格的条件,并受到严格的限制。例如,授权应一事一议;只有此前在合理时间内以合理商业条件要求授权而未成功,才可申请强制许可;授权应给予适当的报酬。

专利保护期不少于 20 年。

6. 集成电路布图设计(拓扑图 Topographies)

集成电路是指以半导体材料为基片,将至少有一个是有源元件的两个以上元件和部分或者全部互联集成在基片之中或者之上,以执行某种电子功能的中间产品或者最终产品。布图设计是指集成电路中至少有一个是有源元件的两个以上元件和部分或者全部互联的三维配置,或者为集成电路的制造而准备的上述三维配置。

各成员应禁止未经权利持有人许可的下列行为:为商业目的进口、

销售或以其他方式发行受保护的布图设计,为商业目的进口、销售或以其他方式发行含有受保护的布图设计的集成电路,或为商业目的进口、销售或以其他方式发行含有上述集成电路的物品。

集成电路布图设计保护期为 10 年,从注册或首次付诸商业利用起计算。

7. 未披露信息的保护

未披露过的信息是具有以下三个特征的信息:处于保密状态,通常不为从事该信息领域工作的人所普遍了解或容易获得;由于是保密的,因而具有商业价值;合法支配该信息的人为保守秘密采取了在具体情况所需的合理措施。

合法控制该信息的人有权防止他人未经许可而以违背诚实商业行为的方式,披露、获得或使用该信息。

为获得药品或农药的营销许可而向政府提交的机密数据也应受到保护,以防止不公平的商业利用。

8. 对协议许可中限制竞争行为的控制

国际技术转让中的限制性竞争行为,例如独占性返授(即技术的转让方要求受让方将其改进的技术的使用权只授予转让方,而不得转让给第三方)、禁止对有关知识产权的有效性提出异议或强迫性的一揽子许可(即技术的转让方强迫受让方同时接受几项专利技术或非专利技术),可能对贸易具有消极影响,并可能阻碍技术的转让与传播。各成员可采取适当措施防止或控制这些行为。有关成员还可就正在进行的限制竞争行为和诉讼进行磋商,以在控制这些行为方面进行有效的合作。

(三)知识产权执法

1. 知识产权执法的一般义务

加强知识产权的执法措施,是《与贸易有关的知识产权协定》的另一个主要目标。《与贸易有关的知识产权协定》对各成员的司法制度提出了总体要求。各成员应保证其国内法中含有本协定规定的执法程序,以便对任何侵犯受本协定保护的知识产权的行为采取有效行动,包括采取及时防止侵权的补救措施及遏制进一步侵权的救济措施。实施这些程序时,应避免对合法贸易造成障碍并为防止有关程序的滥用提供保障。

2. 对边境措施的特别要求

(1)海关的暂停放行。各成员应按有关规定制定相关程序,使权利持有人在有正当理由怀疑假冒商标或盗版货物有可能被进口时,能够向行政或司法主管部门提出书面申请,要求海关当局暂停放行这些货物进入自由流通。只要符合本协定的要求,各成员可允许针对涉及其他知识产权侵权行为的货物提出这种申请。各成员也可制定关于海关当局暂停放行从其境内出口的侵权货物的相应程序。

(2)保证金或相当的担保。主管部门有权要求申请人提供足以保护被告和主管部门并防止滥用程序的保证金或相当的担保。这种保证金或相当的担保不应妨碍诉诸这些程序。

海关根据非司法或其他非独立当局的决定对涉及工业设计、专利、集成电路布图设计或未公开信息的货物暂停放行其进入自由流通,而下述暂停放行的期限在享有正式授权的部门未给予临时补救的情况下已经到期,而且有关进口的所有其他条件已得到满足,则货物的所有人、进口商或收货人有权在为任何侵权交纳一笔足以保护权利持有人的保证金后,按照协定规定的条件,提出申请,要求放行该货物。保证金的支付不妨碍给权利人的任何其他补救,而且如果权利人在一合理期限内未行使诉讼权,则该保证金应予发还。

(3)对进口商和货物所有人的补偿。有关部门有权责令申请人向因被错误地扣押货物或因扣押超过期限已予以放行的货物而遭受损失的进口商,收货人和货物所有人支付适当的补偿。

(4)检验和获得信息的权利。在不妨碍保护机密信息的情况下,各成员应授权主管部门向权利持有人提供足够的机会要求海关对扣押货物进行检验以证实权利持有人的权利要求。主管部门还有权给进口商提供相应的机会对该货物进行检验。各成员可授权主管部门在对一案情已作出肯定的裁决的情况下,向权利人通报发货人、进口商和收货人的姓名和地址以及所涉及的货物数量。

3. 职权内行动

如果各成员要求主管部门主动采取行动,并根据其获得的初步证据对有关正在侵犯知识产权的货物暂停放行,则主管部门可在任何时候向权利持有人索取任何有助于行使这些权力的信息;进口商和权利持有人应被立即告知暂停放行的行动。如果进口商向主管部门就暂停放行提出上诉,有关暂停放行应符合上述暂停放行的期限;在采取或拟采取的行动是出于善意的情况下,各成员可免除公共部门和其官员应承担的采取适当补救措施的责任。

4. 补救

在不妨碍权利持有人享有的其他行为权利并在被告有权要求司法部门进行复议的情况下,根据上述民事程序中"其他救济"所规定的原则主管部门有权命令销毁或处理侵权货物。对假冒商标货物,除非有规定例外,主管部门不得允许侵权货物在未作改变的状态下再出口或对其适用不同的海关程序。

(四)刑事法律制度

各成员应规定刑事程序和处罚,至少将其适用于具有商业规模的故意假冒商标或版权案件。可使用的补救手段应包括足以起威慑作用的监禁/罚金,处罚程度应与适用于同等严重程度的犯罪所受到的处罚程度一致。在适当情况下,可使用的补救手段还应包括剥夺、没收和销毁侵权货物和主要用于侵权活动的任何材料和工具。各成员可规定适用于其他知识产权侵权行为的刑事程序和处罚,尤其是故意并具有商业规模的侵权案件。

背景知识

《与贸易有关的知识产权协定》
内容中与纺织品服装有关的内容

在 TRIPS 中与纺织品服装贸易有关的知识产权主要包括：工业品外观设计、商标和版权与有关权三项。

（一）工业品外观设计

在 TRIPS 中，"工业品外观设计"保护包括了工业品所具有的外形、线条、图案、花边和颜色等特征。对外观设计进行保护的产品主要是纺织品、皮革制品和汽车。各国对工业品外观设计的保护方法并不相同，有依据版权加以保护，有依据工业产权加以保护。WTO 各成员有义务对符合独立创造性、新颖性或原创性的工业品外观设计给予保护。

对纺织品外观设计的保护是 TRIPS 中"工业品外观设计"的重要组成部分。按照"工业品外观设计"保护的一般要求，纺织品外观设计保护的内容是指能用视觉观赏到的附属于纺织织物外表的图案、花型和各类服装的式样、轮廓、装饰等艺术成分，即保护仅仅限于产品的外观，而不延及产品的功能、工艺和技术层面的特征。外观设计对纺织品来讲十分重要，能使产品对消费者产生吸引力。纺织品外观设计必须是创新的、独创的，才具备保护的前提条件。纺织品外观设计是来自设计者的智力创造活动，具有丰富多彩、变化多样的特征，既反映设计者对纺织面料及服装流行趋势的敏感和美学创意，又体现了消费者的使用价值和为批量生产提供制造依据。

当一款服装设计实用性强、设计新颖，适于批量生产时，就可以申请外观设计保护。但企业在申请专利之前一定要保密，新设计要想获得垄断优势，一定要申请外观专利保护，因为产品一旦投放市场，就其外观而言，不可能有技术秘密，就排他性而言，只能通过申请外观设计专利保护,别无选择。同时应注意在拿到受理通知书或者最好是收到授权决定通知后,产品再投放市场较为稳妥。

(二)版权与有关权

版权也称著作权,是指作者对其创作的文字、艺术和科学技术作品所享有的专有权利。作品是指文学、艺术和科学领域内具有独创性并能以某种有形形式复制的智力成果。

"服装设计"是一个总称,是设计者将构思变成服装成品的过程。服装设计草图作品具有独创性及实用性,属于版权意义上的作品。服装设计草图作品一经完成即自动得到版权法的保护。因此,版权保护采用自动保护原则而非注册登记,版权人享有相对的排他权,通过版权法的保护能减少他人抄袭或模仿,但不能排斥相同或类似的设计。对服装设计的版权仅限于复制、发行、展览、表演等。

(三)商标

商标的使用,包括将商标用于商品、商品包装或者容器以及商品交易文书上,或者将商标用于广告宣传、展览以及其他商业活动中。注册商标的产品是指法律、行政法规规定的必须使用注册商标的商品。对注册商标专用权的保护规定,注册商标的专用权以核准注册的商标和核定使用的商品为限。未经商标注册人的许可,在同一种商品或者类似商品上使用与其注册商标相同或者近似的商标的、销售侵犯注册商标专用权的商品、伪造和擅自制造他人注册商标标识,均属侵犯注册商标专用权。同时规定任何人都可以向工商行政管理部门投诉或者举报侵犯注册商标专用权的行为。新条例加大了对侵权人的处罚和对商标注册人的保护力度,规定伪造、变造注册证件将触犯刑律。

【本章小结】

本章简要介绍了多边贸易体制和国际规则,主要讲述了与纺织品服装贸易相关的协议,并分析了WTO成立后全球反倾销调查、反补贴调查和保障措施实施情况,以了解国际贸易环境的变化。

【本章复习与思考】

1. 分析全球反倾销措施实施数量变化情况及原因。

2. 分析全球反补贴调查案件数量增长的原因。

3. 分析全球保障措施数量下降的主要原因。

第 二 篇

国际贸易基本理论

导　言

　　国际贸易理论是国际经济学的重要组成部分。国际贸易理论研究的范围包括商品和服务的国际流动,生产要素的国际流动和技术知识的国际传递。

　　国际贸易理论通常分为基本理论和贸易政策两大部分。国际贸易基本理论主要研究国际分工的基础,直接投资的原因,地区经济一体化产生的效果,讨论贸易发生的原因。国际贸易政策主要包括自由贸易政策和保护贸易政策,在保护贸易理论盛行的今天,讨论对外贸易乘数理论和发展中国家的贸易政策,对我国发展对外贸易意义重大。

　　从亚当·斯密到现代西方国际分工和国际贸易理论,大体经历了四个阶段。第一阶段,是亚当·斯密的绝对成本说。第二阶段,是大卫·李嘉图的比较成本说,这是一个关键阶段。第三阶段,是赫克歇尔—俄林(H-O原理)的要素禀赋理论,这两位经济学家把国际分工和国际贸易与生产要素联系起来。第四阶段,是里昂惕夫反论所引起的对要素禀赋学说的扩展,并由此建立起了当代国际分工理论的系列学说。这些理论始终指导着国际分工和国际贸易的发展和方向。

　　在当今保护贸易盛行时期,李斯特的幼稚工业保护理论,一直是发展中国家作为保护和建立新兴产业的理论依据。中国也不例外,入世时我国将轿车工业作为幼稚工业进行为期5年的保护,现在轿车产业在国内市场已显现出较强的竞争力,并从进口替代阶段逐步转向出口导向阶段,成效显著。

　　自第二次世界大战后,跨国公司得到迅速发展,西方经济学家对这一现象进行了分析，并提出国际生产折中理论，该理论不仅解释了对外直接投资的条件，还阐述了企业进入国际市场的三种方式，即产品出口、直接投资和技术转让的选择，这些选择取决于所有权优势、内部化优势和区位优势。

区域经济一体化是第二次世界大战后国际市场格局的突出表现。当今区域一体化组织多达上百个，并以对内自由贸易和对外采取保护贸易为特征。关税同盟理论解释了建立一体化组织后对成员国产生的"贸易创造"和"贸易转移"效果，以及带来的福利增加和规模经济利益。

第三章　国际贸易理论

【本章知识点】
1. 国际分工理论
2. 保护贸易政策理论
3. 国际直接投资理论
4. 区域经济一体化理论

【学习提示】
通过本章学习,了解国际分工理论、保护贸易政策理论、直接投资理论和区域经济一体化理论的主要观点,掌握绝对成本论、比较成本论、要素禀赋理论、产品生命周期论、保护幼稚工业理论、对外贸易乘数理论、国际生产折中理论、投资发展阶段论、贸易创造效果和贸易转移效果等理论的内容。

第一节　国际分工理论

一、亚当·斯密——绝对成本

18世纪的英国古典经济学家亚当·斯密(Adam Smith,1723—1790),花了近10年的时间,于1776年写出了一部奠定古典政治经济学理论体系的著作——《国民财富的性质和原因的研究》(简称《国富论》)。在著作中亚当·斯密第一次把经济科学所有的主要领域的知识归结成为一个统一和完整的体系,而贯穿这一体系的基本思想就是自由放任的市场经济思想。

亚当·斯密有两个著名的发现,一是所谓的看不见的手,二是所谓的绝对成本论。看不见的手强调市场的力量,实行市场经济的国家无须政府过多操心,诸如生产、交换、流通这些看起来很复杂的问题市场会自动调节。至于绝对成本论知道的人相对少一些。前一个理论强调在一个国家内部政府对经济活动不要干涉,后一个理论认为在国际贸易活动中政府也不应当干涉,那就是自由贸易。自由贸易可使贸易双方的福利增加。但这里有个前提,即必须发挥自己的优势,每个国家只有生产自己最具优势的产品参与国际贸易活动,双方才能获利。至今,还有许多国家仍把绝对成本论作为制定外贸政策的依据。

亚当·斯密认为分工可以提高劳动生产率。分工之所以提高劳动生产率有三个原因:

(1)分工使劳动专门化,提高了工人的熟练程度;

(2)分工可以省却工人从一种工作转换到另一种工作的时间,免除因转换工序或工作而造成的损失;

(3)分工可以使工人因专门从事某项操作而容易改进工具和发明机器,从而使一个人能够完成许多人才能做的工作。

亚当·斯密以针的制造为例进行说明。针的制造共有18道工序,在没有分工的情况下,一个粗工一天最多可以制造20枚,甚至一个也造不出来;如果分工生产,则一天可以制造4800枚,劳动生产率可以提高240倍。分工的原则是,人们各自集中生产具有优势的产品,然后用自己的产品交换其所需要的产品,这样可以大大提高劳动生产率,增加各自的福利。一个人是这样,一个工厂是这样,一个地区是这样,一个国家也同样如此。当分工跨越国界时,分工就成了国际分工。亚当·斯密就是从这种简单的推导中得出了他那伟大的绝对成本论。这一理论与看不见的手共同奠定了亚当·斯密作为伟大经济学家的地位。

(一)亚当·斯密的绝对成本理论的主要内容

1. 交换是人类天然的倾向

交换是出于利己,并为达到利己的目的而进行的活动。

2. 交换产生分工

由于人们从交换中获利，人们更乐意于进行交换，为了交换，就要生产能交换的物品，各自生产一种物品，就产生了分工。

3. 将国内不同个人或家庭之间的分工和交换，推及到国家之间的分工与交换，用以解释国际贸易与交换

4. 分工的原则是各自集中生产具有优势的产品，相互交换。结果是从这种分工和交换中获得比自己生产一切物品多得多的利益

5. 各国参与国际分工的基础是有利的自然禀赋或后天的有利的生产条件

6. 亚当·斯密认为，分工提高劳动生产率进而增加社会财富

（二）亚当·斯密的绝对成本理论的基本思想

国际分工的原则也应是充分发挥各国的优势。优势包括自然优势和获得性优势。每一个国家都应该生产具有绝对优势的产品去交换本国必须的但自己生产又处于绝对不利地位的产品，从而使本国的土地、劳动和资本得到最有效的利用，提高劳动生产率，增加社会财富。亚当·斯密的绝对成本论见表3－1。

表3－1　亚当·斯密的绝对成本论示表
分工前

国家	酒（单位）	劳动人数	毛呢（单位）	劳动人数
英国	1	120	1	70
葡萄牙	1	80	1	110

分工后

国家	酒（单位）	劳动人数	毛呢（单位）	劳动人数
英国			2.7	180
葡萄牙	2.375	190		

交换结果

国家	酒（单位）	毛呢（单位）
英国	1.0	1.7
葡萄牙	1.375	1.0

二、大卫·李嘉图——比较成本

比较成本论是西方国际贸易理论的基石。这一理论是由英国古典经济学家亚当·斯密提出的绝对成本理论，经过大卫·李嘉图的补充、完善而发展起来的。

李嘉图（Ricardo David，1772—1823）英国古典经济学家，近代国际贸易理论的奠基人。27 岁时，偶然阅读《国富论》，对经济学发生兴趣。师承亚当·斯密的经济自由放任主义，他于 1817 年出版了名著《政治经济学及赋税原理》（On the Principle of Political Economy and Taxation）。

李嘉图在 19 世纪初创建的国际贸易学说，后人称之为"比较成本说"，是关于国际分工与国际交换的古典理论。他同亚当·斯密一样，用从个人推及到国家的方式，说明自己的主要观点。先举个人为例：假定 2 人均能制鞋制帽，其中 1 人在两种职业上都比另一人强一些，制帽强 1/5，制鞋则强 1/3。这个较强的人专门制鞋，那个较弱的人专门制帽，对双方都有利。个人间这种分工关系，同样适用于国家间。假定英国制毛呢需要 100 日劳动，制葡萄酒需要 120 日劳动，葡萄牙制毛呢需要 90 日劳动，制葡萄酒需要 80 日劳动，英国以输出毛呢换回葡萄酒为有利，葡萄牙以输出酒换回毛呢为有利。因为葡萄牙与其用资本制毛呢还不如用来制酒，可以从英国换得更多的毛呢。对英国来说则相反，与其用资本制酒还不如用来制毛呢，可从葡萄牙换回更多的酒（表 3-2 为大卫·李嘉图比较成本论示表）。

表3-2　大卫·李嘉图的比较成本论示表

分工前

国家	酒（单位）	劳动人数	毛呢（单位）	劳动人数
英国	1	120	1	100
葡萄牙	1	80	1	90

分工后

国家	酒（单位）	劳动人数	毛呢（单位）	劳动人数
英国			2.2	220
葡萄牙	2.125	170		

交换结果

国家	酒（单位）	毛呢（单位）
英国	1	1.2
葡萄牙	1.125	1

以上两个例子包含着国际分工与国际交换的基本原理,即比较成本理论。就英国和葡萄牙两国而言,葡萄牙制酒制毛呢所需成本都比英国绝对低,即都处于绝对优势。但制酒低的程度小于制毛呢,两相比较,制酒成本相对低,处于比较优势,制毛呢成本相对高,处于比较劣势。英国制毛呢的成本高的程度低于制酒,两个比较,制毛呢成本相对低,处于比较优势,英国放弃生产比较劣势的毛呢,专门生产比较优势的酒。如此分工,两国都可获得国际分工和国际交换的利益。

（一）李嘉图比较成本理论的假设

比较成本理论涉及两个生产要素即:劳动力、土地,并在9个重要的假设前提条件下进行分析。假设:

1. 世界上只有"两个国,两种商品"

2. 以各国间劳动、资本不能自由移动为前提的,而在一国之内劳动、资本则可以自由移动

3. 所有的劳动都是同质的,没有熟练与非熟练劳动的区别

4. 不存在运输费用

5. 只能按生产力绝对差异,按成本绝对差异进行分工与交换

6. 收入分配没有变化

7. 以物物方式进行贸易交换

8. 不存在技术进步

9. 生产要素都是充分就业

他还认为国际分工与国际交换的利益,只有在政府不干涉对外贸易,实行自由贸易的条件下,才能最有效地实现。

(二)李嘉图比较成本理论的主要内容

李嘉图认为,国际分工和国际贸易的基础是比较成本,而不是绝对成本。一国即使两种商品的生产成本都高于另一国,但只要按照"两利取重,两害取轻"的原则进行分工和交换,不仅可以增加社会财富,而且可以使贸易双方获得利益。

1. 按"两利取重,两害取轻"的原则进行国际分工

每个国家不一定生产各种商品,而应集中力量生产那些利益较大或不利较小的产品,然后通过国际贸易,在资本和劳动力不变的情况下,生产总量将增加,如此形成的国际分工对贸易各国都有利。结果,劳动生产率不同的两个国家通过对外贸易都获得比自己以等量劳动所生产的更多的产品。

2. 最有效和最有利的国际分工是各国集中生产比较成本最有利的商品

即对于两种商品生产都有利的国家,如果其集中精力生产有利程度最高的商品,专业化生产也有利于商品的成本的进一步降低;对于两种商品生产都不利的国家,如果选择不利程度低的商品进行生产,随着专业化生产和劳动的熟练程度的提高,原先生产处于劣势的商品成本

也将呈下降趋势,最终使它成为该商品生产成本较低的国家。

3. 对外贸易利益的来源只能增加一国的使用价值,而不能增加一国的价值量,价值只能在生产领域创造

李嘉图的国际贸易学说是以劳动价值说为理论基础的。但又认为国际交换中价值规律并不发生作用,对外贸易不会增加一国价值量,对外贸易的作用在于取得使用价值。对外贸易不能增加利润,不能增加资本积累。比较成本理论深刻地阐明了自由贸易的好处。

三、赫克歇尔—俄林(H-O原理)——要素禀赋理论

要素禀赋理论是在20世纪30年代由瑞典经济学家埃里·赫克歇尔(Eli Heckscher)和他的学生伯特尔·俄林(Bertil Ohlin)提出的。俄林的代表作是《域际和国际贸易》,于1977年获得诺贝尔经济学奖。因此,这一理论被称为赫克歇尔—俄林(H-O原理)要素禀赋理论。

赫克歇尔和俄林用生产要素的丰缺,解释国际贸易的产生原因和一国进出口商品结构的特点,并研究了国际贸易对要素价格的反作用,说明国际贸易不仅使国际间商品价格趋于相同,而且还会使世界各国生产要素价格趋于相同。

生产要素是指生产活动必须具备的主要因素或生产中必须投入或使用的主要手段。传统的生产要素是指土地、劳动和资本,而新生产要素还包括人力资本、管理、技术知识、经济信息等。所谓要素价格比例是指这些生产要素用本国货币表示的单位价格比例。

传统的三种生产要素,即劳动力、土地、资本,它们的使用费或报酬分别为工资、地租和利息。要素禀赋理论假设世界上只有两个国家,使用两种生产要素,生产出两种商品,即建立2×2×2模型。

(一)赫克歇尔—俄林要素禀赋理论的主要内容

1. 商品价格的国际绝对差异是国际贸易的直接原因

商品价格的国际绝对差异是指同种商品用同一货币表示的价格在各国不相同。商品从价格低的国家出口到价格高的国家,当两国间的价格差额大于包括运输费用在内的一切必要的支出时,国际贸易就带

来实际利益。因此,国际间商品价格的绝对差异是产生国际贸易的直接原因。

2.各国商品价格比例不同是国际贸易产生的必要条件

并非凡存在商品价格的国际差异,国际贸易就必然发生,还需具备交易双方的国内商品价格(成本)比例不同,即具有比较成本优势。

3.各国商品价格比例不同是由生产要素价格比例不同决定的

国际贸易的首要条件是有些商品在某一地区比其他地区能够更便宜地生产出来。一国出口的是本国丰富要素所生产的商品,进口的是本国稀缺要素所生产的商品。即一个国家出口的应该是密集使用了本国丰富的生产要素所生产的商品,进口的应是密集使用了本国稀缺的生产要素所生产的商品。

4.要素价格比例不同是由要素供给比例不同决定的

各国所拥有的各种生产要素相对数量是不同的。供给丰富的生产要素价格就便宜,供给稀缺的生产要素价格就昂贵。

由此分析得出了一国进出口商品结构的重要结论。俄林认为:两国之间比较成本存在差异的原因,在于各国生产要素禀赋不同和各国生产商品所使用的各种生产要素的比例不同;国际贸易产生的原因是由于国际间商品价格的差异;国际间商品价格的差异是由于各国的生产要素价格的差异;各国的生产要素价格的差异是由于各国生产要素供给(丰缺)决定的。

(二)俄林的要素价格均等化定理

要素价格均等化定理是俄林研究国际贸易对要素价格的影响而得出的著名结论。国际间因生产要素自然禀赋不同而引起的生产要素价格差异,将通过两条途径逐步缩小,即要素价格将趋于均等化。途径之一是生产要素的国际移动,它将导致要素价格的直接均等化;二是商品的国际移动,是导致要素价格的间接均等化。

劳动的价格表现为工资,资本的价格表现为利息,土地的价格表现为地租。如果各国之间存在工资和利息的差别,各国生产要素必然会相互流动,其结果将导致工资和利息水平的国际均等化。土地虽不能流动,但土地的丰缺会影响劳动和资本的国际流动,最终,地租水平也会因而均等化。

但是,由于各国间商品是可以自由流动的,生产要素在国内地区间是可以流动的,而在国家间就不能自由流动的,这就形成了各国间要素成本的绝对差异。要素均等化的结果表现在,使世界范围内的各种生产要素得到更有效的配置和使用,并因此而增加世界的总产出,而各国都将从这种总产出的增加中获得利益。使世界各国同种生产要素所有者和不同生产要素所有者的收入趋于均等,收入的差别只存在于要素拥有量的差别。一国的贫富将取决于该国的生产要素的规模,而不是比较成本的状况。

值得注意的是,国际贸易的结果,可以逐渐消除不同地区和国家之间的商品价格差异,进而消除生产要素的价格差异。总之,一国进口的商品要素密集型含量一定与其出口商品的要素密集型含量在结构上相反。

(三)国际分工的类型

根据要素禀赋理论形成的国际分工表现为劳动密集型、土地密集型、资源密集型、资本密集型、技术密集型和知识密集型的国际分工形式。

某种要素密集型是指在最终产品的价值中,投入某种生产要素比例较高,因而所占的比例最大,就称这种产品为某种要素密集型产品,并将这一产业称为该种要素密集型产业。

1. 土地密集型指农业或依靠土地种植的产业或产品生产

2. 劳动密集型指纺织服装加工或汽车组装,其生产过程主要靠劳动力手工完成

3. 资源密集型指热带经济作物(香蕉、咖啡)和矿产资源的开采

4. 资本密集型指机器设备(如炼钢设备)的生产或投入

5. 技术密集型指研发的投入,如药品的研发要长达10—20年才能完成,许多新技术的开发也是如此,需要大量的研发投入

6. 知识密集型主要是依据人脑的想象力而创造价值

如游戏软件的开发主要用人脑的想象和对计算机语言的掌握,还有影视、文学作品都属于知识密集型产品,如美国大片、哈利·波特小说、韩剧等。

四、里昂惕夫之谜

里昂惕夫(Vassily W. Leontief)是美国著名经济学家,投入—产出经济学的创始人。里昂惕夫想通过美国进出口贸易数据来验证赫克歇尔—俄林的理论,即各个国家都应出口密集使用其丰裕要素的产品,而进口密集使用其稀缺要素的产品。按照这个理论,美国是一个资本丰裕的国家,美国就应生产和输出资本密集型产品,而进口在本国需要较多使用比较稀缺的劳动力要素的劳动密集型产品。因此,美国的贸易结构自然是出口资本密集型商品,进口劳动密集型商品。

里昂在对美国1947年和1951年200种进出口商品的数据,按照投入—产出比率分析后的结论与赫克歇尔—俄林的理论结果正好相反。其文章发表后,在国际经济学界引起了不小的争论。

1947年,美国出口的每100万美元商品需要使用255万美元的资本和182个劳动力工作一年。同年,美国进口每100万美元的商品,在美国生产相同商品需要309万美元的资本和170个劳动力工作一年。结果是,出口商品每一个劳动力一年中所使用的资本为14010美元进口相同商品,美国每一个劳动力一年中使用的资本为18180美元。进口替代/出口结果是1.30,表明美国1947年,出口的是劳动密集型商品,进口的是资本密集型商品。里昂惕夫的实证分析见表3-3。

表3-3　美国每百万美元进出口商品需要的资本和劳动

	出口	进口替代	进口替代/出口
资本(美元)	2550780	3091339	
劳动(人/年)	182	170	
资本/劳动(美元)	14010	18180	1.30

五、对里昂惕夫之谜各种解释的新学说

里昂惕夫的实证分析结果公布后,由于没有充分的理由说明是赫克歇尔—俄林的原理错了,还是里昂惕夫的分析方法有问题,学术界开始了对里昂惕夫之谜的解释,由此提出了许多新的有价值的相关学说。

(一)劳动力不同质论

里昂惕夫自己认为,谜的产生可能是由于美国工人劳动的高效率和技术比其他国家工人高造成的。并指出,美国工人的劳动生产率大约是外国同行工人劳动生产率的3倍,因此在计算美国工人人数时必须把实际人数除以3,否则,美国便成为劳动要素处于相对(优势)丰富而资本要素相对稀缺的国家。其结果是用同量的劳动投入,美国工人可以提供3倍于外国工人的产出。因此表现为美国工人人均资本量相对于其他国家来说比较低了。至于为什么美国工人的劳动效率会高于其他国家,里昂惕夫认为这是美国科学的管理、高水平的教育、优良的培训和可贵的进取精神所产生的结果。

(二)人力资本论

费希尔、凯南、基辛、肯特等经济学家把资本分为物质资本和人力资本。人力资本是把熟练劳动资本化,并称之为新生产要素,以此来解释里昂惕夫之谜。熟练劳动与简单劳动之间的最大差别就在于教育和培训的投资,使熟练劳动成为"人力资本"(见图3-1)。把熟练劳动的

图3-1 人力资本论示图

收入高出简单劳动的部分算做资本并同有形资本相加。经过这样的处理之后,里昂惕夫之谜就会消失了。

人力资本是人们过去对教育和培训进行投资的结果,同有形资本投资一样是一种长期投资,在未来才产生回报。对于个人用于教育的投资回报方式,表现在今后的工资收入上的熟练劳动和简单劳动工资收入上的差异。因而,人力资本可以像其他资本一样,在较长时间里,为企业发挥作用,并促进劳动生产率的提高。把人力资本作为无形资本看待,与有形资本共同发挥作用。

美国投入较多人力资本,出口商品含有较多的熟练劳动,把熟练劳动的收入高出简单劳动的部分算做资本并同有形资本相加,美国出口商品的资本密集型比例就提高了,这样美国出口仍是资本密集型商品。

（三）要素密集型反向论

霍德和纳亚等经济学家指出,某种商品在某国既定的生产要素禀赋条件下是劳动密集型商品,但在另一个国家的既定生产要素条件下却可能是资本或其他要素密集型商品,因而存在"要素密集型反向",即同种商品在不同国家要素密集型特征是不同的。

例如小麦在中国与在美国的生产方式和生产要素结构的差异,决定了同一商品在两国家的要素密集含量的不同。小麦在美国属于资本和技术密集型商品,这是因为美国资本丰富,劳动力成本高,因此,美国在小麦的耕种过程投入了大量的资金购买农业机械,实现农业机械化和现代化,并投入大量的人力、物力、财力进行优良品种的开发,使产量大大提高,小麦在美国的人均产量很高。在中国小麦种植则是劳动密集型商品,过去基本上是靠人力耕种,人均耕地面积少,农业机械也不普及,对种子的研究和开发投入少。

因此,从美国看,进口以资本密集型商品为主是一种错觉。但应注意,这种解释只能用于一定范围的商品。

（四）技术差距论（Technological Gap Theory）

技术差距论主要代表人物有波斯纳和赫夫鲍尔等。作为新生产要素,技术是指在商品生产和劳务生产中所积累的知识、技巧和熟练程度,其源泉是发明创造。技术进步意味着要素生产率的提高和投入—产出系数的变化。它通过影响一国的成本和价格水平、资源赋予状况等途径影响该国的比较优势地位,从而影响国际贸易的各个环节。

技术是过去对研究与开发投资的结果,也可以作为一种资本或独立的生产要素。技术差距论认为,由于各国技术革新的进展不一致,技术革新领先国家在开发出一种国外尚未掌握的新产品或新生产流程时,便产生了国际间的技术差距,技术资源丰富的国家享有生产和出口技术密集型商品的优势。但是,随着新技术向国外的转移,国际间的技术差距将逐步消失,该技术密集型产品的贸易也会由于各国自给能力的增强而减少,直至停止(见图3-2)。

图3-2　技术差距与模仿滞后

关于技术差距与国际贸易的关系,波斯纳认为,新产品总是在工业发达国家最先问世,新产品在国内销售后进入国际市场,创新国便获得了初期的比较利益。这时,其他国家虽然对新产品模仿生产,但由于与先进工业国家之间存在的技术差距需要经过一段时间的努力后才能消除。在这段时间内,创新国仍保持在该产品的技术领先地位,其他国家对该产品的消费仍需通过进口得到满足,因而技术差距所引起的国际贸易必然继续进行。

也有的学者认为技术后进国在国内生产和国际贸易中较先进国家更为有利。其主要理由是：技术领先国担负着较高的劳动力成本；技术后进国可以低价引进最新技术，而无须负担研发的费用；技术领先国拥有的是旧设备，而技术后进国却可以购买最新的设备，因而效率更高。

值得注意的是，技术要素与传统的三要素的结合，对生产过程产生了两方面作用：一是改变了生产要素的数量禀赋的条件，即由于技术要素对生产过程的改造产生了节约资本、节约劳动、节约自然资源投入的效果。这一效果相当于各种要素数量的增加和进出口商品交换总量的增长；二是改变了生产要素质量的禀赋条件，即技术要素的投入大大提高了其余生产要素的效率，改变了商品的质量。

(五)需求偏好相似说

需求偏好相似说，是由瑞典经济学家斯塔芬·林德(Staffan B. Linder)提出的，他用国家之间需求结构的相似来解释工业制成品贸易的理论。他分析一种产品从发明到引进，以及该产品进入国际市场的发展过程是和一个国家的需求密切相关。理论的主要内容包括：

1. 企业在什么地方生产产品的决定因素不是成本而是需求和市场

林德认为，一种产品的发明、生产和销售首先在国内。只有当在国内需求日益扩大，生产规模扩大，导致成本的下降，才有条件向国外出口。

2. 出口市场的形成是因为与国内市场有着相似需求

林德认为，需求不但决定国内的生产，同时也决定了一些新产品的出口市场。这些新产品出口的市场，应该是能够接纳这些产品的市场。也就是出口市场消费者的收入水平、消费结构和消费偏好与出口国具有相似的优势和特征，消费者才有条件消费这些产品。因此，他认为，发生贸易的决定性因素，是这些国家的需求和市场。而需求和市场又取决于这些国家的收入水平、消费结构和消费偏好。所以，消费需求相同的国家常常有着相同的要素比例。因此,发达国家之间贸易的发生,正是因为要素比例相同,有着相似的优势,相同的需求。

3. 进口国常常会成为下一个出口国

一般来说,一种新产品的进口国常常成为下一个出口国。他认为,随着新产品的进口示范效应,进口国的一些工厂开始模仿生产新产品,在本国生产和销售,替代进口产品。而这些国家的政府为了保护本国新产品的生产,设置贸易壁垒,限制该产品的进口。这些进口国的厂商在生产中取得经验,特别是该国的需求量较大,市场规模较大,可以发挥规模经济的效益,降低了成本,在竞争中创造比较优势,从而成为新的出口者。

进口新产品可产生两方面的示范效应:

(1)使消费者对新产品产生需求。

(2)推动新产品在国内生产,因为国内企业了解到国内市场对新产品有需求,开始引进技术,进行投资和生产。

4. 人均收入水平决定需求偏好和需求结构,而需求偏好和需求结构又决定贸易关系

在为什么国际贸易主要发生在发达国家的问题上,他认为正是因为发达国家经济发展水平较高,因此人均收入水平较高,都对较昂贵的商品有需求。人均收入水平越相似的国家,其消费偏好和需求越相似,产品的相互适应性越强,贸易交往的可能性就越大。

六、规模经济理论

规模经济就是对一个工厂或一个产业投入增加一倍,而其产出的增加超过一倍。规模经济可分为内部规模经济和外部规模经济。内部规模经济包括工厂规模经济和企业规模经济;外部规模经济包括产业规模经济。

国际贸易能扩大市场规模,这是因为国家之间进行贸易,从而将各国的个别市场结合成为世界市场。世界市场远远大于国内市场。在国际贸易中,每一个国家可以进行专业化生产,生产较少的品种,这样每

一种产品都能达到生产规模,为世界市场进行生产,发挥规模经济效益。

(一)工厂的规模经济

工厂的规模经济效益源于以下几个方面:工厂规模的扩大,使得内部的劳动分工更细;每个劳动者从事某一专业化的劳动,劳动者在不断重复的生产过程中,劳动的熟练程度提高增加产量;工厂规模的扩大,劳动者使用专业化设备,进行专业化的生产,节约了劳动转换的闲置时间,较大地提高了生产率;随着工厂规模的扩大,产量的增加,消耗的能源和所需要的储备相对减少,从而降低成本增加收入;规模较大的工厂,有条件采用新技术,使用技术较高的生产流水线作业,从而提高了劳动生产率。

(二)企业规模经济

一家企业拥有许多工厂和一家企业只拥有一家工厂相比,前者能发挥企业规模经济的效益。这是因为一家企业中的许多工厂之间可以实行专业化分工,各个工厂能够发挥专业化生产、专业化管理、专业化技术、专业化设备的优势,提高劳动生产率,同时它们又都在一家企业内部厂际之间进行协作和协调发展,相互之间的联系可以节省企业与企业之间的许多中间环节,节省时间和费用,从而提高效率,降低成本,达到企业规模的效益。

(三)产业规模经济

某一产业的大多数企业集中在某一个国家,或者集中在一个国家的某一个地区,出现较大规模的产业集群,将能够提高效率,降低成本,增加收入。产业集群能够提高效益的主要原因是大量的企业集聚在某一地区,加强了竞争的压力,使得企业不得不改进技术,改善经营管理提高劳动生产率;企业的集聚,易于传递新的信息;某一产业的发展需要相应的基础设施,随着企业的集中,基础设施的发展也越来越完善,从而达到产业规模的经济效益;企业的聚集带来了专业人才、专业服务、零部件供应的集中,这些有助于提高生产效率、降低成本、增加收入。

七、产品生命周期论

美国哈佛商学院教授雷蒙·弗农(Raymond Vernon)和刘易斯·威尔士(Louis Wells)将产品生命周期理论引至国际贸易理论中,分析产品在其生命周期的不同阶段在不同国家生产和出口,以此说明国际贸易流动方向。

(一)弗农的理论

弗农把产品生命周期分为三个阶段,即创新阶段、成熟阶段、标准化阶段(见表3-4)。并从技术、产品、生产成本、要素密集特征等方面,分析在不同阶段制成品贸易的特征。并把参与国际贸易的国家分为三类:第一类是美国,工业高度发达的国家,它们是技术、知识与资本丰富的国家;第二类是比较小的工业发达国家,如日本及西欧各国;第三类是广大的发展中国家。

表3-4　产品生命周期各阶段特征

项目	创新阶段	成熟阶段	标准化阶段
技术	技术尚需改进,创新国需投入大量研发费用来完善产品	技术已定型,无须投入大量的技术和知识,创新国逐渐失去对技术的垄断	完全标准化,技术投入很少,其他国家已掌握生产技术
产品	成本高,价格高,生产规模小,没有竞争力,少数高收入人购买,少量出口	大规模生产,使企业需要投入资本和管理要素,产品价格大幅度下降	非熟练劳动大量投入,产品由资本密集型转为劳动密集型,价格趋于平稳
市场	技术领先国首先发明,并在国内生产和销售	产品大量出口,在海外生产,由于其他国家的企业生产成本比创新国还低	发展中国家获得竞争优势,大量出口该产品,创新国成为进口国
要素密集型	技术密集型	资本密集型	劳动密集型

在现代国际贸易中,技术密集型商品大多数是以美国为代表的发达国家创造的,随着产品的标准化和推广,该产品的生产和出口也由原

生产国转为其他国家,由此提出关于产品生命不同阶段决定了对其投入的要素不同,因此使得处于不同类型的国家在产品生命周期的不同阶段,都可以利用其具有的优势,参与国际分工和国际贸易。

1. 创新阶段

在产品创新阶段,从技术特性看,创新国企业发明并垄断着制造新产品的技术,但技术尚需进一步完善、工艺流程尚未定型,还需进行大量研究和开发工作;此阶段产品的要素密集特征为技术密集型;产品的生产成本高,价格高,生产规模小,没有竞争力;产品主要是在生产国有少数高收入人购买,销售量小,只有少量出口。

2. 成熟阶段

在产品的成熟阶段,从技术特性看,生产技术已定型,不需要投入大量的技术和知识,创新国逐渐失去了对技术的垄断优势。由于出口增大,技术扩散到其他国家,仿制开始;从生产特性看,大规模的生产,使企业需要投入更多的资本和管理要素,产品转为资本密集型;产品价格大幅度下降,产品大量出口;企业在东道国设立子公司,在海外进行生产,因为其他国家的企业生产该产品成本比创新国还低。

3. 标准化阶段

标准化阶段,从技术特性看,产品已完全标准化,技术投入很少,不仅一般发达国家已掌握产品生产技术,就是一些发展中国家也开始掌握这种技术;从产品生产过程看,非熟练劳动的大量投入,产品由资本密集型转为劳动密集型,价格趋于平稳;在国际市场上发达国家与发展中国家开始激烈的竞争,发展中国家获得竞争优势。因此,创新国从出口产品转为进口产品,发展中国家开始大量出口该产品,创新国成为该产品的进口国。

根据产品生命周期的不同阶段可以推断出不同国家的贸易演进过程:当创新国推出新产品后,出口逐渐增加;随之而来的是,一些发达国家也开始跟随生产这种产品,这时创新国就会从出口的高峰上降下来,而这些发达国家开始从进口的谷底逐渐上升;当其他发达国家的产品打入创新国市场并具有一定的市场份额后,创新国出口极度萎缩,并逐渐走进进口的谷底,与此同时,这些发达国家开始走向出口的高峰;当产品生命周期进入标准化阶段,一些发展中国家开始向创新国和一些发达国家出口产品,原来处于出口高峰的发达国家也开始滑向进口谷底。这时发达国家要想避免失去市场份额,就必须通过研发和技术改造,使产品升级换代,保持竞争力(见图3－3)。

图 3－3　产品生产与销售生命周期

同一种产品,在不同的产品生命周期阶段上,各国在国际贸易中表现出不同的特点,这些不同的特点来自不同类型的国家在不同阶段上具有不同的相对优势。在国际分工中,各国都有其自身的优势,因此,使得各国可以利用其自身的要素禀赋优势参与国际分工,从而获得利益,如在创新阶段,发达国家特别是美国拥有技术和研发实力,其在国际分工中的优势表现为技术和知识密集型特征;在成熟阶段,产品表现为资本密集型,使得欧洲和日本等发达国家有能力引进技术和设备,发挥其优势;到了标准化阶段,产品竞争的焦点为低生产成本,使得许多发展中国家能够利用其劳动力成本低的优势,生产和出口产品,参与到国际贸易中来。

(二)刘易斯的理论

刘易斯认为,新产品的创新一般首先发生在美国。这是因为美国较高的单位劳动力成本引起了对复杂技术设备的需求。美国较高的收入水平决定了其对新产品的需求强度大于其他国家。美国的高水平的技术、强大的研发能力和丰裕的资本使其在新产品开发与生产上占有优势地位。刘易斯以美国产品诞生地为例,提出产品生命周期有五个阶段,说明制成品贸易的周期性特征(见图3-4)。

图3-4 制成品贸易的周期性

第一阶段,产品在美国诞生,此时,生产技术为美国垄断,美国生产全部的新产品,销售市场主要在美国,也向欧洲出口;

第二阶段,新产品开始进入成熟阶段,美国把技术转移到欧洲,欧洲开始生产新产品,美国仍控制新产品市场,随着技术的逐渐成熟,生产规模扩大,美国开始把产品出口到发展中国家;

第三阶段,欧洲替代美国成为新产品的主要出口国,美国在新产品生产中的技术优势完全丧失,欧洲国家开始把产品出口到发展中国家,此时技术更加成熟;

第四阶段,新产品进入标准化阶段,生产技术进一步成熟,美国开始放弃生产,欧洲把产品出口到美国,美国成为净进口国,发展中国家逐渐掌握新产品技术;

第五阶段,由于技术完全成熟,生产转移到发展中国家,欧洲的竞争优势下降,由于新产品的生产已完全标准化,发展中国家以其自然资源和劳动力优势,不断降低成本,扩大生产规模,并把产品出口到美国,逐渐成为净出口国。至此,制成品贸易完成了一个周期。

(三)熊彼得的理论

按照美国经济学家熊彼得的划分方法,产品生命周期演变为主导产业生命周期。自18世纪工业革命以来,人类生产活动开始呈现产业生命周期的阶段性。每一个阶段都有若干个主导产品。并将工业革命分为三个阶段:18世纪中叶到19世纪70年代,是以蒸汽为动力的第一次产业革命阶段;从19世纪70年代到20世纪末70年代,是以电力为动力的第二次产业革命阶段;从20世纪80年代起,是以计算机和信息技术为主导的第三次产业革命。并以英国为例加以说明,自工业革命以来,英国历经了五次主要的产业生命周期,具体表现为:

第一个周期(1785—1845)大约为60年,是以水力为主要能源,当时是以纺织业、铁为主导产品;第二个周期(1846—1900),大约55年,以蒸汽为主要能源,铁、钢为主导产品;第三个周期(1901—1950)为50年,是以电力为主要能源,化学、内燃机为主导产品;第四个周期(1951—1990)为40年,以石油化工、电子产品、飞机为主导产品;第五个周期(1991—2020)为30年,以数字技术、软件、新兴媒体为主导产品和服务。

五个产品生命周期的长度一个比一个短,从第一个周期60年缩短到第五个周期的30年,这意味着产品推广和普及的速度加快。无论哪种观点,每一种产品的生命周期都是产品复制→扩散→推广→普及的过程,它不但在一国内,也在国家之间展开。

产品诞生阶段,生产只发生在发明国,其消费主要集中在生产国,出口不多;随着产品技术不断成熟,出现技术复制和普及过程,生产从发明国转向更多的国家,进出口贸易迅速增加;到产品成熟阶段,生产技术越来越简单,技术水平不高的国家也能生产。

因此,产品生命周期具有四个并行不悖的过程;产品从兴起到衰退的过程;产品从先进国家转移到落后国家的过程;产品兴衰与国际贸易的结合过程;产品不断普及的过程。

例如,19世纪上半期铁路的蒸汽机车在英国诞生后,走过了发展、成熟和消亡的过程。在这个过程中,它先是从英国推广到其他发达国家,然后又推广到发展中国家,最后在发展中国家消亡,蒸汽机车被内燃机车取代,然后又出现了电气机车,最终内燃机车和电气机车把蒸汽机车彻底送进历史博物馆。任何一种产品都是如此,可见产品生命周期是一种产品的兴衰过程,即从产品诞生、发展到衰退的循环过程。

八、产业内贸易

产业内贸易,即一个国家同时出口和进口同种产品,以及同一产品的中间产品,如零部件和元器件参加贸易的现象。例如:日本出口丰田汽车到德国,同时进口德国的奔驰汽车。日本出口精工手表到瑞士,又从瑞士进口劳力士手表;日本出口计算机各种零部件到韩国,同时从韩国进口电脑芯片,美国生产汽车零部件出口到墨西哥组装,再运回美国销售。

产业内贸易指数,是表示产业内贸易在贸易中所占比重,表示其发展程度。计算公式为:

$$IIT = 1 - \frac{\mid X-M \mid}{\mid X+M \mid}$$

X为出口,M为进口。产业内贸易指数最高为1最低为0,但它不可能出现负数。从现实的世界贸易看,当某种产业的商品出口与进口相等时,其产业内贸易指数达到最高为1;当某一产业的商品没有出口,全部进口,或全部出口,没有进口,没有产业内贸易,其产业内贸易指数为0。

(一)出现产业内贸易的原因

1. 产品的同类不同质

许多同类产品,有着不同特点,如服装有丝绸、亚麻、棉、毛呢,因此有的国家出口丝绸,有的国家出口棉或毛纺产品。

2. 地区间的季节差异

地球上的不同地区在同一时期有着季节的差异,导致一些地区在某一个季节出口这一产品,而在另一个季节又进口同种产品。

3. 运输成本

一些国家国土面积辽阔,国内贸易运输费用比国际贸易高,如加拿大西部与美国西北部间的石油贸易,而加拿大东部则进口石油消费。

(二)产业内贸易在第二次世界大战后迅速发展的原因

1. 随着科技的发展,生产力水平大大提高,国际分工深入到制造业内部,出现了"水平分工"

即:同一部门内零部件生产的国际分工,如汽车制造业内部的分工;同一产品生产工艺过程的不同环节被分离开来,分布在不同国家进行生产,然后由一国完成组装;同一产品不同型号和不同档次的生产在国际间的分工。

2. 生产过程不同环节所投入的要素不同,因而出现在制造业内部同一产品生产过程的不同阶段投入的要素比例不同

例如,汽车零部件生产需投入较多的资本,属于资本密集型;汽车组装过程需投入大量的劳动力,属劳动密集型;产品开发过程需投入更多的技术和知识,表现为知识和技术密集型特征。

3. 另外跨国公司在全球范围内的扩张,并通过在世界各地设厂和布点,利用当地的生产要素优势生产零部件和中间产品,极大地推动了产业内贸易

4. 专业化生产使一国通过产业内贸易,减少了生产商品的种类,有利于资源集中使用,扩大生产规模,从中使各国受益

5. 交通运输和通讯事业的突飞猛进的发展,也为产业内贸易的发展提供了保障和条件

(三)产业内分工和贸易发生的两个条件

一是产品的特性和生产工艺流程易于形成产业内的国际分工;二是各国的比较优势在不同生产环节的差异大和明显。

由此可见,未来中国的比较优势越来越不可能完整地占领某个行业,而只能部分地占据产业中的某些生产环节,越来越不可能依据产业间分工开展国际贸易,而只能依据产业内分工进行国际贸易,这就是我国一般贸易萎缩,加工贸易发展的原因。

各国分工地位已不能完全通过产品本身反映出来,而主要是依据各国在同一产品的生产经营中占据哪个环节来判别,劳动密集型产品生产中,也有资本和技术密集型生产环节,资本和技术密集型产品生产中也有劳动密集型生产环节。

总之,目前中国无论是出口计算机还是服装都是占据最简单的生产加工环节。中国的制造业在未来的国际分工,是力争在大多数制成品生产中占据比较重要的生产环节,发挥我国的比较优势,抓住主要环节就抓住了整个价值链。世界贸易所交换的商品,已不再是原来意义上的某个国家的"出口商品",而是全球生产的"世界产品",企业"国家属性"模糊化使传统意义上的"保护民族工业"的政策受到动摇。

第二节　保护贸易政策理论

一、保护幼稚工业理论

李斯特(List. F,1789—1846)德国经济学家,保护贸易论倡导者。李斯特认为贸易政策应服从国家利益,服从发展生产力的需要,服从发展工农业的需要。每个国家各有其发展的途径与特点,适用于一切国家的经济理论是不存在的。

李斯特在其"保护幼稚工业说"中认为,各国经济发展的历史都经历五个阶段,即原始未开化时期、畜牧时期、农业时期、农工时期、农工商时期。不同时期实行不同的贸易政策。在农业时期,实行自由贸易,自由输出农产品,自由输入工业品,一面促进农业发展,一面培育工业基础。在农工时期转而实行保护贸易,对具有发展可能的工业,采取措施防止外国竞争,保护民族工业的建立与发展。在农工商业时期,则转而实行自由贸易,用先进工业产品打入外国市场,以获得最大的贸易利益。英国在农工业时期,采用重商主义保护政策,加快工业发展;在农工商业时期,转而实行自由贸易。当时,美国、德国正处于农工业时期,以保护贸易更为有利。等到进入农工商业时期,才有实行自由贸易的条件。

李斯特把保护贸易作为工业落后国家建立工业,赶上先进国家的重要手段,而这在自由贸易下是无法实现的。保护贸易只是针对有发展前途的工业,而不是对所有工业进行保护。当被保护的工业建立发展起来以后,应取消保护,因而是暂时保护,而不是永久保护。保护的方法主要是使用关税,税率不宜过高,但也不宜过低。对进口产品征税后,价格因而上涨,消费者将受损,当工业成长起来后,价格势必下跌,消费者将受益。

李斯特认为,农业不需要保护;幼稚工业中没有竞争力的产业不需要保护;幼稚工业中具有发展潜力的才予以保护。对幼稚工业的保护期限为 30 年。并提出保护方式是通过禁止或征收高进口关税来限制外国同类产品进口。主张政府干预下实行保护贸易。

自由贸易和保护贸易本身无所谓好坏,究竟何种政策有利于国民经济的发展,要视该国当时所具备的各种条件和所达到的经济发展水平而定。因此,他提出经济发展的阶段论,实现社会经济从前一个阶段迅速有利地转入下一个阶段的最佳方式是与先进国家和地区进行自由贸易。具体到每一个发展阶段上,相应采取不同的对外贸易政策。以生产力水平为主要标志的经济发展阶段,决定对外贸易政策交替模式是:自由贸易—保护贸易—自由贸易。第一阶段,各种社会制度还没有获得充分的发展,工业尚未建立,是一个典型的农业国,应该采取自由贸易政策。第二阶段,已具备自己建立一个工业国所需的一切条件和手段,但先进国家进口产品竞争力强,必须采取贸易保护政策。通过关税手段,使国内新兴的、尚未发展起来的幼稚工业能够占有国内市场,采取奖励、补贴方式保护国内幼稚工业。第三阶段,幼稚工业已经成长起来,并有足够的能力与国外产品竞争,应采取自由贸易政策。

因此,他强调各国应根据各自不同的国情和不同的经济发展水平,选择对外贸易政策。国家的综合生产力水平直接关系到国家的兴衰,因此,一切经济活动应以提供生产力为目的,而建立本国高度发达的工业是提高生产力水平的关键。有必要对本国幼稚工业采取适当保护,最终朝着自由贸易方向发展。

二、对外贸易乘数理论

凯恩斯(John Maynard Keynes,1883—1946)是英国经济学家,凯恩斯主义的创始人。对外贸易乘数理论是凯恩斯投资乘数在对外贸易方面的运用。为证明增加新投资对就业和国民收入的好处,凯恩斯提出了投资乘数理论。在国内投资乘数理论的基础上,凯恩斯的追随者们引申出对外贸易乘数理论。

他们认为,一国的出口和国内投资一样,有增加国民收入的作用;一国的进口,则与国内储蓄一样,有减少国民收入的作用。当商品出口时,从国外得到的货币收入,会使出口产业部门收入增加,消费也增加,它必然引起其他产业部门生产增加,进而扩大就业和增加收入。如此往复下去,收入增加量将为出口增加量的若干倍。相反,当商品进口时,必然向国外支付货币,于是收入减少,消费随之下降,与储蓄一样,成为国民经济中的漏洞,所导致的国民收入的减少也将是进口贸易的若干倍。他们得出结论,只有当贸易为出超或国际收支为顺差时,对外贸易量才能增加一国就业量,提高国民的收入,此时,国民收入的增加量将为贸易顺差的若干倍。

三、发展中国家的对外贸易政策

在发展中国家的工业化进程中,其对外贸易战略基本上可归纳为进口替代和出口导向战略之间的选择。即以保护来发展本国比较劣势的产业来实现工业化,还是以出口发展本国比较优势的产业来实现工业化;是以进口替代产业的发展来引导工业化,还是以出口产业的发展来带动一国工业化。进口替代与出口导向是一个国家整个工业化战略中的外贸战略。

第二次世界大战后,亚非拉地区大多数国家纷纷取得了政治上的独立,开始致力于工业化和民族经济的发展,在对外贸易方面,大多数发展中国家实行保护主义政策。为了发展本国经济、促进国内工业化进程,战后发展中国家大都采取了进口替代战略和出口替代战略。

(一)初级产品出口阶段

初级产品出口被称为"19世纪的贸易格局",即出口食品和农矿原料,进口发达国家的工业制成品。第二次世界大战后到20世纪60年代以前,发展中国家都是这种贸易格局。初级产品的生产和出口是发展中国家经济的主要支柱。由于初级产品的价格较低和不稳定,容易产生较大的国际收支逆差,制约了发展中国家的进一步发展。进而许多发展中国家采用了进口替代和出口替代政策。但目前初级产品出口对部分发展中国家仍然作为购买国民经济必需品的主要外汇来源。

(二)进口替代战略

所谓进口替代(Import Substitution)是指一个国家采取保护措施,发展本国工业,以国内生产的工业制成品代替原来的制成品进口,从而促进民族工业和经济的发展。

进口替代通常称为国产化,用国产品代替进口品。由于某些产品国内尚未生产或虽有生产却规模较小或质量较差,因而全部或部分地依赖进口以满足国内需要。这种状况引起外汇支出剧增,阻碍了本国工业的发展。一些发展中国家和地区为改善贸易收支状况和发展国内生产,引进技术在国内生产替代原来依赖进口的商品,进而减少或基本上停止该种商品的进口。

第二次世界大战后发展中国家的工业化发展大都是从采用这一模式开始的。一般来说,最初阶段的进口替代产业所生产的产品主要是日用消费品,如纺织品、鞋类、加工食品和家用电器等。以后逐步发展到重化工业,实现对资本货物的替代。

进口替代的过程就是本国工业发展和经济结构变化的过程。在国际市场上,几乎所有的现代化工业产品均为经济发达国家首先生产,发展中国家为满足国内需要只能进口。发展中国家通过引进技术和设备,发展本国生产,并从政策上保护本国幼稚的替代进口工业。当本国生产达到或超过原有进口规模,具备一定的竞争能力时,即可以在政策上逐步放宽进口限制。

进口替代战略下的外贸政策的特点是高关税。高关税是对进口替代产业实行保护的基本手段。在高关税下国产替代品可以保有一定的市场份额,产业得以建立和发展。具体政策为:

1. 采取保护贸易政策,本国对替代进口的商品采取关税和配额等限制进口措施,同时对建立替代工业所必须的机器设备、中间产品或原料的进口采取关税减免和政府补贴的优惠政策

2. 实行比较严格的外汇管理政策,以便将有限的外汇用于经济发展急需领域,高估本币

3. 实行优惠的投资政策,给予进口替代工业部门在财政、税收、信贷等方面的特殊优惠

进口替代战略可以减少进口,节省外汇,改善国际收支。进口替代改变了发展中国家单一的、畸形的经济结构,但是,如采用不当,仍会带来一些问题。如:在保护措施下建立起来的工业,成本高,产品在国际市场上缺乏竞争力,国内市场有限,无法取得规模经济利益,特别是出现"进口替代陷阱",使一些发展中国家出现国际收支危机状况。

"进口替代陷阱"是指一些生产替代进口品的工厂,要靠大量进口零部件和原材料才能维持生产,因而,替代进口不仅没有达到节约外汇的目的,反而每年需要支出大量外汇来维持进口替代工业的运转,使之无法摆脱国际收支危机的恶性循环。例如,巴西等国在替代进口中忽略增加出口,以致国际收支严重逆差,结果是外债累累,替代进口无法顺利进行。

(三)出口导向战略

所谓出口导向(Export Orientation)是一个国家采取各种措施,促使

国内工业生产的发展,面向世界市场,用工业制成品的出口代替传统的初级产品的出口,以制成品出口带动整个经济的发展和工业体系的建立。

许多发展中国家和地区在实施替代进口政策的过程中逐步认识到,替代进口必须与促进出口政策配合使用。在20世纪60年代,由于进口替代贸易发展模式出现的问题,迫使一些发展中国家和地区转向"面向出口"的外向型模式,如韩国、新加坡、中国台湾和中国香港。

出口导向战略客观上要求实行自由性贸易政策,基本目标是通过本国有竞争力产品出口占领国际市场,出口导向战略需要"大进大出",即一国要大量出口本国具有比较优势的产品,就必须大量进口本国不具有优势的原材料。其主要政策包括:

1. 在贸易政策上放宽贸易保护,大力鼓励出口,对出口制成品减免关税,出口退税,或对出口给予补贴;对产品出口给予信贷和保险;对出口部门所需的原材料、零部件和机器设备进口减免关税

2. 在外汇和汇率政策上,对出口企业和出口商优先提供外汇或实行外汇留成、出口奖励措施

3. 在投资政策上,为解决资金和技术的缺乏,采取吸引外国投资政策

总之,初级产品出口、进口替代和出口替代可以看成是一个发展中国家在不同的经济发展阶段上所采取的相应战略,这三个战略表现为由低到高的阶段性和连续性特征。进口替代尽管是许多发展中国家走过的道路,但这并不意味着是必经阶段。由于各国情况的不同,一个国家在一定时期采取哪种外贸发展贸易战略,是一国这一时期对外贸易政策的总趋势,不能理解成为实行进口替代就不出口初级产品,也不鼓励出口工业品。在有些发展中国家是转换使用的,即从进口替代战略转向出口替代战略;在有些发展中国家是同时交叉使用。

地域较大、人口较多、资源较丰富的发展中国家同中小发展中国家采取的贸易政策是不同的。较大的发展中国家国内市场大,工业产品

国内销售有保障,可以进行大批量的生产,降低成本,获得规模经济利益。随着技术水平的提高,产品进入国际市场,条件成熟后转向到出口替代。较小的发展中国家实行进口替代不够理想,主要因为中小国家国内市场有限,对国际市场和出口贸易依赖程度高,所以出口导向战略优于进口替代战略。

第三节　国际直接投资理论

20 世纪 60 年代以来,随着各国对外直接投资的迅速发展,西方经济学家提出了一系列对外直接投资理论,用以解释跨国公司对外直接投资现象,阐明对外投资的动机和投向,由于跨国公司是国际直接投资的主要载体,因此,国际直接投资理论通常被称为跨国公司理论。

一、垄断优势理论

垄断优势理论是由对外投资理论的先驱、美国经济学家海默(Stephen Herbert Hymer)创立,由金尔伯格加以完善。垄断优势,也称所有权特定优势。

海默认为直接投资与间接投资具有不同性质,传统的国际资本流动理论不能解释对外直接投资现象,以利率的差异来说明资本的国际移动,只能解释借贷资本移动。东道国企业应较美国企业更有优势,更了解和适应本国市场环境,东道国政府对外来投资企业会有歧视,为什么美国企业还要冒风险到海外投资? 因为直接投资的特征在于控制国外的经营活动,而间接投资不以控制投资企业的经营活动为核心,投资的目的在于获得股息和利息。

海默在研究中发现美国企业对外投资与美国企业特定优势有关,因此他利用产业组织理论解释美国企业对外直接投资的决定因素。发现从事多国经营的企业拥有独到的特点,美国企业大量到海外投资,说明美国公司必定有一种特定的优势,足以抵消东道国的民族企业较美国企业更有优势的地方,美国投资企业的垄断优势是当地企业所不具

有的,主要来自三个方面:

(一)来自产品市场不完善的优势

因特定的营销技巧、专利、档次、商标、品牌等造成的产品差异,企业必须有创造差异产品的能力。产品差异化能力在技术已变得标准化的国家更为重要,可避免产品被当地竞争者直接仿制。

(二)来自要素市场不完善的优势

如企业掌握特定技术、信息(知识)、诀窍等,强调信息技术的专有性,即对企业技术、信息所产生的成果的占有能力,是企业的无形资产。由于企业对这些无形资产的独占性,使局外企业难以进入市场展开竞争。上述无形资产中,最核心的部分是技术和信息,企业对核心资产的占有,才有垄断优势,并挟其优势到海外投资设厂,使东道国企业无法竞争,故可以在国外生产,并获取高额利润。

(三)来自企业规模经济的优势

规模经济有利于生产集中,使大企业能够支配市场。规模经济决定了跨国公司的生产分布,大规模生产在任何一国国内市场都无法完全实现,因而使大规模生产变得更为国际化,建立大规模销售网络、集中采购、研发、资金筹集和统一管理。

从外部规模经济看,一国集中某一产业生产,因为规模经济的原因。从内部规模经济看,企业之所以在一国集中生产某一产品,是因为通过专业化获得规模经济。从单一品种大规模生产向多品种大规模生产的转变,跨国公司全球范围内生产分局是为了获得整体规模经济和各个子公司的规模效益,子公司分别从事一种最终产品的生产,或分别从事价值链上某一环节的业务,因而导致内部贸易。

二、内部化理论

内部化理论形成于 20 世纪 70 年代,是由英国学者巴克利(Peter J. Buckley)和卡森(Mark O. Casson)二人提出,由加拿大学者拉格曼(A. M. Rugman)加以发展。

内部化理论主要针对中间产品,中间产品主要指技术知识、信息、零部件、原材料等,不能直接满足消费者的需求,是用作生产手段制造产品。内部化理论说明了企业为什么要独占技术、信息和管理经验在内部让渡,而不通过外部市场转让给局外企业。内部化交易的原因主要有以下几方面:

1. 市场失效

企业经营的目的是获得最大限度的利润,由于市场不完全,以致企业在让渡中间产品时难以保障其利益,也不能通过外部市场合理配置其资源,达到最佳经济效益。

2 当中间产品市场不完全时会促使厂商建立内部市场以替代外部市场

内部化是企业在内部建立一个市场的过程,企业的内部价格(转移价格)润滑着这一机制,使内部市场足以像潜在的正常市场一样发挥作用。

3. 市场的内部化超越国界时即形成跨国公司

内部化须支付代价,即内部化成本,只要内部化的利益超过外部的交易成本和内部化成本,则企业仍拥有内部化优势,可以从事跨国经营。

4. 对于知识产权类的中间产品,企业所投入的费用非常昂贵,因而,跨国公司不愿在外部市场上转让技术和知识,是在内部交易

例如:信息的披露会变成公共财产,为社会共享。为了使企业能在市场上获利,又能把信息保留在内部,使企业研发费用得到补偿,所以,跨国公司选择自己生产。另外由于交易成本,为了克服外部市场的交易障碍所须付出的代价,跨国企业采取自己研发新产品,而较少从外部购买技术和知识。

跨国化是企业内部化过程超越国界的表现,跨国公司就是将其资源在世界范围内进行企业内部转让,所以当市场内部化的范围超过国界时就产生了跨国公司。

三、国际生产折中理论

国际生产折中理论是由英国经济学家邓宁(John H. Dunning)在

1976 年所撰写的一篇题为《贸易经济活动的区位与跨国企业：一种折中方法的探索》论文中提出的。其理论核心由三项优势构成，继承了海默的垄断优势理论，吸收了内部化优势理论，邓宁加入了区位优势，又称 OLI 模型。

（一）所有权特定优势

所有权特定优势表现为：一是企业独占无形资产（商标、技术、管理经验）所产生的优势，是可转让的优势；二是企业规模经济所产生的优势，是不可转让的优势。

（二）内部化特定优势

指企业在内部运用自己的所有权优势，以节约或消除交易成本的能力。表现在企业缓和、克服中间品的特定性与外部市场机制矛盾的能力上，即东道国政府的政策限制，交易渠道不畅，为疏通而须付出高昂的费用。20 世纪 80 年代后期，非股权安排方式成为跨国公司发挥内部化优势的重要方式。

（三）区位特定优势

不是企业所拥有的，而是东道国拥有的，企业无法自行支配，而只能适应和利用这项优势，它包括：

1. 东道国不可移动的要素所产生的优势，如自然资源丰富、地理位置方便、人口众多等

2. 东道国的政治经济制度，优惠政策，良好的基础设施等有利条件

区位优势因素直接影响着跨国公司对外投资设厂的选址及整个国际化生产体系的布局。

因此，企业只有同时具备三种优势时，才会从事对外直接投资，形成跨国公司，即对外直接投资＝所有权特定优势＋内部化优势＋区位特定优势。如果企业只具有所有权优势和内部化优势，只能在国内设厂和生产，出口产品。如果企业只具备所有权优势，而没有内部化和区位优势时，只能进行无形资产的转让。企业优势与进入国际市场的贸易方式选择见表 3－5。

表3-5 企业优势与进入国际市场的贸易方式选择

进入国际市场方式	所有权优势	内部化优势	区位优势
对外直接投资	√	√	√
出口	√	√	×
技术转让	√	×	×

由于国际生产折中理论的这三种优势的组合,使企业可以用来决定:其相对于其他企业是否具有直接投资的优势;企业是否可以通过出口、技术转让或其他渠道更好地开拓这些优势。但作为跨国公司最终仍要通过成本和收益的核算进行经营方式的战略选择。赫奇模型(Hirsch Model)进行了这方面的研究和表述。

赫奇模型的理论基础是成本最小化原则,基本变量包括基本生产成本和特别生产成本。基本生产成本是生产过程中劳动、资源、技术以及其他生产要素投入的价值,是跨国公司的边际成本,特别生产成本对对应于企业进入国际市场的三种方式所发生的成本。三种方式的选择见表3-6。

表3-6 赫奇模型关于三种进入方式的选择

选择结果	选择条件	理由
出口	$C+M'<C'+A'$ $C+M'<C'+D'$	出口成本小于对外直接投资成本 出口成本小于技术许可成本
对外直接投资	$C'+A'<C+M'$ $C'+A'<C'+D'$	对外直接投资成本小于出口成本 对外直接投资成本小于技术许可成本
技术许可	$C'+D'<C'+A'$ $C'+D'<C+M'$	技术许可成本小于对外直接投资成本 技术许可成本小于出口成本

注:C表示在母国生产的基本成本;C'表示在东道国生产的基本成本;M'表示出口销售成本,包括运费、保险费、关税等费用,即与出口相关的信息成本;A'表示在国外经营的附加成本,即跨国公司对外直接投资时,由于本国和东道国的环境、文化和政治制度差异而产生的信息成本;D'表示技术知识耗费成本,即跨国公司采取技术许可方式时可能导致的技术优势丧失的风险成本。

四、雁行模式理论

雁行模式（Flying Geese Paradigm）理论是日本经济学家赤松要（Kaname Akamatsu）在 1932 年提出来的。主要用来说明日本的工业成长模式。赤松要认为,日本的产业通常经历了进口→国内生产→开拓出口→出口增长四个阶段,并呈周期循环。某一产业随着进口的不断增加,国内生产和出口的形成,其图形就如三只大雁展翅翱翔(见图 3－5)。人们常以此表述后进国家工业化、重工业化和高加工度发展过程,并称之为"雁行产业发展形态"。

图 3－5　雁行模式理论

在一国范围内,"雁行产业发展形态"先是在低附加值的消费品产业中出现,然后才在生产资料产业中出现,继而在整个制造业的结构调整中都会出现雁行变化格局。

日本学者山泽逸平先生将赤松要先生的"雁行产业发展形态"理论进行了扩展,提出了引进→进口替代→出口成长→成熟→逆进口五个阶段。从而更加详尽地展示出后进国家如何通过进口先进国家产品和引进技术,建立自己的工厂,进行生产以满足国内需求,不仅可供出口,而且后来居上取代"领头雁"地位并最终实现经济起飞。

1. 在引进阶段,随着国外商品进入国内市场,该商品的国内需求也随之增加,同时,开始进行技术引进和模仿并实施国产化试验。由于进口商品在质量和成本上占绝对优势,因而该商品的国内市场被进口商品所垄断。

2. 在进口替代阶段,随着国内需求的不断增加,该类商品利用引进技术及设备生产的国产货以更快的速度扩大。并由于生产规模的扩大和成本的降低而实现国内替代生产,于是进口商品逐步被国产商品所代替。

3. 以后随着商品的国内需求增长速度的趋缓,使国产商品生产的继续扩大必须由出口的增加来维持,进入了出口成长阶段。

4. 在成熟阶段中,国内需求下降,出口由慢速增长逐渐转化为负增长,这又导致国内生产出现同样结果,出口的慢速增长和负增长,是其他更后进国家"追赶"战略的结果。

5. 随着这一过程的进一步发展,更后进国家的廉价进口商品将逐渐占领国内市场,从而导致国产商品生产的加速缩小,这就形成了最后的逆进口阶段。

第二次世界大战后初期,日本经济正处于恢复发展时期,日本各产业与欧美发达国家相比存在很大差距。20 世纪 50 至 60 年代,日本工业化初期,主要出口丝绸、棉纱、棉布等消费品,换取工业发达国家(主要是欧、美)的纺织机械等生产资料,以此装备本国的纺织工业。相对而言纺织业的差距较小,属于相对比较优势。于是,日本将纺织工业作为恢复的重点产业加以扶持。到 1946 年,日本纺织工业已发展成为整个制造业的中心,其比重占制造业生产的 23.9% 。1950 年纤维及其产品等最重要的出口商品占全部出口的 48.2% 。轻纺产品的大量出口为重化工业、引进技术、更新设备以及购买原材料提供了大量的外汇。

日本通过对进口纺织机械进行替代性生产,带动了日本机械工业发展。机械工业的发展又依次带动钢铁、机电等产业发展。从 1955 年开始,日本逐步进入了现代经济发展史上最为辉煌的高速发展时期。这一时期,日本开始将机械、石油化学、钢铁及有色金属、合成纤维、汽车和电子等产业作为重点发展或优先发展的主导产业部门,利用恢复时期扩大劳动密集型产品出口获得的外汇和资金,大规模引进欧美发达国家的先进生产技术,实施赶超发展。

日本第二世界大战后产业结构的优化升级是在追赶中进行的,追赶过程的产业结构调整,主要表现在通过加工贸易和提高原有产业的附加值率来强化资本积累,再用积累起来的资本引进新技术、发展新产业。新技术的引进和新产业的建立反过来又以更高效率的设备改造原有产业,或为原有产业提供更廉价的原材料,从而使原有产业在新的技术基础上继续存在或发展。

第二次世界大战后日本经济的发展过程本身就是日本产业结构由低级向高级的演变过程,这种演变集中表现在主导产业的更迭上。战后初期是矿业,50 年代是纺织和造船业,60 年代是钢铁、造船和家电等,70 年代是汽车和电器机械,80 年代是汽车、办公设备和电子计算机等,进入 90 年代以后,曾在日本经济中发挥作用的主导产业都已成熟,必须培育新的主导产业使其产业结构再上一个新的台阶。

五、比较优势理论

日本经济学家小岛清(Kiyoshi Kojima)在 20 世纪 70 年代中期提出了比较优势理论。小岛清深入分析了第二次世界大战后日本企业对外直接投资和美国跨国公司对外直接投资的不同特点,提出了适合日本国情的对外直接投资理论"比较优势论"。小岛清认为,对外直接投资应该从本国(投资国)已经处于或即将陷入比较劣势的产业,也可称为边际产业(这也是对方国家具有潜在比较优势的产业)依次进行。

在小岛清看来,对外直接投资可以分为"顺贸易型"和"逆贸易型"两种。顺贸易型对外直接投资,是指投资国把相对比较劣势的产业转移到对被投资国来说是相对比较优势的产业,这可以使被投资国因缺少资本、技术、经营管理技能等而没有显现出来的潜在比较优势发挥出来,从而带来贸易的扩大和经济福利的增强。与此相反,逆贸易型对外直接投资,是指投资国把比较优势的产业投向在被投资国看来是比较劣势的产业,从而将导致贸易的缩小和经济福利的损失。

日本的对外直接投资由于符合比较成本与比较利润率相对应的原

则,直接投资的结果是扩大了双方比较成本的差距,日本的对外直接投资与贸易是互补的,直接投资扩大了对外贸易。日本制造业对外直接投资属于贸易创造型,不仅没有取代日本国内同类产品的出口,反而开辟了新市场,并带动了与此产品相关联的同系列产品的出口。日本对外直接投资是在国内生产已处于比较劣势的部门,为了保持生产规模,到比日本更具有优势的国家生产,使国内产业结构更趋合理。

而美国的对外直接投资违反了比较成本与比较利润率相对应原则,美国从本国最具有比较优势的产业开始直接投资,结果使双方的比较成本差异缩小,不利于贸易的扩大,与贸易是替代关系。逆贸易型对外直接投资,本质是以外国生产替代本国出口,这种逆贸易型的对外投资会使美国可供出口的具有比较优势的产品减少,引起国际收支不平衡。战后美国对外直接投资主要分布在制造业。

小岛清比较优势理论的核心观点是:

1. 一国应从已经或即将处于比较劣势的产业开始对外直接投资,并依次进行。

2. 主张在按照比较优势转移的过程中,应从技术差距最小的产业依次进行转移。

3. 同时应由技术差距较小的投资国中小企业作为这种转移的担当者,理由是技术差距越小,对投资国来说就越容易转移,对东道国来说就越容易吸收进来。

4. 直接投资伴随着技术、设备、管理方法等转移,导致投资国与东道国的技术差距、管理差距趋于缩小,这意味着东道国利用外资的条件得到改善,吸收技术的能力有提高。

5. 直接投资使东道国的比较优势充分发挥,利润增大。

6. 在生产过程中,某些环节如零配件的加工和组装,因发达国家处于劳动密集型生产劣势,故这些环节应该向国外转移。

7. 根据比较优势理论,从对外贸易的角度来说,具有比较优势的产品应当出口,而失去比较优势的产品应当进口。

8. 从对外直接投资角度讲,小岛清认为已经失去比较优势的部门应该对外直接投资,特别是那些早已陷入劣势的部门更应该走在对外投资的前列。

9. 可见贸易与投资的运动和决策都是以比较优势为基础,但方向正好相反。

10. 发达国家将部分产业对外转移时,是按照比较劣势的顺序依次进行的。

以日本为例,日本第一次大规模的制造业转移发生在 20 世纪 70 年代初,随着日本产业结构向重化工业转变,纺织业日渐衰落并开始向国外转移,以便确立资本密集型的钢铁、化工、汽车、机械等产业的主导地位。这一时期,以劳动密集型产业为对象的对外直接投资基本上流向具有更低成本优势和地理位置优势的 NIEs(新兴工业化国家),而 NIEs 的劳动密集型产业经过 20 世纪 50 年代的进口替代发展,已具备一定的基础,开始转向实施出口导向型发展战略。NIEs 具有低廉且高素质的劳动力资源,缺乏的是资本和技术。日本对其直接投资正好带来了资本和相应的技术。因此,NIEs 成为日本产业转移的理想场所。

20 世纪 70 年代中期发生的两次石油危机,加速了日本将部分耗能多、原料需求量大的钢铁、造船和石油化学的生产也转移出去,其目的是确立技术密集型的电动机械、汽车、半导体等产业的主导地位。这一过程正好又与当时 NIEs 发展重化工业的战略相吻合,从而促进了 NIEs 重化学工业的发展。NIEs 一方面积极承接日本的转移产业,并将部分劳动密集型产业转移到 ASEAN(东南亚国家联盟),以此促进产业结构升级,形成了产业的梯次转移结构。

20 世纪 80 年代中期,为了缓解对外贸易摩擦和日元升值的压力,日本的汽车及零部件、电气及电子行业再次扩大对 NIEs 的直接投资,从而较快地提高了 NIEs 汽车和电子行业的国际竞争力。

因此在 20 世纪 70 至 80 年代,日本对亚洲的直接投资一直沿着日本→新兴工业化国家和地区→东南亚国家及中国沿海地区→越南为序的产业调整递进的构想,以垂直梯度展开,即"雁行模式",将日本已失去了比较优势的产业通过投资和技术转移亚洲诸国。在这种产业转移中,日本被看做是处于科学技术与经济的核心地位,通过资金技术的供应、市场吸收和传统产业的转移,带动该地区的经济增长;NIEs 是直接投资中的承接者,它们积极利用日本的资金、技术、市场来发展资金和技术密集型产业,又将失去竞争力的劳动密集型产业转移到 ASEAN,也包括中国沿海地区。

运用国际直接投资(FDI)方式,实现先进国家(投资国)与后进国(被投资国)之间的动态产业转移。一方面表现在对外直接投资应该从先进国(投资国)已经处于或即将陷入比较劣势的产业依次进行,随着投资的扩大,先进国的产业结构不断升级。另一方面,这种边际产业对于后进国来说是具有潜在优势的幼稚产业,引进以后能促进其生产力水平的提高,只有这种投资国与被投资国在产业转移上的相互衔接与互补,才能确保在两国之间形成最佳的资源配置,并带来产业结构的优化升级。

六、投资发展阶段论

邓宁于 1981 提出了投资发展阶段论,说明在不同发展阶段的国家,其所有权优势、内部化优势和区位优势都是不相同的,对于资本的流出流入产生很大影响。

邓宁研究了 67 个国家 1967—1978 年直接投资与人均国民生产总值的关系,发现两者存在着很密切的联系。邓宁将 67 个国家划分为四组:第一组是人均 GNP 低于 400 美元的最贫穷发展中国家,只有外资流入,而对外直接投资几乎等于零;第二组是人均 GNP 为 400 美元至2500 美元的发展中国家,外资流入在增长,但也开始有对外投资流出,投资净流量为负值;第三组是人均 GNP 为 2500 美元至 3999 美元的国家,尽管净投资流量仍为负值,但数值在变小,投资流出速度上升快于外资流入速度的增长;第四组为人均 GNP 在 4000 美元以上的发达国家,人均投资的净流量为正值,说明资本流入小于资本流出,是国际资本的主要输出国。

通过以上分析,邓宁根据各国直接投资和人均国民生产总值的不同,将直接投资发展分为四个阶段,见表3－7。

表3－7　一国人均GNP与直接投资流入和流出的关系

经济发展阶段及人均 GNP	投资流入	投资流出	净投资
第一阶段 (人均 GNP <400 美元)	外国企业所有权优势丰富 外国企业内部化优势丰富 本国区位优势较小	本国企业所有权优势缺乏 本国企业内部化优势缺乏 外国区位优势缺乏	无
第二阶段 (400— 2500 美元)	外国企业所有权优势丰富 外国企业内部化优势丰富 本国区位优势上升	本国企业所有权优势较小 本国企业内部化优势较小 外国区位优势开始出现	负数 (增加)
第三阶段 (2500— 3999 美元)	外国企业所有权优势下降 外国企业内部化优势丰富 本国区位优势下降	本国企业所有权优势上升 本国企业内部化优势增加 外国区位优势上升	负数 (下降)
第四阶段 (人均 GNP >4000 美元)	外国企业所有权优势下降 外国企业内部化优势下降 本国区位优势下降	本国企业所有权优势上升 本国企业内部化优势丰富 外国区位优势上升	正数

第一阶段,处于该阶段的国家没有直接投资流出,这是因为这些国家缺乏所有权优势和内部化优势。直接投资流入也很少是因为它们的区位优势较小。

第二阶段,由于实施进口替代政策,基础设施有所改善,区位优势有所增加,造成直接投资流入增加,但该国企业所有权优势增长仍很有限,直接投资流出很少,且集中在周边国家。

第三阶段,本国企业所有权优势和内部化能力大大增强,因而对外直接投资流出大幅度增加,该国开始真正成为对外直接投资国。与此同时,外国投资者的所有权优势和该国的区位优势下降,使得外国企业必须更多地利用和增加自身的内部化优势。

第四阶段,处于该阶段的国家是国际投资的净流出国。这些国家的企业具有很强的所有权优势和内部化能力,也能很好地利用国外的区为优势。

背景知识

我国人均 GDP 增长与利用
外资和对外直接投资的关系

图 3-6 和 3-7 显示 2002—2009 年我国人均 GDP、利用外资和对外直接投资额的增长情况。随着我国人均 GDP（因目前各国基本以 GDP 统计产值）从 2002 年的 963 美元到 2007 年接近 2500 美元（为 2460 美元），2008 年以来，中国经济发展从第二阶段进入到第三阶段。

（单位：美元）

图 3-6　2002—2009 我国人均 GPD

资料来源：根据中华人民和国国家统计局公布的国民经济统计数据整理。

（单位：亿美元）

□ 利用外资　■ 对外直接投资

图 3-7　2002—2009 年我国实际利用外资额和非金融类对外直接投资额

资料来源：根据中华人民共和国商务部公布的各年度中国利用外资和对外直接投资统计公报数据整理。

2002—2009 年期间我国利用外资规模（投资流入量）虽有小幅波动，仍保持一定的增长，同期随着国内企业所有权优势、内部化优势和国外区位优势的增加，我国对外直接投资规模（投资流出量）出现大幅度增长，从 2002 年的 27 亿美元到 2009 年达到 478 亿美元，2009 我国净投资逆差额出现了下降。

第四节 区域经济一体化理论

区域经济一体化就是国家之间通过协调，相互转换利益，并结合成为一个统一整体，以实现共同的政策和共同措施。区域经济一体化类型包括：自由贸易区、关税同盟、共同市场、经济同盟和完全经济一体化五种。

一、关税同盟理论

关税同盟的经济基石是统一对外关税。关税同盟取消了各成员国之间的进口关税，但对非成员国设置了统一的关税。以下为 X 商品在 A、B、C 三国，在自由贸易情况下的生产成本和进口成本，以及成立关税同盟之后的生产成本与进口成本的简单模式。

（一）贸易创造（Trade Creation）

贸易创造是指用贸易伙伴便宜的进口商品来取代国内需要用较高成本生产的产品。

假设 1 在自由贸易情况下 X 商品，在 A 国是成本最高的生产者，C 国是成本相对最低的生产者，A 国自己不会生产，明显会从 C 国进口。这时 A 国不会与 B 国发生贸易（见表 3-8）。

表 3-8 自由贸易情况下

	A 国	B 国	C 国
X 商品价格	35	26	20

假设 2 保护贸易情况下 A 国对 X 商品设有进口关税，进口税率

为100%,这时 A 国从国内经济的角度考虑在本国生产更为有利。因此,A 国不会从 B 和 C 两国进口,只能自己生产(见表3-9)。

表3-9　保护贸易情况

	A 国	B 国	C 国
X 商品价格	35	26	20
100% 关税	—	52	40

假设3　如果 A、B 两国建立了关税同盟,相互间商品贸易为零关税,而 A 国不再自己生产 X 商品,改为从区内成本较低的 B 国进口,但 B 国并非是世界生产成本最低的国家。由此,B 国向 A 国出口 X 商品,A 国为 B 国创造了贸易机会,这就是关税同盟所产生"贸易创造"效果(见表3-10)。

表3-10　A、B 两国结成关税同盟后

	A 国	B 国	C 国
X 商品价格	35	26	20
100% 关税	—	—	40

建立关税同盟以后,同盟内部实行自由贸易,对区外建立统一的贸易壁垒,在比较优势基础上使生产更加专业化,这样,关税同盟某一成员国(A 国)国内生产的部分产品,将被同盟内部其他生产该产品成本较低的生产者(B 国)所取代。其结果为,以前受到歧视的生产者 B 国,将会成为同盟内部该产品的供应商,那么贸易就会被创造出来。因而,取消关税如同减少运输成本一样,使贸易得以扩大。并有助于成员国之间的合理分工,加强各自产品的比较优势,实现规模经济效益。

(二)贸易转移(Trade Diversion)

贸易转移是指用一体化成员国成本较高、较昂贵的进口商品取代非成员国较为便宜的进口商品。

假设1　在保护贸易情况下 A 国 X 商品进口关税为50%的情况

下,A 国仍然发现从 C 国进口比在其国内生产要便宜,这时 A 国不会自己生产,而是从 C 国进口(见表 3-11)。

表 3-11 保护贸易情况下

	A 国	B 国	C 国
X 商品价格	35	26	20
50% 关税	—	39	30

假设 2 如果 A 国同 B 国建立了关税同盟,A、B 两国之间的贸易为零关税,这时 A 国就由原来从 C 国购买 X 商品转向从 B 国购买,贸易的结果对 A 国来说是改变了贸易伙伴,因而出现了"贸易转移"(见表 3-12)。

表 3-12 A、B 两国结成同盟

	A 国	B 国	C 国
X 商品价格	35	26	20
50% 关税	—	—	30

关税同盟成立前,各国从世界上生产效率最高、成本最低的国家进口产品;关税同盟建立后,取消成员国之间的关税,某个成员国(B 国)变为同盟内部成本相对较低的生产者,它就可以从同盟外部最低成本的生产者手中夺走生意,这就发生了贸易转移。贸易转移可以推进成员国的商品生产,扩大了成员国之间的贸易,同时限制了成员国同非成员国之间的贸易。

(三)出现"贸易创造"或"贸易转移"的三种可能性

1. 如果 A、B 国都不生产 X 商品,而是从第三国进口,那么 A、B 两国组成关税同盟后,不会出现贸易创造和贸易转移效应,两国都将继续从同盟以外的最便宜的来源进口这种商品。

2. A、B 两国建立关税同盟,B 国在关税同盟的保护下,X 商品以零关税在成员国之间自由流通,这样,关税同盟就起到了保护 B 国低效率 X 商品的生产,出现"贸易转移"结果。

3. A、B 两国都是效率较低的 X 商品生产国,在关税同盟的保护下,A、B 两国之间取消了关税,将会使其中一个效率相对较高的国家获得同盟内部的市场,成为 X 商品的同盟内部的供应商,出现"贸易创造"效果。

因此可以得出结论:当关税同盟国家生产互补性商品时,即两国生产的商品种类不重叠,一旦关税同盟形成,其中一国被保护的落后工业所生产的商品有可能获得关税同盟的整个市场。当关税同盟国家所生产商品在种类上重叠时,其中一个相对效率较高的国家有可能获得关税同盟的市场,资源的重新配置就会按照一个合理的方向发展。

(四)关税同盟产生的两种基本效益

1. 规模经济

许多欧洲小国人口少,无法达到规模经济,只有当市场扩大时,企业才能拓展生产规模,从而获得大规模生产所需的经济效益,平均生产成本随着产量的增加而降低。因此,小国将比大国从组成关税同盟中获得更多的利益。

2. 生产要素的自由流动

随着关税同盟的组成,经济效益将会增加,资本和劳动力更加自由地流动。劳动力与资本从生产率较低的地区移向生产率较高的区域。

但某一成员国在一体化组织中究竟能获得多大好处,其利弊得失很大程度上取决于其产品的互补性和在同盟内所处的地位及经济实力。

二、大市场理论

系统提出大市场理论的代表人物是西托夫斯基(T. Scitovsky)和德纽(F. Deni an)。该理论主要是针对共同市场而言的,其规模经济和激化竞争的观点也比关税同盟论述的一体化要进一步。

（一）大市场理论的主要内容

1. 通过建立共同市场,使国内市场向统一的大市场延伸。市场的扩大使得市场上的竞争更加激烈,而市场的优胜劣汰必将促进企业之间的分化,一些经营不善的小企业被淘汰,一些具有技术优势的企业则最终在竞争中获胜并且扩大了经营的规模,实现了规模经济和专业化生产。

2. 企业生产规模的扩大以及激烈的市场竞争必将降低商品生产的成本和销售价格,而价格的下降会导致市场购买力的扩大和居民实际生活水平的提高。

3. 市场购买力的扩大和居民实际生活水平的提高反过来又会进一步促进投资的增加和规模的扩大,最终会使经济开始滚雪球式的扩张。

（二）大市场理论的结论

因而大市场理论的结论是,共同市场的建立会促进和刺激经济的良性循环,带动经济蓬勃发展。

三、协议性国际分工原理

协议性国际分工原理是由日本经济学家小岛清提出来的,他认为根据竞争结果按比较优势理论进行分工,可能会导致各国企业的垄断和集中,影响共同体内部分工的协调与贸易的发展。如果要完全实现规模经济利益,则必须进行成员国之间的协议性国际分工。

他认为,在成本递减的现实经济条件下,成员国可以通过协议性国际分工,各自分工生产一部分产品,而将另外一些产品的市场让给其他成员国,这样各国的生产规模会成倍地扩大,商品的成本与价格会大幅下降,市场需求量也会增加,这种分工会使成员国获得较好的规模经济利益。

另外,他还提出达成协议性分工应具备以下条件:

1. 达成协议的国家或地区的资本劳动禀赋比例差异不大,工业化水平和经济发展阶段大致相等;

2. 协议性分工的对象产品在每个国家或地区都能生产而且必须是能获得规模经济效益的产品；

3. 协议分工的产品在每个国家或地区生产的利益差别不大，即任何一方的让与都不会产生太大的经济损失。

【本章小结】

本章主要介绍了国际分工理论、保护贸易政策理论、直接投资理论和区域经济一体化理论，并具体讲述了绝对成本论、比较成本论、要素禀赋理论、产品生命周期论、保护幼稚工业理论、对外贸易乘数理论、国际生产折中理论、投资发展阶段论、贸易创造效果和贸易转移效果等内容。

【本章复习与思考】

1. 运用生产要素禀赋理论分析我国纺织品服装出口的要素密集型特征。

2. 运用产品生命周期理论，解释各种类型的国家在产品生命周期不同阶段的竞争优势。

3. 用国际生产折中理论分析我国纺织服装生产企业"走出去"发展的区位选择。

4. 用关税同盟理论分析中国东盟自由贸易区建成后，对我国纺织品服装出口的贸易创造效果及影响。

第 三 篇

国际纺织品服装贸易壁垒

导　　言

　　贸易壁垒是指一个国家为限制外国商品进口而设置的贸易障碍。20世纪90年代以来,国际贸易壁垒逐渐出现了绿色化(借环境保护之名,行贸易保护之实)、技术化(技术标准成为最为复杂、苛刻的贸易壁垒)、政治化(发达国家利用人权、劳工标准阻挡低成本产品进口)、灰色化(如滥用反倾销规则使其演化为新的贸易壁垒等)的趋势。

　　贸易壁垒分为传统贸易壁垒和和新贸易壁垒。传统贸易壁垒是指传统的关税壁垒和传统的非关税壁垒,如高关税配额、许可证、反倾销等。而新贸易壁垒指以技术性贸易壁垒为核心,包括绿色壁垒和社会壁垒在内的所有阻碍国际商品自由流动的新型非关税壁垒。区别新贸易壁垒与传统贸易壁垒的根本特征是:传统的贸易壁垒主要对商品的进口数量和价格实行限制,更多地体现在商品的商业利益上,所采取的措施也大多是边境措施;而新贸易壁垒往往着眼于商品数量和价格等商业利益以外的东西,更多地考察商品对人类的健康、安全以及环境的影响,体现的是社会利益和环境利益,采取的措施不仅是边境措施,而且还涉及国内政策和法规。新贸易壁垒包括技术性贸易壁垒、绿色壁垒和社会壁垒。

　　由于纺织品服装是国际贸易中受到进口限制最多的产品之一,对其设置的壁垒繁杂,因此,国际纺织品服装商务中的贸易壁垒始终是业界关注的焦点,特别是中国作为全球纺织品服装的最大出口国,频频遭到各种贸易壁垒的限制,极大地影响了我国纺织品服装的出口。所以,本篇主要针对纺织品服装商务中的各种壁垒加以介绍。

2010 年服装纺织品出口频现贸易保护

（2011 年 1 月 26 日）

回顾 2010 年，国际经济与金融市场在经历了两年的大幅动荡后，终于从低谷中缓慢复苏，各国经济逐步好转。我国纺织品服装出口也快速恢复至金融危机爆发前的水平。但随之而来的是贸易保护主义"子弹"纷飞，2010 年我国纺织服装行业共遭到与反倾销有关的案件 40 起，集中在美、欧盟、印度、土耳其等几个国家和地区。事实上，近年来，各国和各地区对我国纺织品服装出口的贸易保护主义已日趋常态化。

一、2010 年政策性贸易保护壁垒高筑

反倾销：40 起案件，与 2009 年持平

据商务部统计，2010 年我国纺织服装行业共遭到与反倾销有关的案件 40 起，数量与 2009 年基本持平。与 2009 年类似的是，反倾销发起国仍然主要集中在美国、欧盟 27 国、印度、土耳其、阿根廷等几个国家和地区。其中涉案最多的国家是美国，达 11 起，其次为印度达 7 起，欧盟和土耳其各 5 起。

金融危机使发展中国家和地区对我国采取反倾销等贸易保护主义行为越来越频繁。据世贸组织统计，在阿根廷发起的反倾销调查中有 1/4 针对我国产品。印度近年来对我国反倾销调查立案数量已经超过欧、美，占同期所有 WTO 成员对我国反倾销调查案件总数的 1/5。2010 年，美国是对华采取反倾销措施增长最快的国家，案件数量同比增长一倍，占同期案件总数的近 1/3。

反补贴：2010 年唯一双反案终裁

奥巴马政府可能是近几任美国总统中，最具有贸易保护主义倾向的了。一上任就不断作出各种有贸易保护意味的举动，美国媒体甚至

将奥巴马称为"保护主义总统"。

2010年纺织行业唯一的双反案是美国发起的。2010年7月13日,美国商务部发布公告,对原产于我国的带织边窄幅织带作出反补贴终裁。其中姚明织带饰品有限公司应用法律手段积极应诉,最终获得"双反"零税率的终裁。

特别保障措施:未发起针对我国纺织业的案件

2010年,各国和地区未发起针对我国纺织品服装的特别保障措施案件,与2009年相比大幅减少(2009年针对我国纺织品服装的特保案件为3起),2009年的主要发起国印度没有继续针对中国纺服类产品进行特别保障措施调查。

二、技术性贸易保护壁垒成为主体

WTO-TBT:通报案件有减少趋势

在2010年全球的技术性贸易壁垒通报中,涉及纺织品、服装工业类的共30项,与2009年同期持平。值得关注的是,2010年欧盟成员国未发布WTO-TBT通报案件。

各国和地区发起的通报涉及内容最多的是儿童服装及用品的安全及检测。发达国家对儿童服装和用品的安全十分重视,应引起相关企业的高度关注。此外,印度、越南以及部分东盟国家在纺织技术上的最新法规和标准,也值得出口企业留意。

美国CPSC:召回通报增长十分明显

2010年,美国消费品安全委员会(CPSC)对全球共发布召回通报402起,涉及中国大陆产品的通报218起。其中,纺服类产品共通报37起,同比增长54.17%,增长十分明显。纺服类产品在对华召回总数中所占比例也逐年提高,2008年是10.41%,2009年是11.27%,至2010年这一数字达到16.97%。

被召回的产品以儿童服装或者涉及儿童的用品居多,召回的原因主要是附件可能对儿童造成机械性伤害。

欧盟RAPEX召回

2010 年,欧盟委员会非食品类快速预警系统(RAPEX)对全球共发布召回通报 2008 起,对华通报 1149 起。其中,对华纺服类产品共发布召回通报 304 起,同比增长 42.72%。我国纺服类产品在欧盟 RAPEX 系统召回通报中所占比重不断上升,2008 年为 6.23%,2009 年上升到 21.80%,2010 年继续上升到 26.46%。

一直以来,童装包括一些运动服装和服饰都是我国遭欧盟 RAPEX 召回的主要产品种类。2010 年,我国童装产品遭 RAPEX 召回通报共 239 起,占我国纺服类产品通报总数的 78.62%,增长明显。通报的原因主要是不符合欧洲标准 EN14682。包括儿童服装上的抽绳长度超标,服装配饰件易脱落,以及化学品超标违反了 REACH 法规等。

积极应对提高行业企业话语权

2010 年种种数据表明,主要发达国家纷纷利用其规则话语权,提高相关国际贸易标准,推行贸易保护主义政策。除了政策性的贸易保护措施外,各种技术标准、召回通报等技术性贸易保护措施都造成我国纺织品服装出口成本增加、市场份额减少和国际声誉受影响。此外,欧盟提出要对进口产品征收"碳关税",美国倡导绿色环保经济,社会责任、知识产权等等都暗含战略性贸易保护动机。可以预见,2011 年仍将是贸易保护主义"子弹"纷飞的一年。

因此,应充分发挥政府主导职能,通过加强对西方国家贸易保护政策、法规及技术性贸易壁垒、标准等的研究,为企业做好信息咨询、培训等工作,确保对国外贸易保护措施的快速反应。建立和完善产品标准体系,加快我国标准与国际接轨的步伐。企业应提高产品安全意识,加强对相关人员国内、国际标准的培训。加快技术进步步伐,加大研发投入,从源头上确保产品质量,提高国际竞争实力。同时,要加强企业快速反应机制,善于利用国际条例和法规保护自己的合法权益。

资料来源:姚兰:《贸易保护主义"子弹"纷飞——回顾 2010 年我国纺服类产品的贸易保护状况》,《纺织服装周刊》2011 年第 4 期。

第四章　关税壁垒和非关税壁垒

【本章知识点】

1. 国际纺织品服装贸易中的关税措施

2. 国际纺织品服装贸易中的非关税措施

3. 国际纺织品服装贸易中的反倾销措施、反补贴措施和保障措施

【学习提示】

2005 年 1 月 1 日 WTO《ATC 协议》的终止，长达 30 多年的全球纺织品服装进口配额随即取消，国际纺织品服装进入零配额时代，但其他贸易壁垒仍然存在，如进口关税、反倾销、反补贴、保障措施等，并日益影响到我国纺织品服装的出口。通过本章学习以达到了解和掌握相关贸易壁垒的目的。

第一节　关税壁垒

一、关税的概念

关税(Customs Duties，Tariff)是进出口商品经过一国关境时，由政府所设置的海关向进出口商征收的一种税收。

出口关税由本国出口商负担，进口关税是对本国进口商征收。因此通过提高关税可以达到限制某种商品进出口的目的。无论进口关税还是出口关税都是以本国货币来支付。

关税属于间接税。因为关税主要是对进出口商品征收，其税赋是

由进出口商垫付税款,然后把它作为成本的一部分加在货价上,这样关税负担最后转嫁给买方或消费者承担。

关税调节进出口贸易的作用是通过制定和调整关税税率来实现的。

二、关税的种类

(一)进口税(Import Duties)

进口税指进口国家海关在外国商品输入时,对本国的进口商所征收的关税,也称为正常关税(Normal Tariff)或正税,是列在海关税率表当中,并以进口国货币征收的。正常的进口税可分为两种:最惠国税是适用于来自与该国签订最惠国待遇原则的双边或多边的贸易协定国家和地区进口的商品,税率较低;普通税是适用于来自与该国没有签订贸易协定的国家或地区的进口商品,税率较高。

(二)出口税(Export Duties)

出口税是出口国家的海关对本国产品输往国外时,对本国出口商所征收的关税。目前,大多数国家对出口商品都不征收出口税,认识到征收出口税不利于本国商品的出口竞争。

(三)进口附加税

进口附加税(Import Surtaxes)是指在海关税则中规定的正税之外,额外征收的关税。进口附加税是不列在一国海关税则中的。它是一种特定的临时性措施,在以下情况下才征收:为应付国际收支危机,维持进出口平衡;防止外国商品以低价倾销;对其他国家采取报复或歧视行为等。

(四)特惠税(Preferential Duties)

又称优惠税,它是指对某一国家或地区进口的全部或部分商品,给予特别优惠的低关税或免税待遇。但它不适用于从非优惠国家或地区进口的商品,特惠税大都是非互惠的,即享受这一待遇的国家不必向该待遇的提供国予以"反向优惠"。一般对实行优惠税的进口产品,进口国要求出口国出示"原产地证明书"。

特惠税开始于宗主国与殖民地附属国之间的贸易。如在洛美协定中,欧盟向发展中国家的参加国提供单方面的优惠待遇,这些国家包括非洲、加勒比和太平洋地区的发展中国家。

(五)普遍优惠制

普遍优惠制度是发达国家给予发展中国家的一种贸易优惠形式。根据普遍优惠制,发达国家或地区对发展中国家出口的制成品或半制成品给予普遍的、非歧视的、非互惠的关税优惠制度。

普遍优惠制的设想最初由阿根廷经济学家罗尔·雷比查提出。他在向 1964 年召开的联合国贸易与发展会议提交的报告中提出:不发达国家出口的缓慢增长与工业发达国家制成品需求量的急剧增加不吻合。并建议发达国家对发展中国家出口的产品给予免税优惠。还强调上述免税优惠符合保护弱小和新兴工业的原则。目的在于扩大发展中国家工业产品的国外市场,降低工业产品的成本。但在会议结束后,澳大利亚单方面宣布对来自不发达国家的 60 种商品实行优惠待遇。

1968 年联合国贸易发展委员会第二次会议在印度新德里召开,与会各国通过决议,原则上同意建立普遍优惠制度。然而在具体问题上,发达国家与发展中国家并未达成协议。发达国家仅表示一致行动给予发展中国家普惠制,具体执行措施是根据各发达国家规定的各自普惠制方案来实施的,其方案有效期为 10 年,有效期结束后,经过全面审议,决定再延长。

普遍优惠制现已在世界上实施了 40 多年,目前,全世界共有 150 多个发展中国家及地区享受普遍优惠制待遇,有 27 个发达国家成为给惠国。

1. 普遍优惠制的原则:普遍的、非互惠的、非歧视的

2. 普遍优惠制的目标

(1)增加发展中国家出口收益。

(2)促进发展中国家工业化进程。

(3)加速发展中国家的经济增长率。

3. 普遍优惠的作用

普遍优惠制的作用通过关税削减产生的价格影响来体现的。一般说来,由于给惠国减免关税的差价,使受惠国出口商品的价格具有更大的竞争力,吸引进口商向受惠国购买更多的受惠产品,从而扩大了受惠国家制成品和半制成品的出口。

普惠制的税率不仅低于一般税率,而且低于最惠国税率,甚至是免税的。虽然减免税的直接利益为给惠国的进口商所得,但改善了受惠国产品的竞争条件,有利于受惠国的制成品和半制成品对给惠国的出口,增加外汇收入,所以许多发展中国家都尽可能地充分利用普惠制以改善自己的国际收支状况。

综上所述,在各国海关税则的进口复式税则中,最多不外乎有四种税率,按照其税率的高低排列顺序为:最高的税率是普通税率;次高的是最惠国税率;次低的是普遍优惠税率;最低是特惠税率。

三、关税征收方法

按照关税的征收可分为四种方法:从量税、从价税、混合关税及选择关税。

(一)从量税(Specific Duties)

从量税是以货物的计量单位为标准计征的关税。计量单位包括重量、长度、面积、体积、容量等,而以重量单位为标准计征关税较为常见。在许多国家的海关税则中都列有以计量为单位计征的从量税率。从量税的计算公式为:

从量税税额=商品数量×从量税率

如毛线每磅征从量税为0.5美元,一批毛线共28000磅,该批毛线的从量税额为:28000×0.5=14000美元。

(二)从价税(Ad Valorem Duties)

从价税是按照进口商品的价格为标准计征的关税,其税率表现为货物价格的百分率。从价税税额的计算公式为:

从价税税额=进口商品的完税价格×从价税率×汇率

如美国对羽毛制品进口征收从价税,普通税率为60%,最惠国税率为4.7%。

从价税的税额与商品的进口价格有直接关系,它与商品进口价格的多少成正比关系,其税额是随货物价格的上下波动而变动的,因此,在征收从价税时,较为复杂的问题是确定进口商品的完税价格。

完税价格是经海关审定作为计征关税的货物价格,它是决定税额多少的重要因素。各国所采用的完税价格标准并不一致,但大体概括为以下三种:

(1)以成本加运费和保险费的CIF价格;

(2)以装运港船上交货价格即FOB价格;

(3)以法定价格作为征税价格标准。

(三)混合关税(Mixed or Compound Duties)

它是对某种进口商品,采用从量税和从价税同时征收的一种方法。即在海关税则中对某一商品同时规定从价税率和从量税率两种税率标准,两者分别计算,相加后同时征收。混合关税的税额计算公式为:

混合关税税额=从价税税额+从量税税额

如美国、加拿大等一些发达国家对其部分进口商品都同时定有从量税和从价税两种标准。在加拿大海关税则中的"链扣和领扣"将从价税率和从量税率同时列出:最惠国税率为12.6%的从价税,每罗(即12打)5分钱的从量税;普惠制税率为8%的从价税和每罗3.3分钱的从量税;北美自由贸易协定优惠税率为6.3%的从价税和每罗2.5分钱的从量税。

如一批羊毛共20000磅,完税价格为170000美元,混合税率为每磅0.5美元和50%的从价税,混合税税额=20000×0.5+170000×50%=95000美元。

(四)选择关税(Alternative Duties)

是对一种进口商品同时订有从价税和从量税两种税率,分别计算,但选择其中的一种税额较高的税率或税额较低的税率来征收进口关税的方式,称为选择关税。

如日本对坯布的进口征收最惠国税率为 7.5% 的从价税或每平方米 2.6 日元的从量税,但选择较高的一种来征收。

第二节　非关税壁垒

一、非关税壁垒的涵义

非关税壁垒(Non-Tariff Barriers-NTBs)是指除关税以外的一切限制进口的各种措施。

二、非关税壁垒的特点

1. 非关税壁垒比关税壁垒在限制商品进口方面具有更大的灵活性和针对性

非关税壁垒是一国通过行政手段制定的,其程序较为简便,只要本国政府机构批准同意方可加以实施。并能随时针对某些商品采取相应的限制进口措施,可较快地达到限制进口的目的。

2. 非关税壁垒比关税壁垒更能直接限制进口的目的

如对轿车进口设置高关税,如果国内消费者愿意支付高额税赋,限制进口的作用就不明显,而通过对进口轿车规定进口配额,就可直接限制进口总量。

3. 非关税壁垒比关税壁垒更具有隐蔽性和歧视性

如美国原来对进口西红柿直径规定不得小于 2.5 英寸,这一措施从表面上看是对这种商品进口的规定,但实际是针对来自墨西哥出口的西红柿而设置的。

三、非关税壁垒的种类

据统计,非关税壁垒种类多达上千种,其种类繁多,覆盖面很广。

(一)进口配额制(Import Quotas System)

进口配额制又称进口限额,是一国政府在一定时期内,对于某项商品进口的数量和金额所加以的直接限制。在规定的期限内,配额以内的货物可以进口,超配额不准进口,或征收较高的关税或罚款后才能进口。

实行进口配额制,其作用的大小取决于进口配额规定的高低。规定的配额高,允许进口的商品数量就多,限制作用就小。规定的配额低,允许进口的商品数量就少,限制作用就大,所以配额高低和对进口的限制作用大小成反比关系。根据进口配额制对进口商品数量的限制方式的不同,又分为以下两种主要形式:

1. 绝对配额(Absolute Quotas)

绝对配额是在一定时期内,对某些商品的进口数量或金额规定一个最高额数,达到这个额数后,便不准进口。绝对配额根据实施过程中发放的方式不同,又可细分为以下两种。

(1)全球配额(Global Quotas)全球配额对世界任何国家或地区的出口商一视同仁,符合 WTO 的非歧视原则。如 WTO 允许各国对农产品、纺织品实行关税配额。

主管当局通常按进口商的申请先后或过去某一时期的进口实际额批给一定的额度,直至总配额发放完为止,超过总配额就不准进口。

由于全球配额不限定进口国别或地区,在配额公布后,进口商竞相争夺,并可以从任何国家或地区进口。

(2)国别配额(Country Quotas)国别配额是在总配额内,按国别和地区分配给固定的配额,超过规定的配额便不准进口。为了区分来自不同国家和地区的商品,在进口商品时进口商必须提交原产地证明书。实行国别配额可以使进口国家根据它与有关国家或地区的政治,经济关系分配不同的额度。

国别配额不得转让,当年的配额用完后,就宣布停止进口。国别配额的特点是各输出国所受到的待遇不同。输入国可以利用这一制度来给予特定国家或地区以某种优惠,或对另一些国家实行排斥与报复行为。一般来说,国别配额可以分为自主配额和协议配额。

①自主配额(Autonomous Quotas),也称单边配额,是由进口国家完全自主地,单方面强制规定在一定时期内,从某个国家或地区进口某种商品的配额,这种配额的多少不需征得输出国家的同意。

由于各国或地区所占比重不一,得到的配额有差异,所以进口国可以用这种配额贯彻国别政策。目前,美国在每年纺织品配额分配时,采用单方面的国别配额。美国每年给中国的纺织品的配额是由美国单方面规定的。

②协议配额(Agreement Quotas),是由进口国家和出口国家政府或民间团体之间协商确定的配额。如果协议配额是通过双方政府的协议订立的,一般需在进口商或出口商中进行分配,如果配额是双边的民间团体达成的,应事先获得政府许可,方可执行。

协议配额是由双方协商确定的,通常不会引起出口方的反感与报复,并可使出口国对于配额的实施有所谅解与配合,较易执行。

2. 关税配额(Tariff Quotas)

关税配额是对商品进口的绝对配额不加限制,而对在一定时期内,在规定的数量、价值或份额内的进口商品,给予低税、减税或免税待遇,对超过配额的进口商品则征收较高的关税,或征收附加税或罚款。

因此,在关税配额制度下,是对进口商品规定一个上限,在此限额内进口予以优惠税率待遇,超过此限的产品则与非配额产品同税或征收罚款。如2000年,俄罗斯对原糖进口实行关税配额,该年进口总额为367万吨,配额内按5%的进口关税,超配额部分按照30%的关税征收。

关税配额按征收关税的目的,可分为优惠性关税配额和非优惠性关税配额。优惠性关税配额是对关税配额内进口的商品给予较大幅度的关税减让,甚至免税,而超过配额的进口商品即征收原来的最惠国税率。例如欧盟对普惠制产品实行超过配额不再享受普惠制税率,而以最惠国税率征收。非优惠性关税配额是在配额内,进口商品可享受低税或免税待遇,对超配额进口的部分征收罚款的方式。

(二)"自动"出口配额制

自动出口配额制(Voluntary Export Restraints,简称 VER),又称"自愿"限制出口,是一种限制进口的手段。"自动"出口配额制是出口国家或地区在进口国家的要求或压力下,"自动"规定某一时期内(一般为一年),某些商品对该国的出口限制,在限制的配额内自行控制出口,超过配额即禁止出口。

(三)进口许可证制(Import License System)

进口许可证制度,就是国家根据对外贸易政策和有关经济法规制定的办理进口许可手续的管理制度。

进口许可证就是国家外贸管理机关按照进口许可证制度和有关规定,签发的允许进口某种商品的证件。这些证件是外贸企业进口订货,海关验放货物,银行办理对外结汇的主要依据。商品的进口必须得到政府机关的批准,并在颁发进口许可证后,才允许进口。

目前世界各国都在不同程度上对一些进口商品实施进口许可证制度。这样便于一国政府控制和限制商品的进口,有利于一国实施差别待遇政策。

许多发达国家对配额限制进口的敏感性商品或半敏感性商品实施进口许可证制度,这就是说,进口商人在进口这类商品时必须事先申请进口许可证。从进口许可证与进口配额的关系上看,可分为:

1. 有定额的进口许可证

有定额的进口许可证是一国政府有关部门预先规定有关商品的进口配额,然后在配额的限度内,根据进口商的申请对于每一笔进口货物发给进口商有关商品一定数量的进口许可证。如共同体从 1981 年 10 月 1 日起对蘑菇罐头的进口进行限制,在每年总数 34750 吨的范围内签发特别许可证,这一数量在出口国之间进行分配,进口时需出示证书,超量进口每公斤交纳 160 欧洲货币单位的附加税。

2. 无定额的进口许可证

无定额的进口许可证是进口许可证不与进口配额结合使用,而是由政府有关部门对每一笔进口在个别申请的基础上,考虑是否批准。由于事先不公布进口数量所以不利于出口国掌握。从商品许可程度上看,可分为:公开一般许可证和特别进口许可证。

第三节 反倾销措施、反补贴措施和保障措施

一、反倾销税

倾销是指一种产品通过正常的商业渠道,以低于正常价值的价格向另一国出口。反倾销税(Anti-Dumping Duty)是对实行商品倾销的进口货物所征收的一种进口附加税。它是当倾销的进口产品对进口国生产相似产品的工业造成实质损害,或实质损害威胁,或阻碍进口国生产相似产品工业的建立时,进口国依法可对倾销的进口产品征收除正常关税以外的一种特殊关税,即反倾销税。

(一)征收反倾销税的三个条件

由于并非所有采取倾销价格的出口商品都会在进口国被征收反倾销税,根据 WTO 规定,征收反倾销税必须具备以下三个条件。

1. 倾销的存在

由于倾销是指以低于正常价值的价格向另一国销售的行为。

"正常价格"的确定是决定该商品是否向另一国进行倾销活动的重要标准。"正常价格"的确定又分为三种情况:①以"国内价格"为标准;②"第三国价格"为标准;③以"构成价格"作为裁定标准。以上三种价格是依次使用,在存在第一种价格时就不能采用第二、第三种价格作为比较标准。

2. 倾销对国内工业造成严重损害或损害威胁

对国内工业重大损害的确定,主要从两方面判定:一是倾销对进口国同类产品国内价格的影响;二是倾销对进口国国内产业的影响。"国内工业"一是指进口国生产相同产品的国内生产者的总体,这一标准是从生产者的数量出发的;二是指这类产品的合计总量占该类产品总产量的大多数的国内生产者,这一标准是从国内生产者的产量所占国内总产量的份额来衡量。

在WTO《反倾销协定》中,说明了能够代表国内产业提起反倾销申请人的主体资格标准:25%标准——反倾销申请的国内厂商集体产量必须达到该产品国内总产量的25%。不足国内产业相似产品总数量的25%,不得发起反倾销调查;50%标准——反倾销申请的国内产品生产者的产量必须达到支持或反对该申请的国内生产厂商产量的50%以上,则符合申请反倾销调查的主体资格。

3. 严重损害是倾销所致,严重损害与倾销有因果关系

也就是说,严重损害是倾销所造成的,并非因为这个企业经营管理不善所导致的,或销售季节结束而出现的价格波动,严重损害与倾销有着因果联系。

在对实施倾销的进口商品征收反倾销税时,必须符合以上三个条件,方可征收。因此,并非所有的倾销行为都会受到法律的指责,如果进口国某个工业部门经济良好,那么该部门则没有或很少可能发生反倾销申诉。因此,倾销如果没导致危害输入的工业品,对输入国的消费者来说是一件有利的事,可以购买到低价的进口产品。相反,该工业部门的销售额,生产能力的利用和利润等重要经济指标下降时,反倾销可能性明显增长,以至发生反倾销的诉讼。

在国际贸易中,倾销行为无论在发达国家还是在发展中国家的出口商人中是一种普遍采取的出口促销手段。如果被指控倾销的产品在出口国的销售量大于向进口国销售量的5%,就可以用于确定被控倾销产品的正常价值。如果从一国进口倾销产品的数量被确定为占进口

国国内市场上相似产品不足3%,则该倾销产品数量可被忽略不计。

(二)反倾销调查程序

如果一国遭受来自他国产品的倾销,一般都会对倾销商品征收反倾销税。但在征收反倾销税之前,必须对倾销行为进行调查。WTO《关于执行1994年关贸总协定第六条的协议》对反倾销调查程序作出了详细的规定。根据WTO的有关原则,凡成员方制定反倾销法律或者采取反倾销调查行动,都必须与该文件保持一致。反倾销调查程序包括申诉、立案、调查、裁决、复审。

1. 申诉

反倾销调查的启动一般应由进口方受到损害的行业或其代表向有关当局提交书面申请,这是反倾销调查的必要条件。一般情况下,进口方当局不会主动发起反倾销调查。进口方受到损害的行业或其代表向有关当局提交的申诉书应包括以下内容:申请人的身份、产品产量与价值、被指控产品所属国家及相关企业名称、被指控方产品在其国内的价格等。

2. 立案

进口方当局在确认申诉材料真实可靠,决定立案后,就要通知其产品遭到调查的成员方和调查当局所知道的有利害关系的各方,并予以公告。向被调查方发出的通知应当列明应诉材料的送达地点及时限等。

3. 调查

进口方当局在一定的期限内,对被告方的产品倾销幅度、对国内行业的损害以及两者之间的因果关系进行调查核实。一般情况下,反倾销调查应在1年内结束,无论何种情况不得超过从调查开始之后的18个月。在调查中,当事各方必须以书面形式提供证据,即使是听证会的口头辩论,事后也必须提交书面材料。给被诉方发出的调查表,要至少给予30天的期限回答问题(以发出之日起的7天为送达)。在调查期间,各利害关系方有权举行听证会为其利益辩护。为证实所提供信息的准确性,进口方当局可以在其他成员方境内进行现场调查。如果有关利害方不提供资料或者阻碍调查的进行,进口方当局可依据提起反倾销调查申诉的一方提供的资料作出裁决。调查当局有义务听取被诉倾销产品的用户及消费者发表评论。

4. 初裁与终裁

初裁是指在完全结束调查之前,调查当局如果初步肯定或否定有关倾销或损害的事实,可以对相关产品采取临时措施(临时措施只能在反倾销调查开始之日起 60 天后才能采取,实施期限一般不超过 4 个月,最长不超过 9 个月)。终裁是指调查当局最终确认进口产品倾销并造成损害,从而对其征收反倾销税。如果征收反倾销税,数额不得超过倾销幅度,可以征收反倾销税直至抵消倾销损害,但最长不超过 5 年。反倾销税一般不能追诉征收。但是,为了防止出口方在调查期间抢在进口方采取措施前大量出口倾销产品,反倾销守则也规定了在确定证明发生上述情况时,进口方当局可以对那些临时措施生效前 90 天内进入消费领域的产品追诉征收最终反倾销税。

5. 行政复审

反倾销税实行一段合理时间后,对于是否继续征税,进口方当局可以主动或应当事人的要求进行行政复审,以确定是否继续或中止征收反倾销税或价格承诺。在进口方当局初步确认存在倾销、损害及其因果关系后,如果出口商主动承诺提高有关商品的出口价格或者停止以倾销价格出口,并且得到进口方当局的同意,那么反倾销调查程序可以暂时中止或终止。

(三)反倾销措施

反倾销措施包括临时措施、价格承诺和征收反倾销税三种。临时措施;价格承诺;反倾销税的征收。反倾销税一般征收期限为 5 年。

征收反倾销税的原则:

1. 反倾销税的税额应低于或等于倾销幅度〔倾销幅度=正常价值-倾销价格(出口价格)〕但不得超过差额

2. 多退少不补

3. 非歧视原则

印度对华亚麻织物反倾销案

一、印度对华亚麻织物进行反倾销调查

2008 年 10 月 3 日,应 Jaya Shree Textiles 的申请,印度商工部对原产于中国和中国香港的亚麻织物进行反倾销立案调查。涉案产品海关编码为 53090000。

本案涉案的中国和中国香港企业包括:

1. 湖北阳新县远东纺织有限公司(Yangxin Yuandong Textile Co.);

2. 湖南华升工贸进出口(集团)有限公司(Hunan Huasheng Industrial & Trading Co. Ltd.);

3. 常熟市同禾纺织印染有限公司(Changshu Tonghe Group Co.,Ltd.);

4. 山东省蒙阴棉纺织有限公司(Mengyin Cotton Textile Co.,Ltd.);

5. 苏州振龙纺织有限公司(Suzhou Zhenlong Textile Co.,Ltd.);

6. 哈尔滨朝龙亚麻实业有限公司(Harbin Chaolong Flax Co.,Ltd.);

7. 香港宝华沝棉有限公司(Polytex Linen Cotton Limited);

8. 江苏泛佳亚麻纺织厂有限公司(Jiangsu Fanjia Flax Textile Mill Co.,Ltd.);

9. 香港 Zishun 国际实业有限公司(HK Zishun Int'l Industry Limited);

10. 苏州南亚集团(Suzhou Nanya Group);

11. 浙江绍兴市缤纷装布业有限公司（Binfenzhuang Fabric Co.,Ltd.）；

12. 齐齐哈尔中天纺织（集团）有限责任公司（Qiqihar Zhong Tian Textile Co.,Ltd.）；

13. 安徽铜陵市华方麻纺织有限责任公司（Huafang Ramie Textile Co.,Ltd.）；

14. 江苏常州市武进环宇纺织品有限公司（Wujin Huanyu Textiles Co.,Ltd.）。

本案的倾销调查期为2007年4月1日—2008年3月31日；损害调查期包括2004年4月—2005年3月、2005年4月—2006年3月、2006年4月—2007年3月以及倾销调查期（2007年4月1日—2008年3月31日）。

在本案中，申诉方要求印度商工部以中国香港的正常价值作为计算中国涉案产品结构正常价值的基础。

二、印度对华亚麻织物作出反倾销初裁

2009年2月17日，印度对原产于中国和中国香港的亚麻织物作出反倾销初裁，决定采用最低限价措施，如果低于该限价，则临时反倾销税为到岸价与最低限价之间的差额，反之则不予征收：原产于或自中国出口的涉案产品的最低限价为204.89卢比/米；原产于或自中国香港出口的涉案产品的最低限价为205.52卢比/米。涉案产品海关编码为53090000。在本案中，除香港特别行政区政府对该立案作出回应外，并未有中国大陆和香港企业应诉本案。

三、印度对华亚麻织物作出反倾销终裁

2009年10月1日，印度商工部对原产于中国和中国香港的亚麻织物作出反倾销终裁（见表4-1）。涉案产品海关编码为53.09。在本案中，没有中国企业应诉。

在终裁中，印度商工部在终裁中采用印度作为计算中国涉案产品正常价值的替代国，在此基础上计算所得的正常价值为4.70美元/米，

出口价格为 1.48 美元/米,倾销数额为 132.59 卢比/米,倾销幅度为
219%;对中国香港,印度商工部采用结构价格计算其正常价值,为
4.70 美元/米。同时,印度商工部综合考量原材料价格、人工成本、利
率、销售费用等因素认为,进口产品对国内产业造成了实质性损害,中
国产品损害价格为 162.59 卢比/米,中国香港为 132.03 卢比/米。

印度认为,来自中国及中国香港地区的上述产品正在以非常低的
价格取代印度本土产品,从而对印度本土产业造成了打击。印度海关
于 2009 年 12 月 21 日决定对中国和中国香港的亚麻织物征收反倾销
税,其中,对原产于中国香港的亚麻织物产品的反倾销税为 209 卢
比/米(约合 31 元人民币/米),对原产于中国亚麻织物产品的反倾销
税为 206.24 卢比/米。印度对华亚麻织物将连续 5 年征收反倾销税。

表4-1　印度对原产于中国和中国香港的亚麻织物作出的反倾销终裁结果

原产国 (地区)	出口国(地区)	生产商	出口商	反倾销税率 (卢比/米)
中国	中国	任何	任何	206.24
中国	任何			
任何	中国			
中国香港	中国香港	任何	任何	209.72
中国香港	任何			

资料来源:根据中国贸易救济信息网 http://www.cacs.gov.cn/资料整理。

二、反补贴税

(一)补贴及其特点

世界贸易组织《补贴和反补贴措施协议》第 1 条和第 2 条将补贴
定义为:一成员政府或任何公共机构向某一企业或某一产业提供财政
捐助或对价格或收入的支持,结果直接或间接增加从其领土输出某种
产品或减少向其领土内输入某种产品,或者因此对其他成员利益造成
损害的政府性行为或措施,是一种促进出口限制进口的国际贸易手段。

政府提供补贴主要是希望以此提高本国产业或本国产品在国际市场上的竞争力。为达此目的,政府可直接对出口加以补贴,也可对国内的生产产业进行补贴。

具体而言,补贴有以下5个特点:(1)补贴是一种政府行为。(2)补贴是一种财政措施、收入或价格支持措施。(3)补贴的对象是国内生产者和销售者,即对产品提供方提供的补贴。(4)受补贴方可以从补贴行为中得到某种"利益",即从政府的财政或收入或价格的支持措施中获得它从市场上不能得到的价值。(5)补贴的目的是增强国内竞争者在市场上的有利地位。

(二)反补贴税

反补贴税(Counter-Vailing Duty)又称抵消税或补偿税。它是对于直接或间接接受任何奖金或补贴的外国商品进口所征收的一种附加税。凡进口商品在生产、制造、加工、买卖、输出过程中所接受的直接或间接的奖金或补贴都构成征收反贴补税的条件,不论奖金或补贴来自政府或同业分会等。反补贴税的税额一般按奖金或补贴数额征收。

国际贸易中,一般认为对出口商品采取补贴方式是不合适而且是不公平的,它与国际贸易体系的自由竞争原则相违背。为此反补贴税被视作是进口国抵御不公平贸易的正当措施,征收的目的在于抵消进口商品所享受的贴补金额,削弱其竞争能力,保护本国产业。

(三)征收反补贴税的条件

具体操作中,反补贴政策是不可以随便使用的。在向进口商品征收反补贴税前,只有满足以下三个条件,进口国政府才可以对出口补贴采取反补贴措施,即对受到补贴的进口产品征收反补贴税。反补贴税的总额不超过进口产品在原产地直接或间接得到的补贴。

1. 补贴确定存在

2. 同类或相同产品的国内产业已受到实质损害

3. 补贴与损害之间存在着因果关系

(四)征收反补贴税的一般程序

采取反补贴措施前通常要经过以下程序:

1. 申诉和调查

2. 举证,即所有利害关系方提供书面证据

3. 当事双方磋商解决问题

4. 如果磋商后补贴方愿修改价格或作出其他价格承诺,补贴诉讼可暂停或终止

5. 如承诺无实际行动,可继续调查,算出补贴数额,征收反补贴税

6. 日落条款,即规定征收反补贴税的期限不得超过 5 年,除非国家负责部门在审定的基础上认定,取消反补贴税将导致补贴和损害的继续或再现

反补贴措施包括临时措施、承诺和征收反补贴税。

背景知识

美国对中国大陆和台湾地区的
带织边窄幅织带"双反"调查案

一、美国对中国大陆和台湾地区的带织边窄幅织带提出"双反"调查申请

2009 年 7 月 9 日,美国 BERWICK OFFRAY 公司向美国国际贸易委员会和美国商务部正式提交申请,请求对原产于中国大陆的带织边窄幅织带进行反倾销和反补贴调查,对台湾地区的带织边窄幅织带进行反倾销调查。

涉案产品的海关编码为 58063210.20、58063210.30、58063210.50、58109100.60、58063100、58063220、58063920、58063930、58089000、58063210.80、58.99990、59039010、59039025、59070060、59070080、990.80、59039030.90 和 63079098.89。

涉案产品为各种长度、颜色和形状,全部或部分人造纤维制,宽度小于等于12厘米的织带。根据美国法律规定,美国国际贸易委员会在收到申请后即可启动调查,美国商务部将在20天内决定是否立案。

二、美国商务部发布立案公告

2009年7月30日,美国商务部发布立案公告,应美国Berwick Offray公司及其全资子公司Lion Ribbon有限公司的申请,决定对原产于中国大陆的带织边窄幅织带进行反倾销和反补贴调查,对原产于台湾地区的带织边窄幅织带进行反倾销调查,涉案产品海关编码为58063210.20、58063210.30、58063210.50和58063210.60。

三、美国对华带织边窄幅织带作出反补贴初裁

2009年8月21日,美国国际贸易委员会发布公告,对原产于中国的带织边窄幅织带作出反倾销和反补贴产业损害初裁。6位委员经投票一致认定,原产于中国大陆和台湾地区的带织边窄幅织带的倾销和补贴行为对美国国内产业造成了实质性损害威胁。

根据该肯定性裁决,美国商务部将继续对涉案产品进行反倾销和反补贴调查,并将于2009年10月2日和2009年12月16日分别对该案作出反补贴初裁和反倾销初裁。

2009年12月8日,美国商务部发布公告,对原产于中国的带织边窄幅织带作出反补贴初裁(见表4-2),裁定中国大陆涉案企业的补贴率为0.29%—118.68%。

表4-2　美国对华带织边窄幅织带作出的反补贴初裁结果

生产商/出口商	补贴率(%)
姚明织带饰品有限公司(Yama Ribbons and Bows Co., Ltd.)	0.29(微量)
长泰荣树纺织有限公司(Changtai Rongshu Textile Co., Ltd.)	118.68
中国普遍	59.49

四、美国对华窄幅织带作出反倾销初裁

2010 年 2 月 18 日,美国商务部发布公告,对原产于中国的带织边窄幅织带作出反倾销初裁(见表 4-3)结果。

两家强制应诉企业中,一家倾销幅度为 0,另一家由于未应诉,被裁定为 231.40% 的惩罚性税率。获得平均税率资格的企业被裁定为 115.70% 的税率,其他未应诉企业的全国统一税率为 231.40%。美国商务部将依据此初裁结果指示美海关中止清关并收取保证金或保函。

表 4-3 对原产于中国的带织边窄幅织带作出反倾销初裁

出口商/生产商	倾销幅度(%)
姚明织带饰品有限公司(Yama Ribbons and Bows Co., Ltd.)Beauty Horn Investment Limited./天津辰峰织带有限公司(Tianjin Sun Ribbon Co., Ltd.)	0
长泰荣树纺织有限公司(Fujian Rongshu Industry Co.,Ltd.)	115.7
广州如益织造有限公司(Guangzhou Complacent Weaving Co., Ltd.)	115.7
宁波萌恒工贸有限公司(Ningbo MH Industry Co., Ltd.)/菱湖佳呈丝绸带业有限公司(Hangzhou City Linghu Jiacheng Silk Ribbon Co., Ltd.)	115.7
宁波维科联合贸易集团有限公司(Ningbo V.K. Industry & Trading Co., Ltd.)/宁波鄞州金丰线带有限公司(Ningbo Yinzhou Jinfeng Knitting Factory)	115.7
鹤山市永叙包装材料有限公司(Stribbons (Guangzhou) Ltd.)	115.7
鹤山市永叙包装材料有限公司(Stribbons (Guangzhou) Ltd.)/永叙包装材料(南阳)有限公司(Stribbons (Nanyang) MNC Ltd.)	115.7
Sun Rich (Asia) Limited./东莞市益盛饰品有限公司(Dongguan Yi Sheng Decoration Co., Ltd.)	115.7
天津辰峰织带有限公司(Tianjin Sun Ribbon Co., Ltd.)	115.7
潍坊东方织带有限公司(Weifang Dongfang Ribbon Weaving Co., Ltd.)	115.7
潍坊裕源纺织有限公司(Weifang Yu Yuan Textile Co., Ltd.)	115.7
(Xiamen Yi He Textile Co., Ltd.)	115.7
扬州市百仕德礼品工艺有限公司(Yangzhou Bestpak Gifts & Crafts Co., Ltd.)	115.7
中国普遍(含宁波金田贸易有限公司(Ningbo Jintian Import & Export Co., Ltd.))	231.4

五、美国对中国产带织边窄幅织带作出反补贴终裁

2010年7月13日,美国商务部发布公告,对原产于中国的带织边窄幅织带作出反补贴终裁(见表4-4)。

根据相关法律程序,美国国际贸易委员会于2010年8月25日对该案作出反补贴产业损害终裁,若为肯定性裁决,美国商务部将对涉案产品发布反补贴征税令。

表4-4　美国对华带织边窄幅织带作出的反补贴终裁结果

生产商/出口商	补贴率(%)
姚明织带饰品有限公司(Yama Ribbons and Bows Co., Ltd.)	1.56(微量)
长泰荣树纺织有限公司(Changtai Rongshu Textile Co., Ltd.)	117.95
中国普遍	1.56(微量)

微量:发达成员的补贴率低于1%;发展中成员补贴率低于2%。

六、美国对中国大陆和台湾地区产带织边窄幅织带作出反倾销终裁

2010年7月13日,美国商务部发布公告,对原产于中国大陆和台湾地区的带织边窄幅织带作出反倾销终裁(见表4-5),根据反倾销终裁结果,美国商务部将通知美国海关与边境保护局对涉案产品征收保证金。

根据相关法律程序,美国国际贸易委员会于2010年8月25日对该案作出反倾销产业损害终裁,若为肯定性裁决,美国商务部将对涉案产品发布反倾销征税令。

表4-5 美国对中国大陆和台湾地区产带织边窄幅织带作出反倾销终裁

产地	生产商/出口商	倾销幅度(%)
中国大陆	姚明织带饰品有限公司(Yama Ribbons and Bows Co., Ltd.)	0
	单独税率申请企业	123.83
	中国普遍(包括宁波金田贸易有限公司,Ningbo Jintian Import & Export Co., Ltd.)	247.65
台湾地区	Dear Year Brothers Mfg. Co., Ltd.	0
	Roung Shu Industry Corporation	4.37
	Shienq Huong Enterprise Co., Ltd./Hsien Chan Enterprise Co., Ltd./Novelty Handicrafts Co., Ltd.	0
	台湾地区普遍	4.37

资料来源:根据中国贸易救济信息网 http://www.cacs.gov.cn/资料整理。

三、保障措施

(一)保障措施的含义

保障措施(Safeguards measures)是指 WTO 允许其成员方在国内某一产业由于进口产品增长损害或者存在严重损害的威胁,且需要一定时间对这一产业进行调整的情况下,可以暂时实施限制进口的措施。因为是在 WTO 公平、自由贸易的理念下,关税减让等承诺的存在,可能导致某种产品对某一成员方绝对或相对的进口数量大增,并对该成员方相似或同类国内产业造成严重损害或严重损害威胁。在此情况下,该成员方可以对此种进口产品采取数量限制和提高关税等保障措施,且两者可同时并用,也可单独使用。

(二)保障措施的性质

保障措施是整个 WTO 体系中的一个例外,它为成员方提供了免除义务的条件程序。保障措施是在公平贸易条件下保护国内产业的重要手段。与在不公平贸易条件下的反倾销措施和反补贴措施不同,保障措施是针对所有国家的同类产品,当一成员方实施保障措施时,原则上必须给予权益受到影响的出口成员方以相应的补偿,以防止或补救严重损害。

(三)保障措施实施的条件

根据《1994 年 GATT》第 19 条和《保障措施协议》的规定,成员方实施保障措施必须满足以下条件:(1)某项产品的进口急剧增长;(2)进口增长是由于意外情况的发展和成员方履行 WTO 义务的结果;(3)进口增长对其国内产业造成了严重损害或严重损害威胁;(4)采取非歧视待遇。

(四)保障措施实施的程序、方式和期限

为了保证充分的透明度和公正性,《保障措施协议》对保障措施的实施规定了比较详细的程序。该程序主要包括以下几个环节:调查、通知和磋商。

成员方应仅在防止或补救严重损害的必要限度内实施适当的保障措施。保障措施的方式包括三种:(1)提高有关进口商品关税;(2)采取数量限制;(3)采取关税配额。

保障措施的实施期限一般不应超过 4 年,如果仍需防止损害或救济受损害的产业或该产业正处于调整之中,则期限可延长,但总期限(包括临时措施)不应超过 8 年。

(五)保障措施与反倾销、反补贴措施的异同点

反倾销、反补贴措施与保障措施都是 WTO 规定的允许其各成员方在特定条件采取的保护其国内相关产业、限制进口产品的合法贸易补救性措施。但它们既有相同之处,也有不同之处。

1. 保障措施与反倾销、反补贴措施的相同点

(1)均是为保护国内产业的安全而采取的行政措施。

(2)均是针对进口产品(过量或其倾销、补贴)而采取的措施。

(3)是以国内相关产业(大部分)受到损害而采取一种措施。

(4)均是国内产业受到损害并与进口产品的销售行为(数量过大或价格倾销或补贴)有因果关系时,而采取的一种措施。

2. 保障措施与反倾销、反补贴措施的区别

(1)性质不同:①保障措施是针对公平贸易条件下产品进口所采取的措施;②反倾销、反补贴是针对特定成员方的特定出口产品,即那些倾销或受补贴出口的产品。

(2)对象不同:①保障措施是针对某种特定产品,但不区别进口产品的来源,即不针对具体特定成员方;②反倾销、反补贴是针对特定成员方的特定出口产品,即那些倾销或受补贴出口的产品。

(3)调查程序不同:①保障措施仅需要对国内产业遭受损害的情况进行调查;②反倾销、反补贴需要对进口产品的倾销幅度或补贴程度(金额)和国内产业损害程度两方面进行调查。

(4)实施期限和方式不同:①保障措施的实施期限为4年,经延长不得超过8年。且对实施期在1年以上的保障措施,还规定在整个实施期间必须按固定年增长率递增;②反倾销、反补贴措施的实施期限为5年。且只要经过调查证明倾销或补贴确实存在,倾销产品或受补贴产品的进口造成了进口成员方相关产业的实质损害,则反倾销或反补贴措施可以实施。

(5)出口方获得补偿或报复权不相同:①当一成员方实施保障措施后,应当给予权益受到影响的出口方以任何适当的补偿。如双方不能达成协定,则出口方可暂时中止实质对等的关税减让或其他义务,即有权实行水平对等的报复;②对于反倾销、反补贴措施的实施,根本不存在对出口成员方的利益补偿,出口方也没有报复权。

背景知识

表4-6 2010年国外对华纺织品服装贸易救济措施情况

时间	国别	针对商品	具体措施
2月6日	美国	窄幅织带	作出反倾销初裁
2月16日	阿根廷	男士西服套装或西服式上衣	进行反倾销调查

续表

时间	国别	针对商品	具体措施
2 月 18 日	美国	带织边窄幅织带	作出反倾销初裁
4 月 12 日	欧盟	儿童服装细带、束带	提醒消费者注意潜在的风险
4 月 21 日	墨西哥	对原产于中国的牛仔布	进行反倾销调查
5 月 17 日	印度	粘胶短纤维反倾销调查终裁	作出反倾销调查终裁
6 月 2 日	欧盟	聚酯高强力纱	作出反倾销初裁
6 月 4 日	印度	尼龙长丝	发布反倾销期中复审事实披露
6 月 25 日	南非	化纤地毯	发起反倾销日落复审调查
6 月 28 日	美国	编织电热毯	作出反倾销终裁
7 月 13 日	美国	带织边窄幅织带	作出反补贴终裁
7 月 22 日	阿根廷	平纹和斜纹长丝机织物	作出反倾销终裁
7 月 29 日	秘鲁	棉/涤棉混纺织物	进行反倾销措施到期审查
8 月 5 日	南非	化纤地毯	进行反倾销日落复审调查
8 月 10 日	印度	窄织布	发布反倾销日落复审事实披露
8 月 19 日	印度	窄织布	发布反倾销日落复审终裁
8 月 20 日	欧盟	塑料袋	进行反规避调查
8 月 27 日	印度	尼龙长丝纱线	进行反倾销日落复审调查
9 月 8 日	印度	尼龙长丝	发起反倾销日落复审
9 月 8 日	阿根廷	牛仔布	作出反倾销终裁
9 月 8 日	阿根廷	窄幅混纺机织物（丹宁）	采取最终反倾销措施
9 月 9 日	阿根廷	男用或童用套装、夹克	反倾销调查已完成取证工作
9 月 13 日	美国	复合编织袋	作出反倾销行政复审初裁
10 月 13 日	欧盟	高强力纱等中国产品	征反倾销税
11 月 4 日	巴西	合成纤维针织布	延长反倾销调查期
12 月 6 日	印度	丝绸织物	进行反倾销日落复审调查
12 月 9 日	印度	尼龙长丝	延长征收反倾销税
12 月 31 日	阿根廷	经线织物	实施海关标准价格

资料来源：中国国际电子商务网 http://www.ec.com.cn/数据整理。

【本章小结】

本章简要介绍了国际纺织品服装贸易中遇到的关税壁垒、非关税壁垒、反倾销措施、反补贴措施和保障措施的主要概念、特征及表现形式。在国际贸易中与纺织品服装相关的贸易壁垒广泛,使用频繁,因此,国际服装商务中的贸易壁垒始终是业界关注的焦点,特别是中国作为全球纺织品服装的最大出口国,频频遭到各种贸易壁垒的限制,极大地影响了我国纺织品服装的出口。

【本章复习与思考】

1. 分析印度对华亚麻织物反倾销案。

2. 分析美国对中国大陆和台湾地区的带织边窄幅织带"双反"调查案的特点。

3. 分析2010年国外对华纺织品服装贸易救济调查情况(见表4-6)。

第五章　技术性贸易壁垒、绿色壁垒、社会壁垒和产品召回制度

【本章知识点】

1. 国际纺织品服装贸易中的技术性贸易壁垒的种类
2. 国际纺织品服装贸易中的绿色壁垒的种类
3. 国际纺织品服装贸易中社会壁垒的内容
4. 美国和欧盟的产品召回制度内容

【学习提示】

通过本章学习,了解国际纺织品服装贸易中的技术性贸易壁垒、绿色壁垒的种类,社会壁垒和美国、欧盟产品召回制度的内容,了解各类贸易壁垒对纺织品服装出口的影响。

新贸易壁垒,是相对于传统贸易壁垒而言,是指以技术壁垒为核心包括绿色壁垒和社会壁垒在内的所有阻碍国际商品自由流动的新型非关税壁垒。新型贸易壁垒的核心是技术标准,往往着眼于商品数量和价格等商业利益以外的东西,考虑商品对于人类健康、安全以及环境的影响,体现的是社会利益和环境利益,采取的措施不仅是边境措施,还涉及国内政策和法规。

新贸易壁垒三者之间的关系如图 5-1 所示。技术壁垒主要针对最终产品的检验的技术要求,绿色壁垒侧重于产品以外对生态环境和消费安全等对消费者的影响,社会壁垒关注的重点是产品生产者及其

生产劳动条件状况。目前,日本对服装进口更多地是对产品质量和检验等技术方面的要求,欧盟对服装进口侧重于对消费者和生态环境是否有危害的安全绿色标准要求,美国国内因劳工组织呼声强烈,对服装这类劳动密集型产品进口,更多地关注产品在生产过程中,对劳动者及其工作条件是否予以法律保障方面的要求。

图 5-1 新贸易壁垒之间的关系

三大新贸易壁垒对服装出口要求繁杂而苛刻,种类繁多,如要达到这些标准将大大增加企业的生产成本,由于服装属于劳动密集型产品,利润空间有限,因此,新贸易壁垒不利于发展中国家服装出口竞争。近年来,美国和欧盟频繁使用产品召回措施,直接影响到服装出口。

第一节 技术性贸易壁垒

随着国际经济一体化的发展和贸易的自由化趋势,在传统的关税和非关税壁垒不断拆除的同时,西方发达国家纷纷采取隐蔽性更强、透明度更低、更不易监督和预测的保护性措施,以阻止发展中国家的产品进入本国市场。

技术性贸易壁垒(Technical Barrier to Trade-TBT),其含义是利用技术性细节构筑贸易壁垒。技术性贸易壁垒是指一国以维护国家安全、保障人类健康、保护生态环境、防止欺诈行为及保证产品质量等为由,采取的一些技术性措施。这些措施成为其他国家商品自由进入该国的障碍。它主要通过颁布法律、法令、条例、规定、建立技术标准、认证制度、卫生检验检疫制度等方式,对外国进口商品制定苛刻的技术、卫生检疫、商品包装和标签等标准,从而提高对进口产品技术要求,最终达到限制其他国家产品进口的目的。技术性贸易壁垒的主要形式有技术标准与技术法规;合格评定程序;包装、标签和安全要求等。技术性贸易壁垒是贸易非关税措施中的一个很重要的组成部分,对当今国际贸易有着越来越大的影响。

一、技术性贸易壁垒的种类

(一)技术标准与技术法规

技术标准是指经公认机构批准的、非强制执行的、供通用或重复使用的产品或相关工艺和生产方法的规则、指南或特性的文件。有关专门术语、符号、包装、标志或标签要求也是标准的组成部分。

技术法规是指必须强制执行的有关产品特性或其相关工艺和生产方法,包括:法律和法规;政府部门颁布的命令、决定、条例;技术规范、指南、准则、指示;专门术语、符号、包装、标志或标签要求。

(二)合格评定程序

合格评定程序一般由认证、认可和相互承认组成,影响较大的是第三方认证。认证是指由授权机构出具的证明,一般由第三方对某一事物、行为或活动的本质或特征,经当事人提出的文件或实物审核后给予的证明,通常被称为"第三方认证"。认证可以分为产品认证和体系认证。

1. 产品认证

产品认证主要指产品符合技术规定或标准的规定。其中因产品的安全性直接关系到消费者的生命健康,所以产品的安全认证为强制认证。欧盟对欧洲以外的国家的产品进入欧洲市场要求符合欧盟指令和标准(CE);北美主要有美国的 UL 认证和加拿大的 CSA 认证;日本有

JIS 认证。

2. 体系认证

体系认证是指确认生产或管理体系符合相应规定。目前最为流行的国际体系认证有 ISO 9000 质量管理体系认证和 ISO 14000 环境管理体系认证。

3. 纺织品国际标志认证检验

(1)验针标志认证检验。由于生产过程中管理不善,服装等缝制品中往往会有残断针(包括缝针、大头针等)存在。20 世纪 80 年代,因服装中残断针所造成的消费者伤害事件频频发生,这促使日本政府以立法形式颁布消费者权益保护法规,以加强对残断针的控制。根据日本法规,生产、经销的产品如有残断针存在,其生产者、销售者都将受到重罚,如给消费者造成伤害还要进行赔偿。日本服装进口商为避免因残断针造成经济损失,不仅要求生产商在产品出厂前进行检针,还专门设立检品工厂从事检针工作。对经检针合格的产品,悬挂或加贴检针标志。

(2)"Q"标记认证检验。"Q"(Quality)标记是日本的优质产品标志。由对纤维制品检查具有丰富经验的、公正的第三者代替消费者对制品进行综合检查,对品质达到一定标准以上的产品加施"Q"标记。该标记的管理按"Q"标记管理委员会的有关规则进行,对产品的检查由有关纤维制品的检验机构进行。其检查内容主要有:①布料有无疵点、裁剪、缝制、辅料及整理是否良好;②尺寸检查,按 JIS 规格检查,JIS 规格没有的产品按标记检查;③性能检查,检查布料的色牢度和水洗尺寸变化;④加工处理剂检查,检查有无有害化学物质;⑤标记检查,根据家庭用品品质标记法检查有无标记及其内容是否合适。

(3)"麻标记"认证检验。"麻标记"是按日本麻纺织协会规定的协会标准,其目的是为推荐使消费者放心的麻制品而施加的品质保证标记,用"麻 100%"或"麻混纺"等字样标记。麻的品种很多,目前在服装上施加标记的仅有"苎麻"和"亚麻"两种,该标记的认证检验也规定混用比例的标准。

(4)羊毛标记认证检验。纯羊毛标记的拥有者——国际羊毛局，成立于 1937 年,目前已发展成为一个国际性组织。国际羊毛局目前拥有的羊毛产品标记有"纯羊毛标记"、"高比例混纺标记"、"羊毛混纺标记"三种。上述三种标志的产品除了羊毛含量,其产品的标准是一样的,只有质量完全达到国际羊毛局品质要求的产品才能使用国际羊毛局羊毛产品标记。各种羊毛标记的毛纤维含量是:使用纯羊毛标记要求纯羊毛不少于 93% ;使用高比例混纺标记,羊毛含量不得少于 50% ;使用羊毛混纺标记要求羊毛含量介于 30% 到 50% 之间。

(5)SIF 标记认证检验。SIF 标记是由经日本通商产业省认可的负责服装测试和检查的综合性检查机构——缝制品检查协会对符合协会标准的产品予以认可的标记。SIF 标记是取自"财团法人缝制品检查协会"的英文名称 Japan Sewing Goods Inspection Foundation 的首字母。SIF 派遣拥有专业知识的检验人员定期赴工厂综合检查成品的裁剪、缝制、整理、质量及按家庭用品品质标记法检查标记,并根据检查结果对缝制各工序等有关品质管理的各项进行各种巡回指导后,仅对优秀制品予以认可和推荐的标记。SIF 有自己的品质标准和检验标准,认证检验的主要内容有:外观检验,包括标记、外观;耐洗涤性,包括实用洗涤性能、洗涤后的外观、起皱、洗涤缩水率;耐干洗性;染色牢度试验;物理性能试验,包括断裂强力、撕裂强度、涨破强度、缩水率、起球性、脱绒;甲醛残留量、缝纫强力、缝纫抗滑脱试验等;附属品的性能。

(三)包装和标签要求

1. 以立法的形式规定禁止使用某些包装材料

如含有铅、汞和镉等成分的包装材料,没有达到特定的再循环比例的包装材料,不能再利用的容器等。

2. 建立存储返还制度

许多国家规定,啤酒、软性饮料和矿泉水一律使用可循环使用的容器,消费者在购买这些物品时,向商店缴存一定的保证金,以后退还容器时由商店退还保证金。日本分别于1991年和1992年发布并强制推行的《回收条例》和《废弃物清除条例修正案》。

3. 税收优惠或处罚

即对生产和使用包装材料的厂家,根据其生产包装的原材料或使用的包装中是否全部或部分使用可以再循环的包装材料而给予免税、低税优惠或征收较高的税赋,以鼓励使用可再生的资源。欧盟对纺织品等进口产品还要求加贴生态标签,目前最为流行的生态标签 OKO-Tex Standard 100(生态纺织品标准100),是纺织品进入欧洲市场的通行证。

背景知识

输美纺织品服装标签须用英文标识
(2011年1月21日)

根据美国《纺织纤维产品识别法》及《羊毛产品标签法》的规定,美国对进口纺织品及服装要求必须加施标志或标签,标签必须采用英文标识,且必须符合以下规则:

对纤维成分的标注必须采用非商标纤维名称,且应按重量的百分比由大至小顺序排列;纤维名称可使用联邦贸易委员会或国际标准化组织批准的纤维名称;商标名称可与非商标纤维名称一并使用;纤维成分可于标签背面标明,但有关资料必须容易找到;占纤维总重量不足5%的纤维不应以名称识别,而应列为其他纤维,但具特定功能的纤维除外。

关于产品的原产地标签,美国海关边境保护局规定,除非有先例允许其他标记方式,否则所有服装必须以布标签标示原产地。如果是男装 T 恤衫、女装松身衬衫、外衣、毛衫、连身裙和类似服装,原产地标签必须置于服装内面领口中央位置并在两条胳膊缝边中间。至于长裤、松身长裤、短裤和半身裙等服装,原产地标签则须置于显眼位置,例如腰带内面。男装及女装两件头或三件头套装,如属成套买卖,而各件衣服均于同一国家缝制,则原产地标签可缝于外套上;以透明聚乙烯袋包装的男装礼服衬衫,原产地标签须缝于领口,让最终购买者不拆开包装都能清楚看到;如果服装和腰带均在同一国家或地区生产并作为成套服装一并进口及销售,只有服装才须附有原产地标签,但须合理标明腰带的原产地;属于饰物的领带和围巾必须以水洗标签标示原产地,如果领带或围巾当做配饰与女装松身衬衫一并进口及销售,而两者均采用相同布料和设计,只有松身恤衫才须加上标志。此外,原产地名称前面必须加上 Made in 或 Product of 等类似字眼,让最终购买者清楚看到,以免被误导。

当然,海关边境保护局也同意,在若干情况下接受在服装内面领口位置的布料上直接丝网印刷的原产地标志。此外,双面服装也豁免领口标签规定。例如,一件可双面穿着的女装短背心,可于背心内面下侧缝骨贴上永久水洗标签,以及采用紧系于领口的飘带式标签。

除了纤维成分和原产地,服装必须附有提供护理指示的永久标签以及进口商、分销商、零售商或外国生产商的名称。根据规定,进口商、分销商及零售商可采用联邦贸易委员会发出的 RN 或 WPL 号码,但只有设于美国的企业才可取得及使用 RN 号码,外国生产商可采用其名称或美国进口商、分销商或直接参与产品分销的零售商的 RN 或 WPL 号码。企业可以其商标名称识别,但商标名称须已在美国专利局注册,企业亦须于使用商标前向联邦贸易委员会提供商标注册证副本。

资料来源:中国质量新闻网 http://www.cqn.com.cn/资料整理。

(四)产品安全

欧美国家十分重视产品的消费安全问题,以美国消费品安全委员会为例,为了使美国消费者免受使用不安全的消费品而受到伤害,它的主要任务是协调美国各州、各地区关于消费品安全的法律规定,制定全国统一的标准和规定,负责对不安全消费品的调查和检验工作,找出其不安全因素,采取有效措施。如经该委员会调查某种商品对人体不安全,它有权要求本国生产商停止生产,销售商停止销售,进口商停止进口。属于该标准范围内的商品,如不通过美国有关的标准,就根本无法进入美国市场。

美国对进口消费品法案有易燃纺织品法案,纺织品的易燃程度规定以保证家庭、住户人身生命安全为目的。如床单易燃程度不能超过1/10秒,对地毯的易燃度也有规定。美国对进口服装的阻燃测试,动植物纤维服装必须进行测试,如为不安全产品,做退货处理。

我国目前主要纺织品出口遇到的技术性贸易壁垒除皮革的 PCP 残留量——五氧苯酚和纺织品染料指标外,美国联邦委员会(FTC)规定,纺织品服装标签必须提供纤维成分、原产地国、经销商等内容;布匹标签必须提供产品日常护理说明;成衣护理标签必须提供其洗涤、烘干、熨烫、漂白过程所适用的方法和注意事项;并明确要求该标签不能单独使用符号,要运用清楚明了的语言来警示和说明等。实际上,繁杂严格的标签标准提高了产品进入的门槛,从一定程度上增加了企业成本。

"延迟燃烧"是欧盟国家对睡衣提出的新要求,产品出口时必须贴有"延迟燃烧"或"远离火源"字样的标签。对纽扣、拉链、装饰等服饰辅料,欧盟规定每平方厘米含镍达 0.5 毫克以上的纺织品禁止进口。日、美和欧盟还对进口羽绒制品提出了高于国际标准的严格要求,检验残脂率限定在 0.3% 和 0.5%,还不得含沙门氏菌。

背景知识

美国纺织品服装燃烧性能技术法规

美国消费品安全委员会对美国《易燃性织物法案》进行了修订,新法案于 2008 年 9 月 22 日正式生效。

美国早在 1953 年就通过了《易燃织物法案》(FFA),在 1954 年和 1967 年又先后对其进行了修订,由美国国会颁布,并由美国消费者产品安全委员会(CPSC)强制执行,该法案主要包含了服装和室内装饰用纺织品的燃烧性技术规范,禁止进口、生产和销售具有高度易燃性的纺织品服装。据此,CPSC 还制订了:服用纺织品的可燃性标准(16C. F. R. 1610);乙烯基塑料膜可燃性标准(16C. F. R. 1611);儿童睡衣的可燃性标准:0—6X 号(16C. F. R. 1615);儿童睡衣的可燃性标准:7—14 号(16C. F. R. 1616);地毯类产品表面可燃性能标准(16C. F. R. 1630);小地毯类产品表面可燃性能标准(16C. F. R. 1631);床垫的可燃性能标准(16C. F. R. 1632)。

以上皆为美国强制性的技术标准,所有进入美国市场销售的相关纺织品服装都必须据此进行检测,并要达到其规定的阻燃性能要求。另外,美国一些州也有针对纺织品阻燃性能的技术法规,如加利福尼亚技术公告 117 号,主要是针对家庭装饰用纺织品,对多孔弹性材料、非人造纤维填充材料、人造纤维填充材料、蓬松材料等的阻燃性能和测试方法分别作了具体规定。

(1)服用纺织品的可燃性标准(16C. F. R. 1610 类似 ASTM D 1230)

该标准主要针对服用纺织品(帽子、手套、鞋子例外),将服用纺织品的易燃性能分为 3 类。1 级:常规可燃性,通常指表面平坦织物通过规定方法测试时,其火焰蔓延时间≥3.5s,或者表面起绒织物通过规定方法测试时,其火焰蔓延时间≥7s,此类纺织品适合用来制衣;2 级:中等易燃,通常指表面起绒织物通过规定方法测试时,其火焰蔓延时间为 4—7s,此类纺织品也可用于服装,但须谨慎;3 级:快速剧烈燃烧,通常指表面起绒织物通过规定方法测试时,其火焰蔓延时间<4s,此类纺织品不适合用来制衣。如果被检测认为是高度易燃的,那么根据该法规,这种服用纺织品是不允许被交易与买卖的。按标准中的测试方法类似

于美国材料与试验协会标准 ASTM D 1230(45º倾斜法),每次测试需要 5 份尺寸为 5.08cm(2 英寸)×15.24cm(6 英寸)的试样,分别在干洗和清洗前后进行测试。

(2)乙烯基塑料膜可燃性标准

该标准适用于非刚性、无支撑的聚乙烯塑料膜(包括透明的、半透明的和不透明的,表面平整的、不平整的、铸模的或经过其他表面整理的),以及厚度≤0.33mm 的聚乙烯塑料膜。要求其纵向和横向各 5 个试样的平均燃烧速率不超过 3cm/s,按照该标准中具体规定的测试程序进行测试(45º倾斜法),使用 SPI 燃烧测试仪。

(3)儿童睡衣可燃性标准

儿童睡衣的可燃性标准(0—6X 号)与儿童睡衣的可燃性标准(7—14 号)分别适用于 0—6X 号与 7—14 号的儿童睡衣,包括睡衣、睡裤和类似服装,但尿布、内衣裤,婴儿服(小于 9 个月的)、紧身服不认为是儿童睡衣。两项标准所规定的测试方法和阻燃性能要求基本相同,要求按照法规中所具体规定的测试方法(垂直法),对 5 个 8.9cm×25.4cm 的样本进行检测,样本的平均炭长不超过 17.8cm(7 英寸),单个样本的炭长不超过 25.4cm(10 英寸)。此外,法规还要求在儿童睡衣的永久性标签上标明防护要求的所有条款。

(4)地毯类与小地毯类产品表面燃烧性能标准

这两项标准适用于各种地毯及小地毯。地毯(carpet)指用于家庭、办公室或宾馆的,单向尺寸>1.83m、表面积 2.23m² 的地毯。小地毯(rug)是指单向尺寸<1.83m、表面积<2.23m² 的地毯。两项标准的要求基本相同,要求在 8 个给定进行测试的地毯或垫子中至少有 7 个满足该标准的要求,单个样本在测试中炭化部分的尺寸在 2.54cm 范围以内才算合格。测试方法和程序在法规中有具体的规定,测试报告须给零售商或分销商。如果地毯或其纤维经过阻燃整理,则其标签上应注明"T"。

(5)床垫的燃烧性能标准

该标准中的床垫包括成人用、青少年用、婴儿用便携式、双层、装有芯子的水床及气垫床、沙发床等,但睡袋、枕垫、充液体或气体的床、睡椅等棉絮的套子除外。按照该标准中规定的方法进行测试(香烟法),如果在香烟周围任何方向上的炭长都不超过 50.8mm(2 英寸),则该单支香烟实验部位属合格。一般要求点燃 18 支香烟进行测试,只要有一个部位不符合该标准,则该床垫不合格。此外,法规还规定经阻燃剂整理过的床垫类产品在其标签上要注明"T"。

资料来源:中国贸易救济信息网 http://www.ctei.gov.cn 资料整理/。

二、技术性贸易壁垒的特征

技术性贸易壁垒就是强制性或非强制性确定某些特殊的规定、标准和法规,以及旨在检验商品是否符合这些技术法规和确定商品质量及其适应性能的认证、审批和试验程序所形成的贸易障碍。技术性贸易壁垒是一种无形的非关税壁垒,日益成为国际贸易中最隐蔽、最难对付的非关税壁垒之一,也成为贸易保护的主要手段之一,其具有如下特征。

(一)广泛性

从产品角度看,不仅涉及资源环境与人类健康有关的初级产品,而且涉及所有的中间产品和工业制成品,产品的加工程度和技术水平越高,所受的制约和影响也越显著;从过程角度来看,包括研究开发、生产、加工、包装、运输、销售和消费整个产品的生命周期;从领域来看,已从有形商品扩展到金融、信息等服务贸易、投资、知识产权及环境保护等各个领域;技术性贸易壁垒措施的表现形式也涉及到法律、法令、规定、要求、程序、强制性或自愿性措施等各个方面。

(二)系统性

技术性贸易壁垒是一个系统,不但包括 WTO《技术性贸易壁垒协议》规定的内容,而且还包括《卫生与植物检疫措施协议》、《服务贸易总协定》等规定的措施;《建立世界贸易组织协议》、《补贴和反补贴措施协定》、《农业协定》、《与贸易有关的知识产权协定》等都对环境问题进行了规定。除 WTO 以外的其他国际公约、国际组织等规定的许多对贸易产生影响的技术性措施也都属于技术贸易壁垒体系的范围。

（三）合法性

目前国际上已签订 150 多个多边环保协定。发达国家积极制定技术标准和技术法规,为技术性贸易壁垒提供法律支持。比如美国职业安全与健康管理局、消费者产品安全委员会、环境保护局、联邦贸易委员会、商业部、能源效率标准局等都各自颁布有法规。

（四）双重性

实行技术性贸易壁垒有其合理性,即真正为了实现规定的合法目标是可以采取合适的壁垒措施的。正常的技术贸易壁垒是指合法合理地采取技术性措施以达到合理保护人类健康和安全及生态环境的目的,如禁止危险废物越境转移可以保护进口国的生态环境,强制规定产品的安全标准可以保护消费者的健康甚至生命等等。但另一方面,一些国家,特别是美国、日本、欧盟等国凭借其自身的技术、经济优势,制定比国际标准更为苛刻的技术标准、技术法规和技术认证制度等,以技术贸易壁垒之名,行贸易保护主义之实。

（五）隐蔽性和灵活性

技术性贸易壁垒与其他非关税壁垒如进口配额、许可证等相比,不仅隐蔽地回避了分配不合理、歧视性等分歧,而且各种技术标准极为复杂,往往使出口国难以应付和适应。技术贸易壁垒措施对国别没有限制,一视同仁,不存在配额问题。而且技术贸易壁垒措施是以高科技基础上的技术标准为基础,科技水平不高的发展中国家难以作出判断,何况把贸易保护的实现转移到人类健康保护上,有更大的隐蔽性和欺骗性。

由于技术性贸易壁垒措施具有不确定性和可塑性,因此在具体实施和操作时很容易被发达国家用来对外国产品制定针对性的技术标准,可以对进口产品随心所欲地刁难和抵制,从而具备了实施灵活性的特点。

(六)争议性

各国采取的技术性壁垒措施(特别是绿色技术壁垒措施)经常变化,且各国差异较大,使发展中国家的出口厂家难以适应。比如法国规定服装含毛率只需达到85%以上就可以算作纯毛服装了;而比利时的规定含毛率必须达到97%;联邦德国则要求更高,含毛率必须达到99%时,才能称为纯毛服装。

第二节　绿色壁垒

绿色壁垒是绿色贸易壁垒(Green Trade Barrier)的简称,又被称为环境贸易壁垒(Environmental Trade Barriers)、环境壁垒(Environment Barrier),是指进口国(主要指发达国家)以保护生态环境、自然资源以及人类和动植物的健康为借口而限制进口的非关税壁垒措施。它依据有关的环保标准和规定,要求进口商品不但要符合质量标准,而且从设计、制造、包装到消费处置都要符合环境保护的要求,不得对生态环境和人类健康造成危害。这种新的贸易保护措施可有效地阻止外国特别是环保技术落后的发展中国家的产品进口,为本国市场形成巨大的保护网,已成为国际贸易中最隐蔽、最棘手、最难对付的贸易障碍之一,是贸易保护主义的新形式。

WTO 的《ATC 协议》生效后,绿色贸易壁垒正在迅速成为一种新的非关税壁垒,发挥着越来越重要的作用,同时,绿色壁垒是一种技术性贸易壁垒,一方面,在国际贸易中,提高环境标准,加强环境管理,有利于保护环境、保护人类健康和动植物的安全,有着合理的一面;另一方面,有些发达国家却趁机打着保护环境的旗号,构筑非关税贸易壁垒,行贸易保护之实。

其表现形式主要有绿色关税、绿色市场准入、"绿色反补贴"、"绿色反倾销"、环境贸易制裁、推行国内 PPM 标准及其他标准、消费者的消费选择(绿色消费)、强制性绿色标志、强制要求 ISO14000 认证、繁琐的进口检验程序和检验制度,以及要求回收利用、政府采购、押金制度等等。发达国家倚仗其较高的科学技术和先进的生产检测设备,以所谓保护环境和保障人身安全为目的,通过立法或制定严格的强制性技术标准,限制发展中国家的纺织品服装出口。

一、绿色壁垒的形成原因

绿色壁垒的产生主要有三个方面的原因:一是消费者越来越关注自身的生活质量和生命安全,"绿色消费"已成为一种世界性的消费潮流,"绿色产品"已成为一种市场导向,生态纺织品的消费将主导国际纺织品服装贸易的新潮流;二是随着传统贸易壁垒的弱化,贸易保护主义将更多地运用高技术标准来抵制外国商品的进口,以环保为名义的绿色壁垒将成为一种最主要的、受到保护和鼓励的非关税贸易壁垒;三是可持续发展战略已成为世界各国经济发展的主题,保护人类赖以生存的自然和生态环境已经引起全世界各国的广泛关注。

于是,贸易与环境这两个原本在世界贸易史上不相干的问题被一条绿色的纽带捆绑在了一起,绿色壁垒就出现了。1995 年世贸组织专门成立贸易与环境委员会为标志,着绿色外衣的贸易壁垒,在国际贸易舞台上跻身于重要角色行列。到了 1999 年 11 月 30 日,在美国西雅图召开的世贸组织第 3 届部长会议上,各成员国就环境与贸易问题展开广泛的讨论,这时绿色贸易壁垒已是世界贸易中不能回避的现实问题。

绿色壁垒目前已日趋全球化,并呈加快发展的态势。20 世纪 90 年代以来,发达国家陆续制定了一系列"绿色标准",目前最严格的要数国际环保组织制定的《欧盟生态纺织品标准》,它要求组成服装产品的每一个部件(包括纽扣、拉链)都通过有关检测和认证。国际社会已制定了 150 多个环境与资源保护条约,制定环保法规的国家也越来越多。如德国就制定了 1800 多项环保法律、法规和管理规章。

二、绿色壁垒的主要种类

绿色壁垒的种类很多,常见的有绿色关税和市场准入、绿色技术标准、绿色环境标志、绿色卫生检疫制度等。

（一）绿色关税和市场准入

发达国家以保护环境为名，对一些污染环境、影响生态平衡的进口产品课以进口附加税，或者限制、禁止其进口，甚至实行贸易制裁。

（二）绿色技术标准

发达国家借自身科技水平较高的优势专门订立一些严格的、强制性的环保技术标准，尤其是发展中国家进口商品。由于这些标准都是根据发达国家的技术水平制定的，对于发达国家来说是可以达到的，而对于发展中国家来说，则是很难达到的。

（三）绿色环境标志

这是一种贴在产品或其包装上的图形，表明该产品不但质量符合标准，而且在生产、使用、消费、处理过程中符合环保要求，对生态环境和人类健康均无损害。发展中国家产品为了进入发达国家市场，必须提出申请，经批准才能得到"绿色通行证"，即"绿色环境标志"。这便于发达国家对发展中国家的进口商品进行严格限制。

（四）绿色卫生检疫制度

海关的卫生检疫制度一直存在，但发达国家往往以此作为控制从发展中国家进口的重要手段。例如日本、韩国对进口水产品的细菌指标已开始逐批化验，对进口消费河豚逐条检验。

三、纺织品服装绿色壁垒

由于纺织品与服装与人们的日常生活密切相关，纺织品及服装的贸易极易受到绿色壁垒的限制。特别是随着纺织生态学的创立和发展，人们对纺织品中有毒有害物质对人体致病机理研究的深入，人们的消费观念发生了根本性的变化，更有不少的消费者不惜高价购买挂有"绿色标签"（亦称生态标签）的安全服装或纺织品。现在，绿色纺织品已逐渐渗透到从产品的原料准备到生产过程、包装销售、消费者使用、报废处理等各个环节。随着社会的不断进步，纺织品绿色消费已经成为一种社会消费导向。

目前在国际纺织品服装贸易中,绿色壁垒主要有两大类:一类是针对纺织品服装从设计、生产到报废、回收的全过程中,对环境影响所设置的壁垒,主要是要求企业建立实施"环境管理体系"及对产品实施"环境标志和声明",如 ISO 14000 体系认证,即环境管理体系认证;另一类是针对产品本身对消费者的安全和健康影响的,要求产品不能对消费者的健康产生影响,绝大部分体现在对进口产品是否含有对人体,或环境有害的化学物质,以及某些被限制使用的化学物质的含量是否超标的监控上。

自奥地利 1990 年率先制定了环保纺织品标准后,世界各国尤其是欧美等发达国家相继制定出台了相关的环保法规和纺织品环保标准,对进口纺织品实施安全、卫生检测。美国、欧盟还提出了非环保染料的限制,对纺织品中偶氮染料、甲醛、五氯苯酚、杀虫剂、有机氧化物等的含量都实施了严格限制。

目前国际上有十几种"绿色"生态纺织品标准,其中较有影响、使用最广泛、最具权威性、也最严格的生态纺织品标准是 Oeko-Tex Standard 100(生态纺织品标准 100),这是国际环保纺织协会 1992 年在基于对产品生态学研究的基础上制定并颁布的,专门用于检验纺织品上的有害物质。该标准的测试对象涉及游离甲醛残留量、多氯联苯酸碱度、可溶性重金属的残留物,杀虫剂残留量、防腐防霉剂、有机氯载体等有毒有害物质,通过使用国际环保标签(Eko-Label)来控制纺织品服装的环保性。

(一)纺织品绿色标签

绿色环境标志是一种贴在产品和包装上的图形(见表 5-1)。它表明该产品不但质量符合标准,而且生产、使用、消费、处理过程中均符合环保要求,对生态环境和人类健康均无害。

目前欧盟在纺织品服装领域主要有两种"绿色"技术标准认证,即欧盟"生态标签(Eco-label)"和生态纺织品认证(Oeko-Tex Standard 100),前者是欧盟制定的,后者是国际纺织环保协会制定的,这些标准已成为鉴定环保纺织品的重要国际标准。虽然是否加贴生态标签属生产厂家的自愿行为,进口国有关机构对进口商的进口产品检验也非强制执行,但自 Oeko-Tex Standard 100 等认证问世以来,得到了欧洲消费者的广泛响应,企业获得了 Oeko-Tex Standard 100 认证,就意味着有了更多进入欧美市场的贸易机会。

纺织品为该环境标志所涉及的许多产品之一,其纺织品环境标志针对:A 类—婴儿服装;B 类——般服装;C 类—外衣;D 类—布帘;E 类—家具;F 类—床单及枕套;H 类—除服装外的其他纺织品。

表 5 - 1　一些国家所使用的绿色标签

国家	绿色标签名称	所涉及的纺织品
欧盟	欧盟生态纺织品标准 100 认证（Oeko-Tex Standard 100） 	1. 婴儿用 2. 直接与皮肤接触 3. 不直接与皮肤接触 4. 装饰用
欧盟	欧盟纺织品"生态标签"（Eco-label） 	该体系涉及 19 类纺织品服装,服装、床上用品和室内纺织品获授予欧盟生态标签表明该产品: 1. 在纤维生产中,有害物质对水和空气的影响受到了限制 2. 过敏反应的风险减少了 3. 缩水性比一般产品好 4. 洗涤、干摩擦和光曝的色牢度比一般产品好

续表

国家	绿色标签名称	所涉及的纺织品
北欧	北欧白天鹅环境标志 Nordic Environmental Label	A 类—婴儿服装 B 类——般服装 C 类—外衣 D 类—布帘 E 类—家具 F 类—床单及枕套 H 类—除服装外的其他纺织品

如表 5-1 所示,目前在世界范围内出现了多种"绿色"纺织品的标志。"绿色"带动了生态纺织学的蓬勃发展,又以纺织处理生态学为主。纺织处理生态学所研究的内容是纺织品的处理,例如回收使用、垃圾处理与焚化,及其由于纺织品上的有害物质的存在可能对环境及其他方面所产生的影响及其控制措施。

绿色纺织品是当今纺织业发展重点,从国际市场看,消费者从环境生态角度挑选纺织品已成必然趋势,根据绿色产品的定义,绿色纺织品必须,在原料的取用、制作过程中从能源的利用到产品使用后的处理等方面,都不得对环境造成污染。因此,在制作过程中减少污染则是控制的关键。

背景知识

国际环保纺织协会(Oeko-Tex)宣布 2010 年测试标准
(2010 年 1 月 14 日)

国际环保纺织协会(Oeko-Tex)的 14 个成员机构通过了一项联合决议,再次修改和扩大适用测试标准、限度以及产品认证程序法律,Oeko-Tex 标准 100 将从 2010 年 1 月 1 日开始生效。

截至 2009 年 12 月,Oeko-Tex 证书包含一个通知,告知"认证产品符合 REACH 法规附件十七的要求(包括禁止使用偶氮染料、镍等),并履行有关美国儿童产品含铅总量的规范(CPSIA,不适用于玻璃材料)。

以下新规定将在 3 个月过渡期之后生效:

·合成纤维,纱线,塑料配件等,将在所有的四个 Oeko-Tex 产品类中进行多环芳烃(PAH)物质试验。16 种界定物质的总限额为 10 毫克/千克,苯并芘为 1 毫克/千克。

·考虑到 diisobutylphtalate(苯二甲酸二异丁酯)将可能被添加到 REACH 的物质清单中(被高度关注的物质),按照 Oeko-tex 认证程序的一部分,这种软化剂将也不允许使用,(除了已经进行邻苯二甲酸盐测试之外)。

·根据其在欧盟指令 2009/425/EC 中的明确说法,如印花纺织品、手套和纺织地板覆盖物等,国际环保纺织协会还在禁止锡有机物质清单上增加了二辛基锡 dioctyltin(DOT)。婴儿用品(产品类 I)的含量为 1.0 毫克/千克,其他 Oeko-tex 产品类的含量为 2.0 毫克/千克。

·金属材料中铅总含量的过渡规定范围将扩大。

为了支持和优化参与 Oeko-Tex 的全球公司的运作质量保证,Oeko-Tex 协会自 2010 年 4 月开始提供其品质保证许可证。这与公司审核保持一致,因为他们已经在某些国家进行操作,生态纺织品审计人员将能够更有效地与当地公司协调现有产品范围(有关认证过程)。

在这种情况下,生产方法、助剂、投入原料和配剂,以及未来发展,也将被纳入一个积极主动的方式。公司访问也为具体业务提供一个发表个人意见的机会。以新的认证为例,公司审核将很快进行。长期参加 Oeko-tex 的公司在今后 4 年被审核,最迟不超过 2013 年,但是,如果提出要求,Oeko-Tex 成员机构有可能尽早安排公司访问。

资料来源:中华纺织网 http://www.texindex.com.cn/资料整理。

四、纺织品的有害物质

纺织品在使用过程中或衣物穿着时,所含的有害物质对消费者健康会产生影响。这些纺织品服装污染源主要来自以下生产和加工过程(见图5-2),表现为如下几个方面。

原料(棉麻纤维) ⟹ 纺纱 ⟹ 染整 ⟹ 加工制作 ⟹ 成衣

图5-2 服装生产、加工流程

1. 纺织服装原料

如棉、麻纤维在种植过程中,为控制病虫害常会使用杀虫剂、化肥、除草剂等,这些有毒有害物质会残留在服装上,引起皮肤过敏、呼吸道疾病或其他中毒反应,甚至诱发癌症。

2. 加工制造过程

在加工过制程中,会使用氧化剂、催化剂、阻燃剂、增白荧光剂等多种化学物质,这些有害物残留在纺织品上,使服装再度受污染。

3. 成衣的后期整理

在成衣的后期整理中,会用到含有甲醛的树脂,也会对服装造成污染,免烫服装多用含甲醛整理剂。甲醛也是一种禁用的染料添加剂,被广泛用作反应剂,其目的主要是提高助剂在纺织物上的耐久性。

4. 防腐防虫整理

进行防腐防虫整理会使用一种毒性很大的化学物质五氯苯酚。五氯苯酚是一种有毒的防腐剂,会造成动物畸形和致癌。而且,残留在纺织品之中的五氯苯酚的自然降解过程缓慢,穿着时会通过皮肤在人体内产生生物积累,而危害人体健康。

5. 在服装的附件

在服装使用的附件中,如拉链会含有铅等重金属。人体过量吸收重金属,会在人体的肝、骨骼、肾及脑中沉淀,达到一定程度时对人体健康便造成巨大的损害,特别是对儿童。

6. 染色牢固度

表面看来,似乎织物的染色牢固不涉及纺织品的生态问题,与人体健康无多大关联,但是与人的汗液、唾液中酶的作用,能够促使燃料分解而导致对人体健康的损害。

7. 特殊气味

如酶味、恶臭味、鱼腥味或其他异味。气味浓烈则表明有过量的化学药剂或有害成分残留在纺织品中,因而存在有危害健康的可能,因此,各种服装上特殊气味仅仅允许有微量存在。

表5-2　欧美对服装作为"环保纺织品"要求提出的七项理性指标

指标	对人体危害	绿色标准
酸碱度	纺织品呈碱性影响皮肤酸碱度,致使皮肤自身抗菌能力下降,易引发疾病	OEKO-TEX STANDARD 200 按 ISO 3071 规定纺织品上 PH 值控制在中性及弱酸性
甲醛	剧烈刺激眼睛、皮肤和黏膜,是过敏症的显著诱发物,引起呼吸道炎症、皮肤炎,严重的还可诱发癌症	许多国家以法令形式、标准要求规定了释放甲醛限量要求。OEKO-TEX STANDARD 200 以 JISL 1041 作为检测方法
重金属	人体过量吸收,在肝、骨骼、肾及脑中积蓄到一定程度时,对人体健康便造成巨大的损害,特别是对儿童	OEKO-TEX STANDARD 100 明确规定了九种限量指标
杀虫剂	引起皮肤过敏,呼吸道疾病或其他中毒反应,甚至诱发癌症	OEKO-TEX STANDARD 100 列出九种限量农药和总残留浓度
五氯苯酚	自然降解过程缓慢,穿着时会通过皮肤在人体内产生毒物积累,造成畸形和致癌	OEKO-TEX STANDARD 100 已对 PCP 的限量指标作出明确规定
偶氮染料	在与人体的长期接触中,少量染料可被皮肤吸收,引起人体病变和诱发癌症	欧盟制定了《关于禁止使用偶氮染料指令》
颜色牢固度	与人类的汗液、唾液中的酶的作用,能促使燃料分解而导致对人体健康的损害	OEKO-TEX STANDARD 100 规定了限量指标

上述这些绿色壁垒已对我国纺织品服装出口产生了极大的影响。绿色壁垒的盛行加大了我国外贸企业出口产品的难度,在数量和价格方面也受到严重影响。如 1994 年 4 月 1 日起,德国正式禁止含偶氮染料的纺织品进口,凡违反此规定视同犯罪,产品将会销毁。这导致我国正在使用偶氮染料的 104 种纺织品对德国的出口中断。目前,纺织品和服装的绿色壁垒仍然有增无减,发达国家不断增高国际贸易门槛,使我国出口难度加大,加上制定严格的认证制度和繁琐的检验程序,使我国出口企业难以适应。2000 年 7 月份,我国苏南一家服装厂出口到欧盟的服装由于没有进行有关环保认证,进口商以拉链用材含铅过高为由提出退货,从而造成了企业几百万元的损失,最终导致了企业破产。另外,由于我国环境基础设施落后,环保产业不发达,社会整体的技术不高,环保成本导致了产品成本增加。

第三节 社会壁垒

社会壁垒是指以劳动者劳动环境和生存权利为借口采取的贸易保护措施。社会壁垒由社会条款而来,社会条款并不是一个单独的法律文件,而是对国际公约中有关社会保障、劳动者待遇、劳工权利、劳动标准等方面规定的总称,它与公民权利和政治权利相辅相成。

社会标准中正在和将要使用的“社会条款”(如劳工标准、人权保障等)是出于社会目的考虑的市场管制,也是欧、美等发达国家继生态环境标准之后又一对发展中国家实施贸易壁垒的新举措。以劳工标准为例,由于一些发达国家把发展中国家的纺织品服装价格优势,不认为是古典经济学所说的比较优势,而是认为缘于工人福利水平低、工作环境恶劣、安全保障程度低,甚至使用童工和劳改犯等违反人权的因素所致,故而开始在纺织品服装的国际采购中奉行所谓的“劳工标准”或“人权标准”。除通过“看厂”对供应商的生产质量进行评估,还要对员工的雇佣、待遇、安全等进行严格审定,如不达标就被取消供应商供货的资格。把这种带有浓厚政治色彩的"标准"引入贸易领域,使我们的劳动力低成本竞争优势面临着严峻的挑战。

许多发达国家试图在贸易与劳工标准之间建立联系。为了促进进口商遵守核心劳动标准,美国、欧盟推出了社会标准,其主要包括劳工标准和人权保障。目前相关的国际公约有100多个,包括《男女同工同酬公约》《儿童权利公约》《经济、社会与文化权利国际公约》等。国际劳工组织(ILO)及其制定的上百个国际公约,也详尽地规定了劳动者权利和劳动标准问题。

为削弱发展中国家企业因低廉劳动报酬、简陋工作条件所带来的产品低成本竞争优势,1993年在新德里召开的第13届世界职业安全卫生大会上,欧盟国家代表德国外长金克尔明确提出把人权、环境保护和劳动条件纳入国际贸易范畴,对违反者予以贸易制裁,促使其改善工人的经济和社会权利。这就是当时颇为轰动的"社会条款"事件。此后,在北美和欧洲自由贸易区协议中也规定,只有采用同一劳动安全卫生标准的国家与地区才能参与贸易区的国际贸易活动。

目前发达国家,特别是欧盟等国家内的部分政治家、有关媒体、社会组织不断向政府施加压力,向社会公众灌输社会意识,要求对纺织品服装出口商在生产过程中,诸如不得非法雇佣童工、对工人的劳动条件和劳动福利进行明确规定等社会行为进行检验。一些进口商,特别是名牌服装进口商和知名零售企业,出于对上述政治压力和维护本企业社会公众形象的考虑,已纷纷在本公司内建立起了针对供应商的社会行为准则以及相应的检验体系。相关的国际公约有100多个,目前,最引人注目的标准是SA 8000,该标准是由ISO 9000系统演绎而来。

SA 8000标准用以规范企业员工职业健康管理。欧洲在推行SA 8000上走在前列,美国紧随其后。欧美地区的采购商对该标准已相当熟悉。目前,全球大的采购集团非常青睐有SA 8000认证企业的产品,这迫使很多企业投入巨大人力、物力和财力去申请与维护这一认证体系,这无疑会大大增加成本。特别是发展中国家,劳工成本是其最大的比较优势,社会壁垒将大大削弱发展中国家在劳动力成本方面的比较优势。

一、SA 8000 社会责任管理体系认证制度

20 世纪末期,欧洲、美国和澳大利亚都先后出现了一些关于"社会责任"的多边组织,并逐步形成了一些评价体系和认证制度。SA 8000 是其中最著名的标准之一。1997 年,总部设在美国的国际社会责任组织(SAI)发起并联合欧美跨国公司和其他国际组织,制定了 SA 8000 (Social Accountability 8000 International Standard),建立了 SA 8000 社会责任管理体系认证制度。同 ISO 9000(质量管理体系)标准一样,SA 8000(社会责任管理体系)标准是国际采购商要求供应商的标准。SA 8000 标准成为全球第一个可用于第三方认证的社会责任管理体系,任何企业或组织可以通过 SA 8000 标准认证,向客户、消费者和公众展示其良好的社会责任表现和承诺,我国出口产品受到 SA 8000 限制的主要有纺织品服装、玩具、鞋类、家具等。

企业社会责任是指企业赚取利润的同时,主动承担对环境、社会和利益相关者的责任。20 世纪 90 年代初,美国服装制造商 Levi-Strauss 在类似监狱一般的工作条件下雇佣年轻女工的事实被曝光。为了挽救公司的公众形象,该公司草拟了第一分公司社会责任守则(也称生产守则)。随后,耐克、沃尔玛、迪斯尼等大型跨国公司纷纷制定了自己的生产守则。欧洲、美国和澳大利亚也先后出现了一些关于"社会责任"的多边组织,特别是西方发达国家的一些非政府组织的参与,逐渐形成了企业社会责任运动,并随着经济全球化而逐渐波及全球,尤其是处于全球生产链环节上的发展中国家。

社会责任国际(SAI,Social Accountability International)咨询委员会负责起草社会责任国际标准,它由来自 11 个国家的 20 个大型商业机构、非政府组织、工会、人权及儿童组织、学术团体、会计师事务所及认证机构组成。SAI 在纽约召开的第一次会议上提出了标准草案,最初

名为 SA 2000,最终定名为 SA 8000 社会责任国际标准,并在 1997 年 10 月公开发布。2001 年 12 月 12 日,经过 18 个月的公开咨询和深入研究,SA I 发表了 SA 8000 标准第一个修订版,即 SA 8000:2001,受到欧美国家工商界和消费者的欢迎和支持。很多跨国公司纷纷行动起来,通过采购活动,要求发展中国家的合约工厂实施 SA 8000 标准,改善工厂的工作条件。美国雅芳(Avon)公司、玩具反斗城(Toys"R")公司、法国家乐福(Carrefour)公司等大型跨国公司纷纷表示支持和采用 SA 8000 标准。

二、SA 8000 标准的内容结构

SA 8000 标准由九个要素组成,每个要素由若干个子要素组成,构成了社会责任管理体系的基本要求,其标准要求涉及以下方面:童工、强迫性劳动、健康与安全、组织工会的自由与集体谈判、歧视、惩戒性措施、工作时间、薪酬、管理系统。其基本内容结构如下。

(一)童工

公司必须按照法律控制最低年龄、少年工、学校学习、工作实践和安全工作范围,禁止雇佣 15 岁以下的工人;对参加国际劳工组织公约的 138 个发展中国家最低不得低于 14 岁;如发现童工,有拯救童工的政策和措施。

(二)强迫性劳动

严禁强迫劳动,公司不可雇用或支持雇用强制性劳工的行为,也不可要求员工在受雇之时交纳(押金)或存放身份证于公司。

(三)健康与安全

公司须提供安全和健康的工作环境;采取必要措施以防止工伤;对员工有系统的健康和安全培训,提供卫生清洁设备和常备饮用水;建立系统以识别对健康和安全存在的威胁。

(四)组织工会的自由与集体谈判的权利

公司应该尊重员工建立和参加工会并集体谈判的权利;在那些有法律限制这些自由的地方,雇佣方要提供相似的方式以给予结社和集体谈判的权利;应该保证工会代表不受歧视,并且在工作环境中能够接触工会的会员。

(五)歧视

公司禁止基于人种、社会阶层,出身、宗教、残疾、性别、同性恋或异性恋倾向、社团或政治身份及年龄方面的歧视;禁止性骚扰。

(六)惩戒性措施

公司不可从事或支持肉体上的惩罚、精神或肉体胁迫以及言语凌辱。

(七)工作时间

遵守适用法规的规定,但在任何情况下每星期不得超过 48 小时,并且每 7 天至少有一天休息时间;自愿加班应得到额外薪酬且正常情况下每星期不得超过 12 小时。

(八)薪酬

员工一个标准工作周所得工资必须达到法律或行业规定的标准,并且必须足够满足员工及其家庭基本的生活需要;工资不得因纪律惩罚而被削减;公司不可采用纯劳务性质的合约安排或虚假的见习期(学徒工制度)办法,来逃避劳动法和社会安全法规中明定的公司对员工应尽的义务。

(九)管理系统

公司须制定一个对外开放的政策,承诺遵守相关法律和其他规定;保证进行管理的总结回顾,选定公司代表监督实行计划和实施控制,选择同样满足 SA 8000 的供应商,确定表达意见的途径并采取纠正措施,公开与审查员的联系,提供应用的检验方法,并出示支持的证明文件和记录。

三、SA 8000 标准日益盛行的原因

全球超过 200 家跨国公司已经制定并推行公司社会责任守则,要求供应商和合约工厂遵守劳工标准,安排公司职员或委托独立审核机构对其合约工厂定期进行现场评估。其中,家乐福、耐克、锐步、阿迪达

斯、迪斯尼、美泰、雅芳、通用电气等超过50家公司已经在我国开展社会责任审核,有些公司还在中国设立了劳工和社会责任事务部门。目前我国沿海地区已经有超过8000家企业接受这类审核,要求中国所有的纺织、成衣、玩具、鞋类等产品的企业必须事先经过SA 8000标准认证,否则要联合抵制出口。沿海某成衣加工企业每月接受验厂项目包括:工人年龄、工人的工资、加班时间、食堂和宿舍条件等。SA 8000如此盛行并不是偶然的,主要基于以下原因。

(一)SA 8000日益成为解决劳工问题的有效手段

保护劳动者的合法权益,历来是各国政府及所制定的劳动法所奉行的主旨。但事实上,一方面由于立法滞后以及执法人员和手段的不足,使得政府的行政执法的深度和广度受到限制,存在监督检查的真空和薄弱环节。另一方面,一些国家政府出于发展经济的需要,出现政府在劳工关系中失去公正的立场,以牺牲劳工的利益来追求经济发展的情况。这使劳工问题日益严重,在一定程度上影响了社会的安定和进步。相对于政府的行政执法监督,实施SA 8000标准提供了一个有效的改善劳动条件的经济手段。迫于竞争的压力,企业主动申请与维护这一认证体系,善待员工,建立和谐的劳资关系,保持舒适的工作环境。使得劳工纠纷减少,劳工问题也得到了缓解。

(二)劳工标准对国际贸易的影响越来越突出

发展中国家普遍存在的较低的劳工标准使产品的劳动力成本很低,这种因低劳工标准而形成的出口竞争优势即劳动力倾销,在国际市场上造成不公平竞争。因此,发展中国家较低的劳工标准使发达国家的产品在成本价格和贸易竞争中处于不利的地位。欧美发达国家通过各种努力,采取各种途径将贸易与劳工标准挂钩。SA 8000认证制度是企业通向国际市场,尤其是欧美发达国家市场的通行证,发展中国家的出口企业为了不受到社会责任标准的影响,积极参与社会责任认证标准的制定。我国出口到欧美国家的服装、玩具、鞋类、家具、运动器材及日用五金等产品,都已遇到劳工标准的要求。他们要求将中国纺织服装、玩具、鞋类生产企业通过 SA 8000 认证,以此作为选择供应商的依据。

(三)实施 SA 8000 认证增强企业国际竞争力

实施 SA 8000 制度可以使企业通过推行社会责任守则,树立良好的企业形象和赢得商业信誉,以及稳定投资者的信心和支持;由于消费者青睐工人在体面的工作条件下生产出来的产品,企业履行社会责任标准有助于赢得消费者的好感和认同;同时,贯彻 SA 8000 可以优化供应链管理及供应链质量表现。因此,实施 SA 8000 认证是增强企业国际竞争力的必要保证。

四、其他社会标准

(一)FLA——公平劳工协会

FLA 是一些美国公司、非政府组织和 135 所大学组成的非营利性组织,目的是通过公司和非政府组织的联合行动,改善跨国公司的海外合约工厂的劳工问题,会员包括耐克、阿迪达斯等企业。

(二)WRAP——环球服装生产社会责任守则

WRAP 是美国服装制造商协会制定的服装制造厂商社会责任标准。

(三)ETI——道德贸易行动守则

ETI 是由英国政府支持,由零售企业、工会和非政府组织组成的联合体,目的在鼓励公司采用外部监督资源,遵守基本的劳工。

三种标准的比较见表 5-3。

表 5-3　WRAP、FLA 和 ETL 比较

缩写	全称	基本要素
FLA	公平劳工协会	·强迫性劳动　·童工　·折磨或虐待 ·禁止歧视　·健康与安全　·加班薪酬 ·组织工会的自由与集体谈判的权利 ·工资与利益　·工作时间

缩写	全称	基本要素
WRAP	环球服装生产社会责任守则	·遵守法律和车间规则　·禁止强迫性劳动 ·禁止折磨或虐待　·薪酬和利益　·工作时间 ·禁止歧视　·健康与安全　·环境 ·组织工会的自由和集体谈判的权利 ·遵守海关规则　·安全
ETI	道德贸易行动守则	·自由选择职业 ·结社自由和集体谈判权受到尊重 ·工作条件安全卫生　·禁止使用童工 ·支持基本生活工资　·工作时间 ·不得歧视雇员　·建立正常劳资关系 ·严禁苛刻或人道手段对待雇员

五、社会壁垒对我国纺织品服装出口的影响

全球企业社会责任运动影响最大的是纺织业、服装业、玩具业和鞋业等劳动密集型消费品行业。一些跨国公司,如耐克、阿迪达斯、沃尔玛、麦当劳为了避免品牌形象受到影响,纷纷加入这一运动,它们不仅自己制定社会责任守则,而且要求产品配套企业和合作企业遵守这些守则,从而将企业社会责任运动扩展到了生产制造基地的发展中国家。印尼、泰国、越南等东南亚国家先后成为该运动的焦点地区。由于我国大部分出口产品,特别是纺织品服装的竞争优势主要来自于劳动力的低成本,因而,跨国公司在华生产和采购推行的社会标准,将不利于我国产品在海外市场的竞争力。

我国出口到欧美国家的服装、玩具、鞋类、家具、运动器材及日用五金等产品,都已遇到 SA 8000 的约束。如广东中山市一家 500 人左右的鞋厂因没有达到当地法律规定的最低工资标准,曾被客户停单 2 个月。又如因发生女工中毒事件,广东一家台资鞋厂曾一度陷入全部撤单的困境。

通过 SA 8000 认证确实会给国内相当多的企业带来较大的冲击,受实力的限制,按照 SA 8000 标准所增加的成本将导致一些企业破产

或关闭,实际上是推动了社会文明。

德国进口商协会已制定了《社会行为准则》,规定德国进口商应经过 SA 8000 协会授权,对其供应商(出口商)的社会行为进行审查。该准则有可能被法国和荷兰的进口商协会所采用。由于三国均是欧盟的主要纺织品服装进口市场,进口份额约占整个欧盟的 50% 以上,这项要求将会给我国出口企业带来巨大压力。

第四节　产品召回制度

贸易壁垒包括关税壁垒和非关税壁垒,自 2004 年以来又一项针对消费品安全的限制手段,即美国采取的召回制度和欧盟的快速预警系统,正悄然地限制包括中国在内的服装出口。与反倾销和特保措施相比,召回制度的目的是保护消费者免受消费品引发的危险,主要作为对进口产品实施技术性贸易壁垒的监测系统。反倾销和特保措施的目的是保护国内企业利益,免受进口产品激增带来的市场份额的下降。

一、美国召回制度

美国消费品安全委员会(CPSC)依据消费品安全法案,对危害消费者安全的消费品实施召回制度,以保护消费者免受不安全产品的伤害。其中,与服装相关的消费品安全法案规定,当发现与消费品有关的不合理的伤害危险时,可以采取纠正措施,召回产品;另外,易燃纤维法案涉及服装和室内装饰用纺织品的燃烧性技术规范,如儿童睡袍纤维材料的阻燃性等。

美国是全球第二大服装进口市场,同时也是对消费品安全性要求最严格的国家。在美国众多的产品召回管理机构中,美国消费品安全委员会主要负责消费品的安全性监督和管理,缺陷和引发危险的产品召回,其中,服装又是主要监控的产品。

(一)召回制度

召回制度是指在产品中存在缺陷,有危害消费者安全与健康的危险,如果经营者自行或经他人通知发现这一情况,经营者应主动将具有危险的商品回收,以免使消费者实际权益遭受损害。因此,召回是将流入市场中的缺陷商品从流通市场和终端用户手中回收的行为。

在美国,召回一般是联合召回,当美国消费品安全委员会发现有潜在伤害性或已造成伤害的产品,经调查确认,即与制造商或经销商联合发布"召回"公告。通常是制造商或销售商的"自愿"行为,并配合其他补救措施,如领取退款、履行换货手续或对产品作适当的修理。美国召回制度启动的条件是消费者投诉或企业报告。

(二)美国消费品安全委员会对服装产品召回原因

美国消费品安全委员会对服装产品召回原因中,一类是与消费品安全法案(CPSA)相关,即产品是否符合安全标准,主要涉及儿童窒息危险、重金属超标和服装附件质量问题三类。对服装召回案件中,因安全标准原因召回,最多的是儿童的窒息危险,其次是因服装附件存在质量问题和重金属超标。

另一类是与易燃纤维法案(FFA)相关,主要因服装阻燃性能差,未能达到检测标准。每年有大量的服装由于阻燃性能差而被召回,对未达到服装可燃性标准,并会造成烧伤危险的一律要召回。

(三)召回报告信息内容

美国消费品安全委员会对不符合有关标准的产品采取召回措施,并在网上公开发布信息。美国消费品安全委员会召回报告内容包括:产品品牌、规格、颜色、销售时间、单价及召回数量、危险性和伤亡报告、处罚办法,并附有产品的图片,使消费者一目了然,对召回产品有一个更为详尽的了解。召回报告中还详细介绍了被召回产品的原因、是否有伤情及事故报告,便于消费者、销售商和进口商及时了解相关信息。还告诫消费者将召回产品远离易受伤害人群,尤其是儿童。

可见,产品召回报告一经公布影响范围广泛、影响力大,由于网络传播速度快,可以使消费者及时了解哪些产品或品牌不符合美国的安全标准及产品被召回的原因,这使消费者的安全得到了保障。

背景知识

美国对中国产儿童帽衫/夹克实施召回

2011 年 1 月 11 日,美国消费品安全委员会与 Mejoong Corp. 联合宣布对中国产儿童帽衫/夹克实施自愿性召回。

此次被召回的儿童帽衫/夹克的规格为 2—12 号,品牌名称 MJC、Hot Kids 或 MJ Collection 标在领口处的标签上。此次召回涉及的款式号、产品描述、材质、颜色和规格分别为:

款式号	描述	材质	颜 色	规格(号)
805	帽衫	纯棉	灰、粉、黑、暗红	儿童 4—20
806	帽衫	纯棉	灰	儿童 4—20
903	帽衫	聚酯纤维	黑、褐	儿童 2—18
2056	帽衫	纯棉	黑/白	儿童 2—18
2059	带帽格子夹克	纯棉	黑/白、粉/黑、紫/黑、红/黑	儿童 2—14
4010	夹克	聚酯纤维	黑/白、粉/黑、紫/黑、红/黑	儿童 2—14
4015	帽衫	纯棉	海军蓝、白、粉、浅灰、黑、暗红	儿童 4—20

款式号	描 述	材 质	颜 色	规格（号）
4049	帽衫	纯棉	海军蓝、红、暗红、灰、蓝、粉、绿	儿童 4—18
4116-B	带帽格子夹克	纯棉	蓝、白	儿童 2—18
4121	运动两件套	聚酯纤维	黑、海军蓝、红、绿	儿童 2—18
4122	帽衫	纯棉	黑	儿童 4—20
4123	帽衫	纯棉	黑、红、紫红	儿童 4—20
5027	带帽格子夹克	纯棉	黑、紫、白	儿童 2—18

该儿童帽衫/夹克自 2002 年 6 月—2010 年 1 月美国洛杉矶的 The Hot Kids 点及全美的批发零售商销售，单价为 6—15 美元/件。

此次被召回的商品数量约为 1.8 万件。召回原因为，该儿童帽衫/夹克上的拉绳有致儿童颈部被勒而引发窒息的危险。截至目前，Mejoong Corp. 尚未收到任何事故报告。

为此，美国消费品安全委员会建议消费者立即将帽衫/夹克中的拉绳抽出以消除危险，或与 Hot Kids 店联系退货及全额退款。

资料来源：中国贸易救济信息网。

（四）召回产品处罚方式

美国召回制度，其本质都是强制实施退货、退款，停止销售，不仅给服装出口企业造成了直接经济损失，同时在召回过程中涉及了其他的相关费用。

（五）召回不以伤害事故为前提

美国消费品安全委员会的召回报告对服装类产品的危险和潜在危险的划分主要有：死亡危险、有毒有害物质伤害和人身伤害。在美国，只要存在伤害可能性即可召回，就是说，产品召回不以损害事故发生为前提,只要产品被检测和投诉质量不符合标准,就可以通报召回。对于已经售出的产品也无法避免召回,召回将追溯至缺陷产品开始销售之时,并告知消费者停止使用该产品。

背景知识

美国 CPSC 对中国产儿童冲锋衣实施召回

　　2011 年 2 月 9 日,美国消费品安全委员会与 MIKI HOUSE USA Inc. 联合宣布对中国产儿童冲锋衣实施自愿性召回。

　　此次被召回儿童冲锋衣帽子上带有拉绳,分红、蓝和杂色(紫、蓝、黄、绿、浅蓝等多种颜色混合),规格为 12 个月—4 岁,款式号 11—3706—730 标在价格标签和警示标签上。该儿童冲锋衣自 2010 年 8—11 月在纽约的 Bloomingdale's Department 店销售,单价为 80 美元/件。

　　此次被召回的商品数量为 10 件。召回原因为,该冲锋衣帽子上的拉绳有致儿童颈部被勒危险。截至目前,MIKI HOUSE USA Inc. 尚未收到任何事故报告。

　　为此,美国消费品安全委员会建议消费者立即将冲锋衣中的拉绳抽出以消除危险,并与 MIKI HOUSE USA Inc. 联系全额退款。

资料来源:中国贸易救济信息网。

（六）儿童产品是重点监控对象

在美国消费品安全委员会年度预算中,一半用于儿童产品,常年派遣流动检查组督查美国国产和进口的有可能导致各种危害儿童的用品。由于童装上的修饰物多,更易引发扣子的脱落、帽子线绳的过长、装饰物易被儿童吞食等危险,因此,每年童装被召回所占比重最大。

背景知识

美国消费品安全委员会

美国消费品安全委员会(简称 CPSC)是根据消费品安全法案(CPSA)在 1972 年由美国国会成立的独立的联邦机构。

1. 管辖产品的范围

美国消费品安全委员会管辖多达 15000 种用于家庭类产品、运动娱乐类产品、儿童产品类、玩具户外用品类等消费品,以确保如玩具、婴儿服装、打火机、家用化学品等消费品的安全。但机动车辆、食品、化妆品、药品、烟草和酒等产品不在此范围内,分别受其他相关法案的管辖。

2. 依据的法案

美国消费品安全委员会的工作依据 5 个法案展开,包括:消费品安全法案(CPSA)、联邦危险品法案(FHSA)、危险品包装法案(PPPA)、易燃纤维法案(FFA)和冰箱安全法案(RSA)。其中,与服装相关的法案有消费品安全法案和易燃纤维法案。

3. 主要任务

美国消费品安全法案中明确规定了美国消费品安全委员会的任务是:保护公众免遭与消费品有关的不合理的伤害和死亡的危险。美国消费品安全委员会的任务单一,即挽救生命和保护家庭安全。

2010 年,美国消费品安全委员会对中国大陆纺织品服装类产品共通报 37 起,纺织品服装类产品在对华召回总数中所占比例也逐年提高,2008 年是 10.41%,2009 年是 11.27%,至 2010 年达到 16.97%。被召回的产品以儿童服装或者涉及儿童的用品居多,召回的原因主要是附件可能对儿童造成机械性伤害。

资料来源:中国贸易救济信息网。

二、欧盟非食品类快速预警系统

(一)欧盟《通用产品安全指令》

欧盟委员会于 2001 年通过了修订的《通用产品安全指令》(2001/95/EC,以下简称《指令》),并于 2004 年 1 月 15 日正式生效。《指令》涉及除食品和药品之外的所有产品,包括玩具、体育用品、打火机、纺织服装、家具等日用品。

1. 对安全产品的定义

在欧盟《指令》中对安全产品的定义:指对任何投入市场供给消费者的产品或消费者可能使用的产品提出通用安全要求。安全产品是指在正常的或合理的可预见环境中使用的产品,这种产品的使用不存在危险或只存在与产品使用相适应的最小危险,这种危险被认为是可接受的,并与人身安全和健康的高水平保护相一致。如当产品造成一种严重威胁,要采取紧急措施。

2. 召回措施

值得注意的是《指令》规定了产品的召回(recall)措施。"召回"则指意欲将生产者或销售商已经提供给消费者或可能已经由消费者使用的危险产品返回的措施。明确规定"召回"不仅旨在禁止或消灭危险产品的经销和流通,更注重和强调彻底地将危险产品从消费者手中召回,目的是从根本上彻底杜绝消费者对危险产品的使用。

3.《指令》的特点

《指令》最大的特点是,明确了生产商和分销商在法律上有义务向政府报告其产品是否安全,并应与政府市场监督部门合作,承担追踪产品流向、召回产品或从市场撤销产品等责任,否则将会受到惩罚。该

《指令》强化了产品生产商和分销商的责任。如果产品生产商来自非欧盟国家,则其在欧盟的代表或欧盟的进口商要承担相应的法律责任。

(二)欧盟非食品类快速预警系统

2004 年年初生效的欧盟《通用产品安全指令》及由此设立了"非食品类快速预警系统(Rapid Exchange of Information,简称 RAPEX)",主要目的是保护消费者的健康和安全,保证欧盟市场销售的消费产品是安全的。其中服装类产品的安全性也是被监控的主要对象,特别是童装。RAPEX 是针对非食品类产品,对于食品的安全问题,欧盟另外制定了严格的程序和指令。

(三)每周通报一次

欧盟非食品类快速预警系统是每周通报一次,公布由成员国上报的非食品类危险产品情况。在欧盟市场上,参加对非食品类危险产品的预警通报的国家,不仅有欧盟 27 个成员国,还有欧洲自由贸易区的 7 个成员国。因此,欧盟非食品类快速预警的通报范围涵盖了欧洲 30 多个国家。

该系统的目的是当消费品对消费者的安全和健康产生危险时,保证欧盟成员国之间,以及向欧盟委员会及时通报信息,并采取相应措施保护消费者安全,增强成员国对消费品的知情权,保障消费者不受危险产品的伤害。一旦某一服装产品在某一成员国出现安全问题,该产品将被通报给所有的欧盟成员国,可见,影响范围广泛、影响力大。

欧盟非食品类快速预警系统对危险产品的通报,不仅影响某一产品在整个欧盟市场销售,还可能在国际市场上引起一系列的连锁反应,其中轻工产品、机电产品、玩具和服装产品又是主要的被通报的领域。

(四)通报内容

欧盟非食品类快速预警通报在网上公开发布,通报内容翔实而具体,包括产品品牌、规格、颜色、销售时间、单价及召回数量、危险性和伤亡报告、处罚办法,并附有产品的图片,使消费者对召回产品有详尽的了解。还告诫消费者将召回产品远离易受伤害人群,尤其是儿童。

由于网络传播速度快,可以使消费者及时了解哪些产品或品牌不符合标准及产品被召回的原因,这使消费者的安全得到了保障。

背景知识

美国 CPSC 对中国产女款上衣实施召回

2010 年 4 月 7 日,美国消费品安全委员会与 Foria 国际有限公司联合宣布对中国产女款格子花呢上衣实施自愿性召回。

此次被召回的女款格子花呢上衣为 100% 棉羊毛材质,双排扣,长袖,有蓝色或白色花格,"Authentic"标在领口处的标签上。该上衣自 2009 年 10 月—2010 年 1 月在全美的 Bass Pro 店销售,单价为 60 美元/件。

此次被召回的商品数量约为 800 件。召回原因为,该上衣不符合美国联邦服装阻燃性标准,有灼伤使用者的危险。截至目前,Foria 国际有限公司尚未收到任何事故报告。

为此,美国消费品安全委员会建议消费者立即停止穿着该上衣,并与 Foria 国际有限公司联系退货及全额退款。

资料来源:中国贸易救济信息网。

（五）通报类型

欧盟非食品类快速预警系统的通报可分为单一危险和复合危险。单一危险如:电击、窒息、化学品、致伤、易燃、健康等危险。复合危险则是:或具有由一种危险引发的可能,如:电击和着火,或同时具有两种危险,如"窒息和化学品"。与服装产品相关的危险主要有:窒息、化学品、致伤和易燃四类。

（六）处罚措施

欧盟的处罚措施包括强制执行方式和自愿执行方式。在强制执行中,停止销售和从市场撤销两种处罚措施的使用最为频繁;自愿执行主要采取从市场撤销和召回的处理方式。

被欧盟非食品类快速预警系统通报的服装受到的处罚,主要有撤销、召回、销毁和停止上市四种。"撤销"是指意在防止对消费者经销、展示和供应危险产品的任何措施。"召回"是比撤销更彻底的严格措施。无论是撤销、召回、销毁和停止上市,最终结果都是从根本上停止该产品的销售。

在实施撤销措施时,有的是由批发商撤销、有的是由进口商撤销、还包括生产商撤销和供应商撤销。在召回中,有批发商召回、有的由进口商召回、还有的由生产商召回。上述处罚常常是多项措施并举。如对正在销售的服装停止销售,同时对已售出的服装采取召回;或是撤销正在销售的服装,并对已售出的服装召回等。因此,处罚力度大,影响严重。

（七）欧盟非食品类快速预警系统实施效果

《指令》覆盖产品多,焦点直指产品安全,并通过欧盟 RAPEX 预警系统,向成员国每周通报危险产品的信息。RAPEX 系统的运作程序简单,一般来说,某个成员国的消费者、生产者、经销商或该国的市场监督部门,发现某种产品在安全上有问题,一经核实,便立即通过 RAPEX 预警系统通知欧盟委员会下设的消费者保护司,再由欧盟委员会通知其他成员国的市场监督机构,还同时向消费者公布,以便让消费者及时了解危险产品的名称和处理情况。

欧盟设立 RAPEX 预警系统初期,主要作为对进口产品实施技术性贸易壁垒的监测系统。起初,该系统发挥的作用并不大,但是随着欧盟相关的标准和法规不断完善,以及对 RAPEX 预警系统的应用日渐成熟,RAPEX 预警系统对危险消费品的通报呈逐年上升趋势。对危险产品的描述更加细致,同时采取的措施也更明确。

2010 年,欧盟委员会非食品类快速预警系统对中国纺织品服装类产品共发布召回通报 304 起。我国纺织品服装类产品在欧盟非食品类快速预警系统召回通报中所占比重不断上升,2008 年为 6.23%,2009 年上升到 21.80%,2010 年继续上升到 26.46%。

一直以来,童装包括一些运动服装和服饰都是我国遭欧盟非食品类快速预警系统召回的主要产品种类。2010 年,我国童装产品遭非食品类快速预警系统召回通报共 239 起,占我国纺服类产品通报总数的 78.62%,增长明显。通报的原因主要是不符合欧洲标准 EN 14682。包括儿童服装上的抽绳长度超标,服装配饰件易脱落,以及化学品超标违反了 REACH 法规等。

背景知识

欧盟对中国产女童裙发出消费者警告
2010 年 3 月 1 日

2010 年 2 月 26 日,欧盟委员会非食品类快速预警系统(RAPEX)对产自中国的"Unique"牌女童裙发出消费者警告。本案的通报国为希腊。此次通报涉及的女童裙为无袖夏装,在肩部有总长为 26cm 的绳索,口袋部分也有绳索,适合 1—6 岁的儿童穿着,条形码编码为 5205846473284。

由于该产品肩部配有的绳索过长,不符合欧盟相关标准 EN 14682 的要求,所以穿着时可能伤及女童。为此,希腊政府已责令有关方面采取相应的改正措施。

资料来源:中国贸易救济信息网。

背景知识

欧盟对中国产围巾发出消费者警告

2009 年 9 月 14 日

2009 年 9 月 11 日,欧盟委员会非食品类快速预警系统(RAPEX)对产自中国的"Global Accessories"牌围巾发出消费者警告。本案的通报国为芬兰。此次通报涉及的围巾为粘胶材质,尺寸为 50x180cm,货号为 6876,条形码编码为 0202003794409。

该产品使用了欧盟禁止使用的偶氮染料,其中对二氨基联苯和二甲氧基联苯胺的含量超过了欧盟 30mg/kg 的最高限量,因此被认为存在化学危险。芬兰海关已拒绝进口该产品。

资料来源:中国贸易救济信息网。

【本章小结】

本章简要介绍了新贸易壁垒,主要包括:技术壁垒、绿色壁垒和社会壁垒,都属于非关税壁垒,绿色壁垒是从技术壁垒中分离出来。此外,还介绍了美国和欧盟的产品召回制度,新贸易壁垒都对劳动密集型的服装产品有繁杂的限制,已经严重地影响到我国服装的出口。

通过本章学习,掌握新贸易壁垒的具体内容和限制手段及各类壁垒之间的关系。技术壁垒主要针对最终产品检验的技术要求,绿色壁垒侧重于产品以外对生态环境和消费安全等对消费者的影响,社会壁垒关注的重点是产品生产者及其生产劳动条件状况。

由于目前,日本对服装进口更多地是对产品质量和检验等技术方面的要求,欧盟对服装进口侧重于对消费者和生态环境是否有危害的安全绿色标准要求,美国国内因劳工组织呼声强烈,对服装这类劳动密集型产品进口,更多地关注产品在生产过程中,对劳动者及其工作条件是否予以法律保障方面的要求。因此,这些壁垒对中国纺织品服装的出口提出了严重的挑战,从而大大增加了出口企业的成本和经营难度,同时也增强了企业的危机意识和竞争意识。

【本章复习与思考】

1. 分析技术壁垒对我国未来纺织品服装出口的影响。
2. 阐述我国服装企业如何应对绿色壁垒限制。
3. 阐述我国服装企业如何才能达到社会标准要求。
4. 美国和欧盟产品召回制度对我国服装出口的影响。

第 四 篇

国际纺织品服装贸易格局

导　　言

当前国际纺织品服装贸易的基本格局是,发达国家和地区是全球纺织品服装的主要进口者,发展中国家和地区是全球纺织品服装市场的主要供应者。

发达国家进口了全球70%以上的纺织品服装,而发展中国家所占比重不足30%。欧盟、美国和日本是全球三大纺织品服装进口市场。

中国是最大的纺织品服装出口国,其次是印度和土耳其。近年来,孟加拉、巴基斯坦和越南等国的出口迅速扩大,成为新兴的纺织品服装出口国。

从长期来看,国际纺织品服装市场上,发达国家主要进口纺织品服装,部分发展中国家出口纺织品服装的贸易格局基本不会改变,特别是,随着世界纺织工业中心不断向亚洲推移,发展中国家和地区的纺织服装业迎来了发展的机遇,亚洲地区在全球纺织品服装出口中的地位将会进一步提升。

第六章　世界主要纺织品服装进口市场

【本章知识点】

1. 美国、欧盟、日本纺织服装产业发展概况
2. 美国、欧盟、日本在国际纺织品服装贸易中的地位
3. 美国、欧盟、日本纺织品服装进出口概况
4. 美国、欧盟、日本纺织品服装进口格局

【学习提示】

通过本章学习,了解美国、欧盟和日本世界三大纺织品服装进口市场在国际纺织品服装贸易中的地位,掌握这些市场纺织品服装贸易的概况和特点,了解三大市场的纺织品进口格局及服装进口格局。

在全球纺织品服装出口中,发展中国家已取代发达国家成为世界纺织品服装的主要出口方。1995 年,发达国家的纺织品服装出口占世界市场比重为 51%,高于发展中国家的 48%,但随着发展中国家纺织品服装出口的逐步扩大,发达国家的占比逐步下降到不足 40%,而发展中国家的占比上升到超过 60%(见表 6 - 1)。

表 6 - 1　1995—2007 年世界纺织品服装进出口贸易

年份	1995	2000	2005	2006	2007
世界进口额(亿美元)	3002	3494	4662	4909	5222
发达国家所占比重(%)	73.33	71.50	72.43	73.23	74.20

续表

年份	1995	2000	2005	2006	2007
发展中国家所占比重(%)	26.39	27.66	26.10	25.02	23.55
世界出口额(亿美元)	2907	3480	4814	5252	5563
发达国家所占比重(%)	51.32	41.98	38.88	37.36	38.01
发展中国家所占比重(%)	48.32	57.05	60.18	61.73	60.99

资料来源:国际纺织品服装局。

表6-2显示,发达国家的纺织品出口一直保持增长,但其占全球纺织品出口的比重却持续下降,从1995年的58.1%下降到2007年的43.3%。同期,发达国家服装出口规模也保持增长,但占全球服装出口总额的比重也呈下降趋势,从1995年的43.9%下降到2007年的33.7%。

表6-2 1995—2007年发达国家纺织品和服装进出口额

年份	1995	2000	2005	2006	2007
发达国家纺织品出口额(亿美元)	883.59	822.86	989.93	1028.81	1077.13
发达国家占全球比重(%)	58.10	49.20	44.60	43.60	43.3
发达国家服装出口额(亿美元)	608.56	638.39	882.13	933.76	1037.62
发达国家占全球比重(%)	43.90	35.30	34.00	32.30	33.70

资料来源:国际纺织品服装局。

欧盟、美国和日本是全球最主要的纺织品服装进口市场。2008年欧、美、日三大经济体合计进口纺织品服装4000亿美元,占世界总进口的63%,尤其是欧美两大市场,其进口总和达到世界市场总额的58%(见表6-3)。

表6-3 2008年欧、美、日纺织品服装进口金额及占世界市场比重

	金额(亿美元)	占世界市场比重(%)
欧盟	2617.0	41
美国	1055.9	17
日本	328.1	5
三国合计	4001.1	63
世界总进口	6384.8	100

资料来源:WTO Statistics Database。

第一节 美 国

一、美国纺织服装产业发展概况

美国纺织服装产业从19世纪中期开始发展。1900年,美国棉花消费量和生丝消费量均超过英国,1913年,在世界棉纺织总产量中,美国占了27.5%,英国只占18.5%[①]。美国纺织工业的鼎盛时期是1925年前后,美国具有棉花资源优势,并首次开始化纤生产的工业化,取代英国成为当时的世界纺织制造中心。

第二次世界大战以后,从20世纪50年代起,美国纺织服装产业的产出和就业开始下降。60年代,受美国鼓励海外组装加工政策的支持,一些纺织企业改产服装,在海外建立缝纫、精纺、编织厂,以降低成本。70年代以后,由于受到南美和亚洲低工资国家的巨大竞争压力,美国纺织服装业出现萎缩。进入80年代,美国纺织服装产业开始加快进行设备技术改造,以前所未有的速度投资于新技术,劳动生产率以两倍于制造业平均水平的速度增长。这一时期,美国纺织服装业的就业出现大幅下降。1973年,美国纺织服装业就业人员240万,到1996年

---

① 赵君丽:《从美国纺织服装产业调整看中国的产业升级》,《国际经贸探索》2010年第1期,第43页。

下降到 *150* 万,降幅达 39%(同期全美就业率上升 56%,制造业就业率下降 8%)①。近 20 年来,美国纺织服装业受到产能过剩、多边和双边贸易自由化逐步加深、亚洲金融危机及亚洲国家货币贬值、发展中国家纺织服装业竞争力增强等各种不利因素的影响,产业发展受到冲击,整体上处于衰退之势。

为扭转产业发展下滑的趋势,美国纺织服装业进行了一系列调整。这些调整包括:投资于新技术,通过企业兼并来降低成本,开展离岸外包,开发新产品和服务。虽然美国纺织服装业整体上处于下滑之势,但美国仍然是一个纺织品服装生产大国。美国纺织服装业主要集中在北卡罗来纳、加利福尼亚、佐治亚、纽约、南卡罗来纳、得克萨斯、亚拉巴马、宾夕法尼亚、弗吉尼亚和田纳西等十个州。美国纺织服装业发展的主导思想是强调高技术产业对传统产业的渗透和结合,以高科技纺织产品开发为发展方向。结合美国在人力资本、基础设施、技术创新、金融市场等方面具有的显著优势,美国纺织服装业仍然在创新技术和新型纤维领域居于世界领先地位。

二、美国纺织品服装进出口概况

(一)美国纺织品服装进出口在国际市场上的地位

美国是世界上最重要的纺织品服装市场之一。美国纺织品服装进口占世界市场的份额在 1980 年已经达到 9.6%,此后随着国内工资提高,成本上升,美国纺织品服装进口逐年扩大,到 1985 年其进口占世界市场的份额已经迅速上升到 19.9%。20 世纪 90 年代以后,美国纺织品服装进口继续稳步增加,在本世纪初,全世界 22% 的纺织服装产品输入到了美国市场。近几年来,随着欧盟市场的扩大,美国进口占比有所下降,但依然保持在 17% 左右。

美国也是世界上较为重要的纺织品服装出口国。1980 年,美国纺

---

① Mark Mittelhauser: Employment Trends in Textiles and Apparel, 1973 – 2005, *Monthly Labor Review*, August 1997, p.24.

织品服装出口占世界市场比重为5.3%,到80年代末,由于美国纺织工业出现衰退,美国出口占世界市场的份额下降到3.4%。80年代中后期,通过在设备技术改造方面扩大投资,美国纺织服装业的劳动生产率大幅提高,出口占世界市场的比重逐步回升,2000年达到5.5%。近十年来,在国际纺织品服装贸易回归自由的大背景下,发展中国家纺织服装业的竞争力得以释放,美国出口占世界纺织品服装出口总额的比重开始逐年下降,目前不足3%(见图6-1)。

(单位:%)

图6-1　美国纺织品服装进出口占世界市场比重

注:"＊"表示出口为1989年数据,进口为1985年数据。

资料来源:WTO Statistics Database。

(二)美国纺织品服装进出口的特点

1. 进口持续稳定增长

如图6-2所示,美国纺织品服装进口呈现出长期持续增长态势。1962年,美国进口纺织品服装10.18亿美元,到2005年,美国纺织品服装进口已突破1000亿美元。1962—2009年,美国纺织品服装进口增长了近100倍,年均增长速度达到10.54%。47年间的大部分年份里,美国纺织品服装进口都保持了正增长,仅有个别年份出现下降。90年代以前,美国纺织品服装进口的年均增速达14%,90年代以后,进口增速有所下滑,尤其是进入21世纪以来,进口增幅逐渐下降,特别是受2008年金融危机的影响,2008年和2009年美国纺织品服装进口出现了负增长。

（单位：亿美元）

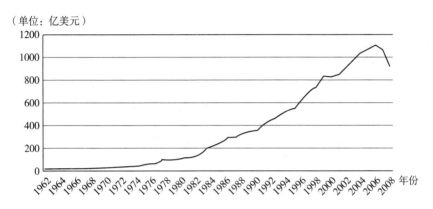

图6－2　1962—2009年美国纺织品服装进口情况

注:数据采用 SITC 两位产品分类,1962—1980 年数据为 SITC Rev1.;1981—2009 年为 SITC Rev2.,下同。

资料来源:联合国商品贸易数据库。

2. 出口波动较大

1962年美国出口纺织品服装5.8亿美元,不足当年进口额的60%。1992年,美国纺织品服装出口首次突破100亿美元,并在2000年达到195.7亿美元的历史最高点,是1962年的33.7倍。1962—2009年,美国纺织品服装出口年均增长7.6%,但出口波动很大(见图6－3)。20世纪70年代是美国纺织品服装出口增长最快的时期,年均增长高达21.4%。80年代美国纺织服装业进入调整期,出口随之下降。80年代中后期及整个90年代,美国纺织品服装出口进入恢复性增长,年均增幅为11%。2001年以后,出口下滑,年均增长率为负。

3. 出口以纺织品为主,进口以服装为主

美国纺织品服装的进出口中,出口以纺织品为主,进口以服装为主。2009年美国出口纺织品99亿美元,占纺织品服装总出口的70%。

（单位：亿美元）

图6－3 1962—2009 美国纺织品服装出口情况

资料来源:联合国商品贸易数据库。

同年,美国纺织品服装的总进口中,服装进口占79%[1],达到720.6亿美元。图6－4和6－5显示了美国纺织品服装贸易中出口以纺织品为主,进口以服装为主的特点。

（单位：亿美元）

□ 美纺织品出口 ■ 美服装出口

图6－4 美国纺织品服装出口

资料来源:WTO Statistics Database。

---

① 资料来源:WTO Statistics Database。

（单位：亿美元）

图 6-5　美国纺织品服装进口

资料来源：WTO Statistics Database。

4. 逆差持续扩大

自 20 世纪 60 年代以来,美国纺织品服装进口就一直大于出口(见图 6-6),逆差从 60 年代初期的几亿美元,逐步扩大到 80 年代初期的

（单位：亿美元）

图 6-6　1962—2009 年美国纺织品服装贸易差额情况

资料来源：联合国商品贸易数据库。

100多亿美元,再到 2000 年的 600 多亿美元。2007 年是逆差最大的年份,达到 926 亿美元,是 1962 年的 200 多倍。美国纺织品服装逆差主要来自服装贸易逆差,尤其是 70 年代中期以来,服装逆差占总体逆差比重一直在 85% 以上。

5. 区域优惠贸易安排占有重要地位

近年来,美国签署了多个区域性优惠贸易协定。除了 1994 年生效的《北美自由贸易协定》(下表中以 NAFTA 表示)以外,2000 年美国签署了《非洲增长与机会法案》(下表中以 SUB-SAHARA 表示)和《加勒比盆地贸易伙伴法案》(下表中以 CBI 表示),对非洲 48 个撒哈拉以南国家以及加勒比盆地 24 个国家和地区给予贸易优惠,2004 年又签署了《安第斯贸易优惠法案》(玻利维亚、哥伦比亚、厄瓜多尔、秘鲁,下表中以 ANDEAN 表示)和《中美洲自由贸易协定》(萨尔瓦多、危地马拉、洪都拉斯、尼加拉瓜、哥斯达黎加、多米尼加,下表中以 CAFTA 表示),给予受惠国产品以进口优惠。由于这些协定中纺织品服装都是主要受惠产品,因此这些区域优惠贸易安排对美国的纺织品服装进口产生了很大影响。表 6-4 显示了美国自这些优惠贸易协定区域进口的纺织品服装占美国纺织品服装总进口的比重,从表中可以看出,加勒比盆地国家和中美洲国家已经成为美国纺织品服装进口的重要来源地。

表6-4 主要优惠贸易区域进口占美国纺织品服装进口的比重

(单位:%)

自由贸易区	2007 年	2008 年	2009 年
CBI	8.77	8.71	8.31
CAFTA	8.24	7.96	6.44
NAFTA	8.12	6.86	5.66
ANDEAN	2.28	1.71	1.36
SUB-SAHARA	1.37	1.22	0.97
合计	28.78	26.45	22.74

资料来源:美国纺织品服装办公室。

背景知识

美国纺织品服装区域优惠贸易协议

在纺织品服装进口方面,近年来,美国通过签订各种多边和双边贸易协定给加拿大、墨西哥、以色列、加勒比国家、中东和非洲国家提供特殊优惠政策。通过这些优惠政策,一方面鼓励美国纺织企业到这些国家投资建厂,利用这些国家的廉价劳动力挽救濒于衰落的美国纺织业;另一方面由于这些协议规定使用美国产纺织原料制作的服装再出口美国可以免关税,促进了美国对这些地区的出口。对于没有与美国签订优惠协议的国家而言,这些优惠贸易安排产生了贸易替代效应,对其他国家对美国出口产生了排挤作用。例如,北美自由贸易协定签订后,墨西哥就曾一度取代中国,成为美国纺织品服装的最大来源地。

截至 2004 年年底,美国已与以色列、加拿大、墨西哥等 15 个国家签署了自由贸易协定,同时正与巴拿马、哥伦比亚等 12 个国家进行自由贸易协定谈判。此外,美国还实施了两个重要的优惠贸易安排,即《非洲增长与机会法案》(AGOA)和《加勒比盆地贸易伙伴法案》(CBTPA),这两个法案的受惠国分别达到 37 个和 24 个。在上述自由贸易协定和优惠安排中均有涉及纺织品服装的内容,主要是给予协定签字国向美国出口纺织品免关税的优惠待遇。

摘自:赵京霞:《后配额时代的国际纺织品贸易》,中国纺织出版社 2006 年版,第133—134 页。

三、美国纺织品进口市场格局

美国是当今世界第二大纺织品进口国。2008 年,美国进口纺织品 231 亿美元,占世界纺织品进口总额的 8.8%(见表 6-5)。

表 6-5　美国纺织品进口及占世界市场比重

年份	1990	2000	2006	2007	2008
美国进口金额(亿美元)	67.30	159.85	234.98	240.89	231.28
占世界市场比重(%)	6.24	9.54	10.11	9.56	8.80

资料来源:WTO World Trade Statistics 2009。

　　按区域市场来划分,美国纺织品进口的主要来源地为亚洲,占其总进口的 64.9%(见表 6-6),其次是欧洲和北美洲,这三个区域合计占到美国纺织品进口市场的 93.5%。亚洲是增长最快的区域,中南美洲和中东市场也有一定的潜力。

表 6-6　2008 年按区域划分美国纺织品进口来源地

	金额(亿美元)	占比(%)
总进口额	231.28	100.0
亚洲	150.18	64.9
欧洲	36.07	15.6
北美洲	30.18	13.0
中南美洲	6.19	2.7
中东	5.94	2.6
非洲	2.24	1.0
独联体	0.49	0.2

资料来源:WTO World Trade Statistics 2009。

　　从国别市场来看,中国是美国第一大进口来源地(见表 6-7)。2008 年,美国自中国进口纺织品 78.83 亿美元,占其进口总额的 34.1%,欧盟和印度排在第二、三位,占比分别为 12.6% 和 10.4%。巴基斯坦、加拿大和墨西哥也是美国重要的纺织品进口来源地,但近些年来美国自加拿大和墨西哥的纺织品进口有所减少,而自中国、印度、巴基斯坦、泰国等亚洲国家的进口不断增加。美国纺织品进口的市场集中度较高,前 5 个主要进口来源地的进口额占其进口总额的比重超过 70%。

表 6-7　2008 年美国纺织品进口主要来源国家和地区

	金额(亿美元)	占比(%)
总进口额	231.28	100.0
中国	78.83	34.1
欧盟(27 国)	29.22	12.6
印度	24.08	10.4
巴基斯坦	16.19	7.0
加拿大	15.18	6.6
前 5 国家和地区合计	163.50	70.7
墨西哥	15.00	6.5
韩国	7.95	3.4
中国台湾	6.08	2.6
土耳其	5.82	2.5
日本	5.79	2.5
前 10 国家和地区合计	204.14	88.2
以色列	3.55	1.5
巴西	3.48	1.5
泰国	3.42	1.5
印度尼西亚	2.24	1.0
埃及	1.85	0.8
前 15 国家和地区合计	218.69	94.7

资料来源:WTO World Trade Statistics 2009。

四、美国服装进口市场格局

美国也是世界第二大服装进口国,2000 年美国进口了世界市场三分之一的服装。2008 年,美国进口服装 825 亿美元,占世界服装进口总额的 22.79%(见表 6-8)。

表 6-8　美国服装进口及占世界市场比重

年份	1990	2000	2006	2007	2008
美国进口金额(亿美元)	269.77	671.15	829.69	848.51	824.64
占世界市场比重(%)	24.95	33.94	26.84	24.54	22.79

资料来源:WTO World Trade Statistics 2009。

　　如表 6-9 所示,亚洲是美国服装进口的最主要来源地,占其进口总额的 73.8%,其次是中南美洲和北美洲,分别占其进口的 11.7% 和 6.2%。近年来,美国自北美洲和中南美洲的进口均有所下降,而自非洲市场的进口则呈现增长。

表 6-9　2008 年按区域划分的美国服装进口来源地

	金额(亿美元)	占比(%)
总进口额	824.64	100.0
亚洲	608.86	73.8
中南美洲	96.30	11.7
北美洲	50.75	6.2
欧洲	32.95	4.0
非洲	21.70	2.6
中东	13.55	1.6
独联体	52.00	0.1

资料来源:WTO World Trade Statistics 2009。

　　中国是美国第一大服装进口来源地,2008 年美国自中国进口服装 286 亿美元,占比 34.7%,远远超过其他国家。越南是美国第二大服装进口来源地,其次是印度尼西亚、墨西哥和孟加拉。2000 年以来,美国自墨西哥和中国香港的进口大幅减少,而自中国、越南、印度尼西亚、孟加拉、柬埔寨等亚洲发展中经济体的进口大幅增加。其中,越南、柬埔寨和孟加拉的增长尤为显著。由于服装相对于纺织品的劳动密集型产业特征更为显著,在全球纺织品服装配额制度取消以后,劳动力成本低的发展中经济体的优势得以显现。在美国前10大进口来源地中,除欧盟以外,全部为发展中经济体,除上述提到的国家以外,印度、洪都拉斯、泰国、巴基斯坦等国都在美国占有一定的市场份额(见表6-10)。

表6-10　2008年美国服装进口主要来源国家和地区

	金额(亿美元)	占比(%)
总进口额	824.64	100.0
中国	285.75	34.7
越南	55.27	6.7
印度尼西亚	43.58	5.3
墨西哥	42.50	5.2
孟加拉	36.57	4.4
前5个国家和地区合计	463.67	56.2
印度	34.12	4.1
洪都拉斯	27.42	3.3
欧盟(27国)	27.21	3.3
柬埔寨	25.08	3.0
泰国	22.38	2.7
前10个国家和地区合计	599.88	72.7
巴基斯坦	16.91	2.1
中国香港	16.45	2.0
斯里兰卡	16.20	2.0
萨尔瓦多	15.74	1.9
马来西亚	15.05	1.8
前15个国家和地区合计	680.23	82.2

资料来源:WTO World Trade Statistics 2009。

第二节　欧　盟

一、欧盟纺织服装业发展概况

欧盟是世界上纺织服装业高度发达的地区。欧盟国家大多是纺织工业的发达国家,不但生产高品质的纺织品和世界著名品牌的服装,还能够生产精密的纺织服装机械。根据欧洲服装纺织组织(EURATEX, European Apparel And textile Confederation)统计,2004年欧盟25国共有纺织服装企业101439家,纺织服装企业雇员221.5万人,全年纺织服装销售额为1809亿欧元。

英国纺织服装业有着悠久的历史,在英国整个工业发展中具有先导作用。世界纺织品的工业化生产始于英国,但随着世界纺织工业产业结构的调整,20世纪50年代以来,特别是近20年来,英国纺织服装业逐渐衰退。毛制品的后处理技术是英国的优势所在,因此英国以其精纺和粗纺毛料在国际市场上取胜。

意大利是欧盟最大的纺织品服装生产国。2001年意大利纺织服装业产值为698.62亿欧元,占整个欧盟的比重接近44%,而德国、法国和英国各占12%左右。意大利纺织品服装就业人数占该国制造业就业总数的17%,产值占12%[1]。

德国是仅次于意大利的欧盟纺织服装业第二大国。德国纺织服装业分为三大制造部门,一为成衣,二为室内装饰纺织品,三为工业用科技纺织品。近年来,德国加大了对技术及资本密集型纺织产品的开发和投资。

过去20年来,随着欧洲纺织服装业的成本不断上升,欧盟纺织服装业的发展遭遇到前所未有的挑战,出现了企业倒闭、失业增加、生产下滑、出口减少等趋势。根据EURATEX的统计,1990—2001年间,欧盟纺织服装业生产产值只增长了5%,而同期制造业产值增加了51%。欧盟国家纺织服装业雇员数占全部制造业就业总数的9%,但其产值仅占制造业增加值的5%[2]。近年来,欧盟纺织服装业销售总额、投资额、企业数量和雇员人数都有较大程度的降低,各类纺织品和服装的产

---

① 何伟文:《美欧纺织品服装市场现状、趋势与后配额时代的对策》,http://www.chinaus.net/WEN14.htm。

② 欧洲统计文件:EIROSTAT KS-NP-04-029-FR-N,转引自赵京霞:《后配额时代的国际纺织品贸易》,中国纺织出版社2006年版,第138页。

值都在下降①。目前,欧洲的纺织企业正依靠纳米和生物等高新技术,
开发各种技术含量较高的产品,并在世界居于领先地位。

二、欧盟纺织品服装进出口概况

(一)欧盟纺织品服装进出口在国际市场上的地位

欧盟是世界第一大纺织品服装进口市场。1980 年欧盟 15 国纺织
品服装进口已占世界纺织品服装进口总额的 50%,其中纺织品占比为
46.5%,服装占比为 54.3%。此后随着美国纺织品服装进口的增长,
欧盟进口占世界市场的份额有所下降,但 1990—2008 的近 20 年间,欧
盟依然维持了平均 41%的市场份额(见图 6-7)。欧盟庞大的市场规
模和成员国较高的人均收入带来的巨大的纤维消费量,使欧盟市场在
国际纺织品服装市场上具有十分重要的地位,也使欧盟市场成为全球
各大纺织品服装出口国都十分重视的市场。

(单位: %)

——▲—— 欧盟纺织品服装出口占世界市场比重
——●—— 欧盟纺织品服装进口占世界市场比重

图 6-7　欧盟纺织品服装进出口占世界市场比重

注:"﹡"表示出口为 1989 年数据,进口为 1985 年数据。

资料来源:WTO Statistics Database,2000 年以前为欧盟 15 国数据,2000 年以后为欧盟 27 国
　　　数据。

———————————

① 参见赵京霞:《后配额时代的国际纺织品贸易》,中国纺织出版社 2006 年版,第
138 页。

欧盟同时也是世界最重要的纺织品服装出口地。1980年,欧盟15国出口的纺织品服装占世界总出口的46.2%,其中纺织品占49.4%,服装占42%。20世纪90年代以后,由于世界纺织工业重心向亚洲转移,发展中国家的纺织服装业纷纷崛起,欧盟的纺织品服装出口占世界市场的比重逐渐下降,从1990年的43%降到2000年的32%。2000年以后,欧盟维持了32.7%的平均出口份额,仍然是世界第一大纺织品服装出口市场。

(二)欧盟纺织品服装进出口的特点

1. 进、出口均呈稳步增长趋势

从图6-8可以看出,欧盟纺织品服装出口走势和进口走势基本一致,都呈稳步增长态势。1980—2008年,欧盟纺织品服装出口年均增长5.16%,进口年均增长5.89%,基本是在1986年以后,纺织品服装进口增速开始明显快于出口增速。按阶段来划分,上世纪80年代是欧盟纺织品服装出口和进口均增长最快的时期,年均增长率分别为8.3%和9.2%;90年代是基本维持稳定的时期,纺织品服装出口和进口年均增长率分别为1.2%和2.1%;进入21世纪以来,欧盟纺织品服

（单位：亿美元）

—▲— 纺织品服装出口   —●— 纺织品服装进口

图6-8　1980—2008欧盟纺织品服装进出口情况

资料来源:WTO Statistics Database,2000年以前为欧盟15国数据,2000年以后为欧盟27国数据。

装进出口均开始新一轮增长,出口和进口年均增长率分别达到7.8%和6.3%①。

2. 纺织品在进、出口中的比重均趋于下降,服装均趋于上升

20世纪80年代中期以前,在欧盟的纺织品服装总进口中,纺织品进口大于服装进口,1985年二者的占比分别为53%和47%。如图6-9所示,自1987年开始,服装进口额开始超过纺织品进口额,在纺织品服装总进口中的比重逐步上升。20世纪90年代,服装进口占总进口的比重在55%—60%之间,2000年以后,这一比重进一步扩大到65%左右。

（单位：%）

—▲— 纺织品进口占比　—●— 服装进口占比

图6-9 欧盟纺织品和服装进口在纺织品服装总进口中的比重

资料来源:WTO Statistics Database,2000年以前为欧盟15国数据,2000年以后为欧盟27国数据。

欧盟的纺织品服装总出口中,纺织品出口曾一直占据主导地位。在80年代初期,纺织品出口在总出口中的比重在60%左右,此后一直呈下降趋势(见图6-10)。2003年,欧盟服装出口额首次超过纺织品出口额,在欧盟纺织品服装总出口中的比重不断上升。到2008年,欧

---

① 根据WTO Statistics Database数据计算得出。

盟服装出口在纺织品服装总出口中的比重占到 58%,超过纺织品出口占比 16 个百分点。

（单位：%）

图 6-10　欧盟纺织品和服装出口在纺织品服装总出口中的比重

资料来源：WTO Statistics Database,2000 年以前为欧盟 15 国数据,2000 年以后为欧盟 27 国数据。

3.服装贸易逆差大

1980 年以来欧盟纺织品服装贸易一直呈逆差状态,且逆差不断扩大,特别是 2002 年以后,逆差增长迅速。2003 年欧盟纺织品服装贸易逆差 344 亿美元,2004 年达到 418 亿美元,增长 21.5%,2005 年逆差继续扩大到 472 亿美元,到 2006 年达到 555 亿美元,2007 年和 2008 年又进一步增加到 635 亿美元和 691 亿美元。欧盟纺织品贸易在 2000 年以前一直处于顺差地位,因此欧盟纺织品服装的逆差主要来自于服装贸易的逆差(见图 6-11),近两年,服装贸易逆差占总逆差的比重为 95%。

三、欧盟纺织品进口市场格局

欧盟是世界第一大纺织品进口市场。2008 年,欧盟进口纺织品 839.6 亿美元,占世界纺织品进口总额的 31.9%,其中欧盟自外部市场进口纺织品 279.3 亿美元,占世界纺织品进口总额的 10.6%。2000—

（单位：亿美元）

图6-11 欧盟纺织品服装贸易差额情况

资料来源：根据 WTO Statistics Database 数据计算得出，2000 年以前为欧盟 15 国数据，2000 年以后为欧盟 27 国数据。

2008 年，欧盟纺织品进口年增长 5%，而自外部市场的进口年增长 7%，外部市场进口增速快于欧盟整体纺织品进口增速。

2008 年欧盟市场的纺织品进口 74.5% 来自于欧洲国家内部（见表 6-11）。亚洲是欧盟纺织品进口的第二大来源地，占比为 20.8%。欧亚两大地区合计占欧盟纺织品进口的 95.3%，是欧盟纺织品的主要供应地。亚洲同时也是增长最快的市场，而非洲市场也呈现出较大的增长潜力。

表6-11 2008 年按区域划分的欧盟纺织品进口来源地

	金额（亿美元）	占比（%）
总进口额	839.62	100.0
欧洲	625.92	74.5
亚洲	174.69	20.8
北美洲	14.22	1.7
非洲	11.48	1.4
中东	6.93	0.8

续表

	金额（亿美元）	占比（%）
独联体	4.23	0.5
中南美洲	1.78	0.2

资料来源：WTO World Trade Statistics 2009。

欧盟纺织品进口主要在欧盟共同市场内部发生。2008 年,欧盟自内部进口纺织品 560 亿美元,占其纺织品总进口的 66.7%。中国是除欧盟内部市场以外的欧盟纺织品第一大进口来源地。占欧盟市场比重为 9.9%。此外,土耳其、印度和巴基斯坦也是欧盟重要的纺织品进口来源地,分别占欧盟纺织品进口总额的 5.8%、3.7% 和 2.6%。由表 6-12 可以看出,中国是增长最快的市场,2000—2008 年的年增长率高达 20%;而孟加拉和突尼斯的增速则超过了土耳其、印度、巴基斯坦等国,成为欧盟纺织品进口的新兴市场。

表 6-12　欧盟纺织品进口主要来源国家和地区

	金额（亿美元）	占比（%）	年增长率（%）		
	2008 年	2008 年	2000—2008 年	2007 年	2008 年
总进口额	839.62	100.0	5	12	-2
欧盟（27 国）	560.35	66.7	4	11	-4
中国	83.43	9.9	20	22	12
土耳其	49.02	5.8	11	13	-4
印度	31.38	3.7	7	16	-1
巴基斯坦	21.51	2.6	10	21	2
前 5 个国家和地区合计	745.69	88.8	–	–	–
瑞士	12.85	1.5	1	13	-2
美国	12.79	1.5	-2	3	0
韩国	8.25	1.0	-3	12	-5

续表

	金额（亿美元）	占比（%）	年增长率（%）		
	2008 年	2008 年	2000—2008 年	2007 年	2008 年
日本	6.82	0.8	−1	8	6
印度尼西亚	5.23	0.6	−2	9	−10
前 10 个国家和地区合计	791.63	94.3	—	—	—
中国台湾	4.62	0.6	−5	4	−2
埃及	4.26	0.5	4	14	−2
孟加拉	3.87	0.5	16	26	11
突尼斯	3.80	0.5	12	28	1
泰国	3.65	0.4	0	4	−5
前 15 个国家和地区合计	811.83	96.7	—	—	—

资料来源：WTO World Trade Statistics 2009。

四、欧盟服装进口市场格局

欧盟也是世界第一大服装进口市场。2008 年,欧盟进口服装 1777 亿美元,占世界服装进口总额的 47.3%,较 2000 年增长了 7.5 个百分点。其中,欧盟自外部市场进口服装 931 亿美元,占世界服装进口总额的 24.8%。2000—2008 年,欧盟服装进口年增长 10%,而自外部市场的进口年增长 11%,与欧盟整体服装进口增速基本持平。

表 6-13 所示,欧洲仍为欧盟服装进口的主要来源地,占进口总额的比重为 56.1%。与纺织品进口相比,欧盟服装进口更多地来自于亚洲和非洲,2008 年两个市场在欧盟服装进口总额中的比重分别为 37.3% 和 5.1%。亚洲为增长最快的市场,近年来保持了 13% 的年增长率。欧亚两大地区合计占欧盟服装进口的 93.4%,是欧盟服装进口的主要来源地。

表 6-13　2008 年按区域划分欧盟服装进口来源地

	金额（亿美元）	占比（%）
总进口额	1777.41	100.0
欧洲	997.84	56.1
亚洲	662.69	37.3
非洲	90.98	5.1
独联体	9.53	0.5
北美洲	8.23	0.5
中南美洲	4.24	0.2
中东	3.76	0.2

资料来源：WTO World Trade Statistics 2009。

　　除欧盟内部进口以外（占总进口的 47.6%），中国是欧盟最大的服装进口市场。2008 年欧盟自中国进口服装 398 亿美元，占欧盟服装总进口的 22.4%。欧盟主要的服装进口来源地还包括土耳其、孟加拉、印度、突尼斯、摩洛哥、越南、印度尼西亚和斯里兰卡。其中，孟加拉、越南、印度和斯里兰卡为增长最快的市场（见表 6-14），在欧盟市场的竞争力逐渐增强。

表 6-14　欧盟服装进口主要来源国家和地区

	金额（亿美元）	占比（%）	年增长率（%）		
	2008 年	2008 年	2000—2008 年	2007 年	2008 年
总进口	1777.41	100.0	10	14	8
欧盟（27 国）	846.58	47.6	9	15	5
中国	398.15	22.4	21	25	23
土耳其	118.56	6.7	11	18	-5
孟加拉	69.62	3.9	14	4	15
印度	63.52	3.6	13	10	11
前 5 个国家和地区合计	1496.43	84.2	—	—	—

续表

	金额 （亿美元）	占比（%）	年增长率（%）		
	2008 年	2008 年	2000— 2008 年	2007 年	2008 年
突尼斯	38.41	2.2	6	14	8
摩洛哥	35.50	2.0	6	17	1
越南	19.24	1.1	13	21	18
印度尼西亚	17.35	1.0	0	−7	1
斯里兰卡	17.26	1.0	10	17	15
前 10 个国家和地区合计	1624.19	91.4	—	—	—
巴基斯坦	16.86	0.9	9	11	9
泰国	14.28	0.8	5	1	7
中国香港	12.70	0.7	−10	−27	−46
瑞士	10.30	0.6	12	25	9
马来西亚	9.74	0.5	4	7	7
前 15 个国家和地区合计	1688.07	95.0	—	—	—

资料来源：WTO World Trade Statistics 2009。

第三节　日　本

一、日本纺织服装业发展概况

纺织服装业在日本有着悠久的历史。在日本近代工业化的历程中，纺织服装业逐渐发展成为日本的主导和支柱产业。20 世纪初期，纺织服装业就业人数占日本整个制造业就业人数的 62%。20 世纪 20 年代，纺织服装业产值占整个制造业产值的 30%，达到了发展的最高峰[①]。

---

① 刘生刚、陈遊芳：《日本纺织服装产业发展对我国纺织服装产业创新的启示》，《山东纺织经济》2008 年第 5 期，第 25 页。

第二次世界大战后,纺织服装业成为日本战后的主要产业,在日本经济恢复中作出了很大贡献。20 世纪 60 年代,日本的合成纤维异军突起,称雄于国际市场。20 世纪 60 年代至 80 年代,日本纺织产业具有很强的国际竞争优势,其产业链的完整性,以及上游、中游、下游环节"先水平分工,后垂直联动"的生产体系是强大竞争力的核心。从 20 世纪 70 年代开始,由于国内劳动力成本上升等原因,日本纺织服装业逐渐向韩国、中国香港和中国台湾等地转移,造成了 90 年代以后日本纺织服装业的衰退。过去 20 年里,日本纺织品服装出口快速下滑,进口大量增加,日本纺织企业和从业人数均下跌到 80 年代早期的一半以下水平。

虽然日本纺织服装业整体上已处于衰退之势,但日本在化纤技术、纺织品染色后整理、新产品开发、功能纤维和超强纤维、纺织机械设备、时装品牌设计与经营等诸多方面仍处于世界领先地位。

二、日本纺织品服装进出口概况

日本是世界第三大纺织品服装进口市场。日本纺织品服装进口占

(单位:%)

图 6 - 12　日本纺织品服装进出口占世界市场比重

注:"＊"表示出口为 1989 年数据,进口为 1985 年数据。

资料来源:WTO Statistics Database。

世界市场的比重在 20 世纪 90 年代中期接近 8%，近几年下降到 5%—6%（见图 6 - 12）。日本纺织品服装出口在世界市场中的份额也呈持续下降之势。如图 6 - 12 所示，1980 年日本纺织品服装出口占世界市场份额接近 6%，而 2000 年以后已不足 2%。

日本的进口以服装进口为主，占日本纺织品服装总进口的比重约为 80%（见图 6 - 13）。2008 年，日本进口纺织品服装 328 亿美元，其中进口服装 258.7 亿美元，纺织品 69.5 亿美元。

（单位：亿美元）

图 6 - 13　日本纺织品服装进口情况

资料来源：WTO Statistics Database。

2008 年，日本出口纺织品服装 79 亿美元，仅占世界市场的 1.3%。日本纺织品服装出口中，90% 以上是纺织品出口，服装出口不足 10%（见图 6 - 14）。2008 年，日本出口纺织品 73.4 亿美元，服装 5.9 亿美元，纺织品出口是服装出口的 12 倍。

20 世纪 80 年代中期以前，日本纺织品服装贸易处于顺差，1987 年开始由顺差转为逆差，其后一直处于逆差状况，且逆差不断扩大。日本纺织品服装贸易由顺差转为逆差的主要原因在于服装进口大幅增加，逆差扩大。日本服装进口占纺织品服装总进口比重达 80%，虽然日本

（单位：亿美元）

图6-14　日本纺织品服装出口情况

资料来源：WTO Statistics Database。

纺织品贸易一直处于顺差,但由于服装贸易长期处于逆差,且逆差不断扩大,所以日本服装贸易的逆差之势决定了纺织品服装贸易整体上的逆差之势(见图7-15)。

（单位：亿美元）

图6-15　日本纺织品服装贸易差额情况

资料来源：WTO Statistics Database。

三、日本纺织品进口市场格局

日本是世界重要的纺织品进口国之一。2008年,日本进口纺织品69.5亿美元,占世界纺织品进口总额的2.64%(见表6－15)。

表6－15 日本纺织品进口及占世界市场比重

年份	1990	2000	2006	2007	2008
日本进口金额(亿美元)	41.33	49.35	61.76	62.97	69.47
占世界市场比重(%)	3.83	2.95	2.66	2.50	2.64

资料来源:WTO World Trade Statistics 2009。

表6－16显示,亚洲是日本最重要的纺织品进口来源地,2008年日本84.1%的纺织品进口来自亚洲,11.1%的进口来自欧洲,3.9%来自北美,三大区域占日本纺织品进口份额已达99.1%,其他地区所占比重微乎其微。

表6－16 2008年按区域划分日本纺织品进口来源地

	金额(亿美元)	占比(%)
总进口额	69.47	100.0
亚洲	58.44	84.1
欧洲	7.71	11.1
北美洲	2.70	3.9
中东	0.22	0.3
中南美洲	0.17	0.3
非洲	0.16	0.2
独联体	0.07	0.1

资料来源:WTO World Trade Statistics 2009。

日本纺织品进口的市场集中度很高,如表6－17所示,日本纺织品前五个主要进口来源地合计占其纺织品进口总额的比重超过80%,前十大进口来源地占比超过95%。其中,中国是日本纺织品第一大进口来源地,2008 年日本自中国进口纺织品 38.73 亿美元,占其进口总额的 55.8%。排在二至五位的分别是欧盟、印度尼西亚、中国台湾和韩国。近几年,日本自泰国、越南和马来西亚的进口也增长较快。

表 6-17   日本纺织品进口主要来源国家和地区

	金额（亿美元）	占比（%）	年增长率（%）		
	2008 年	2008 年	2000—2008 年	2007 年	2008 年
总进口额	69.47	100.0	4	2	10
中国	38.73	55.8	8	3	12
欧盟(27 国)	6.89	9.9	0	−3	0
印度尼西亚	4.04	5.8	3	5	10
中国台湾	3.68	5.3	4	9	3
韩国	3.53	5.1	−2	−2	10
前 5 个国家和地区合计	56.86	81.8	–	–	–
美国	2.51	3.6	−4	−14	2
泰国	2.35	3.4	9	23	20
越南	1.73	2.5	8	2	22
印度	1.72	2.5	0	2	2
马来西亚	1.02	1.5	1	24	28
前 10 个国家和地区合计	66.19	95.3	–	–	–
巴基斯坦	0.76	1.1	−8	−7	16
瑞士	0.45	0.7	7	−3	86
土耳其	0.35	0.5	7	27	6
菲律宾	0.31	0.4	2	−4	−3
孟加拉	0.17	0.2	3	1	27
前 15 个国家和地区合计	68.23	98.2	–	–	–

资料来源:WTO World Trade Statistics 2009。

四、日本服装进口市场格局

日本是世界第三大服装进口国,2008 年日本进口服装 259 亿美元,占世界服装进口总额的 6.89%。同纺织品进口一样,日本服装进口的最大来源地也是亚洲。2008 年日本自亚洲进口服装 238.15 亿美元,占其进口总额的比重高达 92.1%。欧洲是日本服装的第二大进口来源地,占比为 6.5%(见表 6-18、表 6-19)。

表 6-18　日本服装进口及占世界市场比重

	1990 年	2000 年	2006 年	2007 年	2008 年
日本进口金额(亿美元)	87.65	197.09	238.31	239.97	258.66
占世界市场比重(%)	7.81	9.43	7.39	6.70	6.89

资料来源:WTO World Trade Statistics 2009。

表 6-19　按区域划分日本服装进口来源地

	金额(亿美元)	占比(%)
总进口额	258.66	100.0
亚洲	238.15	92.1
欧洲	16.91	6.5
北美洲	2.13	0.8
非洲	0.90	0.3
中南美洲	0.42	0.2
独联体	0.08	0.0
中东	0.05	0.0

资料来源:WTO World Trade Statistics 2009。

中国是日本第一大服装进口来源地,在日本的服装进口中占有十分突出的位置,2008 年日本进口的 258.66 亿美元服装中,82.8% 来自中国。日本服装进口的市场集中度相当高,因为大量进口来自中国,加上自欧盟、越南、泰国和韩国的进口,前五大进口来源地的进口占比已达日本服装进口总额的 94.4%。近年来,日本自越南、马来西亚、缅甸、孟加拉、摩洛哥的进口增长显著,尤其是缅甸和摩洛哥(见表 6-20),而自韩国和美国的进口下降幅度较大。

表6–20　日本服装进口主要来源国家和地区

	金额 （亿美元）	占比（%）	年增长率（%）		
	2008年	2008年	2000— 2008年	2007年	2008年
总进口额	258.66	100.0	3	1	8
中国	214.29	82.8	5	1	8
欧盟（27国）	15.92	6.2	1	−1	−3
越南	8.65	3.3	5	11	21
泰国	3.13	1.2	1	−8	16
韩国	2.27	0.9	−16	−26	−12
前5个国家和地区合计	244.27	94.4	–	–	–
马来西亚	2.02	0.8	4	6	18
印度	1.87	0.7	4	−11	21
美国	1.83	0.7	−11	−24	−8
印度尼西亚	1.48	0.6	−5	−8	10
缅甸	1.32	0.5	52	33	38
前10个国家和地区合计	252.79	97.7	–	–	–
菲律宾	0.77	0.3	−5	11	−2
中国台湾	0.66	0.3	−6	3	8
土耳其	0.62	0.2	22	−3	17
孟加拉	0.46	0.2	13	23	52
摩洛哥	0.39	0.2	36	46	38
前15个国家和地区合计	255.69	98.9	–	–	–

资料来源：WTO World Trade Statistics 2009。

【本章小结】

本章简要介绍了美国、欧盟和日本三大纺织品服装进口市场各自的产业发展情况，主要讲述了三大市场在国际纺织品服装贸易中的地位以及每一市场进出口的特点，并具体讲述了三大市场的纺织品进口格局及服装进口格局。

【本章复习与思考】

1. 世界主要纺织品服装进口市场有哪些?

2. 美国纺织品服装进出口有哪些特点?

3. 比较分析美、欧、日纺织品和服装进口市场格局有哪些异同?

第七章　世界主要纺织品服装出口国家

【本章知识点】

1. 世界主要纺织品服装出口国

2. 主要纺织品服装出口国纺织服装产业发展概况

3. 主要纺织品服装出口国纺织品服装出口概况

4. 主要纺织品服装出口国纺织品服装出口格局

【学习提示】

通过本章学习,了解哪些国家是世界主要纺织品服装出口国,这些国家在世界纺织品服装贸易中的地位,以及这些国家纺织品服装出口市场的分布情况。

20多年来,发展中国家纺织品服装出口的增速远远超过发达国家,占全球纺织品服装出口比重不断提高。同时,发展中国家纺织品服装进口在全球的比重逐步下降(见表7-1)。

表7-1　1995—2007年发展中国家纺织品服装进出口所占比重

年份	1995	2000	2005	2006	2007
世界进口额(亿美元)	3002	3494	4662	4909	5222
发展中国家所占比重(%)	26.39	27.66	26.10	25.02	23.55
世界出口额(亿美元)	2907	3480	4814	5252	5563
发展中国家所占比重(%)	48.32	57.05	60.18	61.73	60.99

资料来源:国际纺织品服装局。

在世界纺织品出口中,发展中国家所占比重从 1995 年的 41.7%
上升到 2007 年的 55.9%。世界服装出口中,发展中国家所占比重也
从 1995 年的 55.6% 上升到 2007 年的 65.1%(见表 7-2)。

表 7-2　1995—2007 年发展中国家纺织品和服装出口额

年份	1995	2000	2005	2006	2007
发展中国家纺织品出口额(亿美元)	634.41	835.62	1214.81	1315.10	1390.12
发展中国家纺织品出口额占全球比重(%)	41.70	50.00	54.70	55.70	55.90
发展中国家服装出口额(亿美元)	770.42	1149.98	1682.69	1927.10	2002.90
发展中国家服装出口占全球比重(%)	55.60	63.60	64.90	66.60	65.10

资料来源:国际纺织品服装局。

在发展中国家中,一些传统和新兴的纺织品服装生产大国在当今
全球纺织品服装出口中占据重要地位。根据国际纺织品服装局对世界
100 家主要纺织品服装出口国或地区的排序,中国、土耳其和印度在
1990 年分别排名第 2 位、第 12 位和第 17 位,而到 2007 年已分别位于
第 1 位、第 4 位和第 5 位,成为名副其实的世界纺织品服装出口大国;
孟加拉、印度尼西亚、巴基斯坦的排名也分别从 1990 年的第 38 位、第
23 位和第 18 位,到 2007 年上升到第 8 位、第 9 位和第 10 位,成为世界
纺织品服装出口中的一股新兴力量;而越南和柬埔寨两国的排名更是
分别从 1990 年的第 61 位和第 114 位,2007 年上升到第 15 位和第 26
位[1],显现出巨大的增长潜力。本章将重点考察这些主要发展中纺织
品服装出口国。

---

[1]　International Textile and Clothing Bureau: Top 100 Textiles and Clothing Exporters'
Ranking Changes and Their Shares Evolution In Merchandise Trade.

第一节　中　国

　　纺织服装业是中国的传统产业之一,在中国国民经济中占据重要地位。近年来随着新兴产业的发展,纺织服装业在中国国民经济中的地位有所下降,但在拉动 GDP 增长、吸纳就业和扩大外贸盈余等方面仍然发挥着重要作用。

　　中国纺织工业的快速发展是在 1949 年新中国成立以后。1978 年中国实行改革开放政策,把纺织工业作为重点扶持产业,极大地促进了纺织工业的发展。2001 年中国加入世界贸易组织,为中国纺织服装业的发展提供了新的发展机遇,纺织工业总产值从 2001 年的 9326 亿元,上升到 2005 年的 20471 亿元,年均增幅超过 20%。作为劳动密集型产业,中国纺织服装业吸纳了大量就业。1980 年中国纺织工业从业人数为 613 万,到 2005 年已经增加到 2000 万[1]。据中国国家统计局数据,2008 年中国规模以上纺织服装企业实现工业总产值 30829 亿元,占中国规模以上工业企业工业总产值的 6%,企业数 51370 家,占 12%,从业人数 1111 万人,占 12.6%[2],纺织服装业仍然是中国重要的支柱产业之一。

　　中国纺织品服装出口在其外贸出口中占据重要地位。1986—1994年间,纺织品服装一直是中国第一大类出口商品。1990 年,纺织品服装出口占中国货物贸易出口比重达 24.5%。1995 年之后纺织品服装出口在中国货物出口中的比重开始下降,2000 年降到 16.3%,2005 年继续下降到 12.3%[3]。虽然近年来中国纺织品服装出口在外贸出口中

---

　　① 郭燕:《后配额时代的中国纺织服装业》,中国纺织出版社 2007 年版,第 2—3、10—11 页。

　　② 中国统计年鉴 2009。

　　③ International Textile and Clothing Bureau: Top 100 Textiles and Clothing Exporters' Ranking Changes and Their Shares Evolution In Merchandise Trade.

的地位有所下降,但其依然是中国重要的出口大类商品。特别是,自
20世纪80年代末以来,中国纺织品服装出口就一直保持贸易顺差,且
顺差额不断扩大。2004年,中国纺织品服装贸易顺差达782亿美元,
是中国整体贸易顺差的2.4倍。

　　中国纺织服装业在世界市场上也占有非常重要的地位,作为世界
纺织品服装生产大国、出口大国和消费大国,中国是影响全球纺织品服
装贸易的重要力量。如表7-3所示,中国纺织品服装出口在世界纺织
品服装出口中的占比不断提高。1980年中国纺织品出口在世界市场
中的占比仅为4.6%,而到了2008年这一比重已经上升到26.1%;中
国服装出口在世界市场中的份额增长更为迅速,从1980年的4.0%增
长到2008年的33.2%。中国纺织服装业的优势主要体现在劳动力资
源丰富,生产成本低;纤维原料资源丰富;形成了门类齐全、上下游配套
的完整的纺织服装产业链;产品种类丰富;产业布局呈现集群化发展等
几个方面。

表7-3　中国纺织品和服装出口占全球的比重　　（单位:%）

年份	1980	1990	2000	2008
纺织品	4.6	6.9	10.3	26.1
服装	4.0	8.9	18.2	33.2

资料来源:WTO World Trade Statistics 2009。

一、中国纺织品服装出口概况

　　自1994年以来,中国就一直是世界第一大纺织品服装出口国。
2008年,中国出口纺织品服装1852亿美元,占世界纺织品服装出口总
额的30.26%(见表7-4),其中纺织品出口额652.6亿美元,占世界纺
织品出口总额的26.1%,服装出口额1200亿美元,占世界服装出口总
额的33.2%。1992—2009年,中国纺织品服装出口增长迅速,年均出
口增幅达到12.4%。加入世界贸易组织之后的几年是中国纺织品服
装出口飞速发展的阶段,2002—2007年,中国纺织品服装出口年均增

幅高达21.5%,是增长最为迅速的国家。

表7-4 2008年世界主要纺织品服装出口国别和地区

位次	国别和地区	出口额(亿美元)	占世界市场比重(%)
1	欧盟①	1925.82	31.46
2	中国	1852.34	30.26
3	中国香港②	401.64	6.56
4	土耳其	229.90	3.76
5	印度	211.21	3.45
6	美国	169.45	2.77
7	韩国	121.12	1.98
8	孟加拉	120.10	1.96
9	巴基斯坦	110.92	1.81
10	越南	106.10	1.73
11	中国台湾	104.11	1.70
12	印度尼西亚	99.59	1.63
13	阿联酋	83.82	1.37
14	日本	79.31	1.30
15	泰国	74.52	1.22
16	墨西哥	69.04	1.13
17	马来西亚	51.73	0.85
18	柬埔寨	45.03	0.74
19	突尼斯	42.43	0.69
20	摩洛哥	36.58	0.60
	全球出口额	6120.86	100.00

注:①数据包括1407亿美元的欧盟内部贸易。
　　②数据包括369亿美元的转口贸易。
资料来源:根据WTO World Trade Statistics 2009数据计算得出。

　　在中国纺织品服装总出口中,服装出口大于纺织品出口。服装出口在中国纺织品服装总出口的比重一直维持在65%—70%之间,在出口中占主导地位(见图7-1、图7-2)。

（单位：亿美元）

图 7－1 1992—2009 年中国纺织品服装出口情况

资料来源：联合国商品贸易数据库，计算得出。数据采用 SITC Rev3. 两位产品分类。

（单位：%）

图 7－2 中国纺织品和服装出口在纺织品服装总出口中的比重

资料来源：联合国商品贸易数据库，计算得出。数据采用 SITC Rev3. 两位产品分类。

二、中国纺织品服装出口地区分布

(一)中国纺织品出口市场

如图7－3所示,2000年中国纺织品出口市场主要集中在中国香港、日本和美国,三大市场合计占中国纺织品出口的49%。

图7－3 2000年中国纺织品出口地区分布

资料来源:联合国商品贸易数据库,计算得出。数据采用 SITC Rev3. 两位产品分类。

图7－4 2009年中国纺织品出口地区分布

资料来源:联合国商品贸易数据库,计算得出。数据采用 SITC Rev3. 两位产品分类。

与 2000 年相比,2009 年中国纺织品出口的市场集中度大幅下降,五大出口市场以外的其他市场占中国纺织品出口的比重从 2000 年的 41% 上升到 65%(见图 7－4),其主要原因是香港的占比有较大幅度的下降。此外,美国超过日本,成为中国第二大纺织品出口市场。越南和印度在中国纺织品出口中的地位有所提高,尤其是越南,2005 年越南还是中国第 11 大出口市场,而 2009 年就取代韩国成为中国第四大纺织品出口市场。

(二)中国服装出口市场

2000 年,日本、中国香港和美国是中国服装出口的三大主要市场,占中国服装出口比重达 63%,尤其是日本,占比高达 32%(见图 7－5)。2009 年,美国已成为中国服装出口的第一大市场,占中国服装出口的比重为 19%,日本排在第二位,占比为 16%,其次是中国香港,占比 7%(见图 7－6),美、日、港三大市场合计占中国服装出口比重为 42%,与 2000 年相比,市场集中程度大幅下降。欧盟国家在中国服装出口中的占比有较大幅度提高,2009 年,德、英、法、意、西班牙分列中国服装出口市场的第四、五、六、七、九位,合计占比达到 19%。

图 7－5 2000 年中国服装出口地区分布

资料来源:联合国商品贸易数据库,计算得出。数据采用 SITC Rev3. 两位产品分类。

图 7 - 6 2009 年中国服装出口地区分布

资料来源:联合国商品贸易数据库,计算得出。数据采用 SITC Rev3. 两位产品分类。

第二节 土耳其与印度

一、土耳其

土耳其的纺织服装业在土耳其经济中占有十分重要的地位,曾经是土耳其经济增长的主要推动力。纺织服装业的年产值约 200 亿美元,是土耳其国民生产总值的 10.4%,工业产值的 39%,制造业产值的 47.5%;其就业人数占全部工业部门就业人数的 21%,总就业人数的 10%;土耳其出口收入的 37.4% 来自于纺织服装业①。

土耳其现代纺织业的发展始于 20 世纪 60—70 年代的工业化进程。起步于小作坊式生产的纺织服装业在土耳其发展十分迅速,90 年代其平均年增长率达 12.2%,远远高于土耳其整体经济 5.2% 的年增长率,成为土耳其增长最为迅速的部门。

---

① Baris Tan, Overview of the Turkish Textile and Apparel Industry, Last revision: December 2001.

土耳其大约有 44000 家纺织服装企业,其中 95% 为私人企业,25% 的企业涉及大量出口业务。服装企业中 80% 都是中小企业,而纺织企业由于其生产的技术密集型特征多为大型企业。目前,土耳其最大的 500 家企业中有 20% 来自于纺织服装业。

土耳其纺织服装业的优势在于拥有低成本、高素质的劳动力,以及相对低廉的原材料。其产业发展也得益于自由的经济环境和过去 20 年里政府出口导向的经济政策。经过 20 世纪 80 年代和 90 年代上半期的高速发展之后,土耳其的纺织服装业发展也面临一些新的挑战,土耳其的纺织服装企业已经将生产转移到东欧和中亚等成本更低的国家来参与全球竞争。

目前,土耳其已经成为世界重要的纺织品服装生产国和出口国。土耳其在毛织品、地毯、人造丝、人造纤维、聚酯纤维的生产上排名全球前 10 位,而其服装生产的 60% 出口海外。欧盟国家是土耳其纺织品服装的最主要出口市场,占其纺织品服装总出口的 65%。

(一)土耳其纺织品服装出口概况

根据表 7－4,土耳其是目前世界第四大纺织品服装出口市场。2008 年,土耳其出口纺织品服装 229.9 亿美元,占世界纺织品服装出口比重为 3.76%。如图 7－7 所示,1989—2009 年,土耳其的纺织品服装出口基本呈持续增长趋势,年均增长率为 8.6%,其中纺织品出口的年均增速为 9.8%,高于服装出口 8.1% 的年均增速。

近十几年来,土耳其纺织品服装出口在世界市场的地位迅速上升。根据国际纺织品服装局对世界主要出口地进行的排序,1995 年土耳其列世界第 13 位,到 2005 年上升到全球第 4 位①。

如图 7－8 所示,在土耳其纺织品服装总出口中,服装出口大于纺织品出口,占主要地位。服装出口在纺织品服装总出口中的占比在 20

---

① International Textile and Clothing Bureau：Top 100 Textiles and Clothing Exporters' Ranking Changes and Their Shares Evolution In Merchandise Trade.

（单位：亿美元）

图 7-7　1989—2009 土耳其纺织品服装出口情况

资料来源：联合国商品贸易数据库，计算得出。数据采用 SITC Rev3. 两位产品分类。

世纪 90 年代初曾超过 70% ，近年来由于土耳其纺织品出口的增长快于服装出口增长，服装在总出口中的占比有所下降。2009 年，土耳其出口服装 115.6 亿美元，占纺织品服装总出口的 60% 。

（单位：%）

图 7-8　土耳其纺织品和服装出口在纺织品服装总出口中的比重

资料来源：联合国商品贸易数据库，计算得出。数据采用 SITC Rev3. 两位产品分类。

（二）土耳其纺织品服装出口地区分布

1. 土耳其纺织品出口市场

土耳其的主要纺织品出口市场是欧盟、美国和俄罗斯。2009 年，土耳其的前五大出口市场分别是德国（11%）、俄罗斯（8%）、意大利

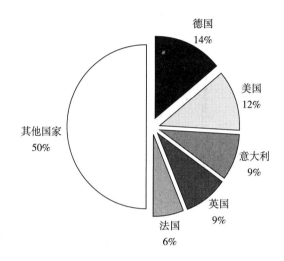

图 7 - 9　2000 年土耳其纺织品出口地区分布

资料来源：联合国商品贸易数据库，计算得出。数据采用 SITC Rev3. 两位产品分类。

图 7 - 10　2009 年土耳其纺织品出口地区分布

资料来源：联合国商品贸易数据库，计算得出。数据采用 SITC Rev3. 两位产品分类。

(7%)、美国(5%)和英国(4%)五国合计占其纺织品总出口的35%。与2000年相比,土耳其纺织品出口市场集中度有所下降(2000年五国合计占比为50%),其中,俄罗斯市场增长迅速,由2000年的第14位上升到2009年的第2位,美国市场所占份额下降较大,由2000年占12%下降到2009年的5%(见图7-9、图7-10)。

2. 土耳其服装出口市场

土耳其的服装主要向欧盟市场出口,由图7-12可见,2009年的前五大服装出口目的地均为欧盟国家,合计占比达60%,其中德国占24%,英国15%,西班牙和法国为8%,意大利5%。与2000年相比,土耳其服装出口市场也发生了显著变化。第一,德国占比大幅下降,由2000年的38%降为2009年的24%,但德国仍然是土耳其服装出口的第一大目的地。第二,美国市场在土耳其服装出口中的重要地位大幅下降,2000年美国是土耳其第二大服装出口目的地,占比达16%(见图7-11),而2009年美国排名第11位,占比仅为1.6%。第三,土耳其服装出口市场高度集中的状况有所改善,除前五大市场以外的其他国家在土耳其服装出口中的比重从2000年的23%上升到2009年

图7-11 2000年土耳其服装出口地区分布

资料来源:联合国商品贸易数据库,计算得出。数据采用SITC Rev3. 两位产品分类。

的40%。

对土耳其纺织品和服装出口目的地的分析均表明,欧盟市场在土耳其纺织品服装出口中的地位不断提高,而美国市场的地位趋于下降。

图 7 - 12　2009 年土耳其服装出口地区分布

资料来源:联合国商品贸易数据库,计算得出。数据采用 SITC Rev3. 两位产品分类。

背景知识

土耳其纺织服装业力求在国际市场树立新形象

自从全球纺织品配额取消以来,中国对西欧国家出口的纺织品大幅增长,给土耳其纺织业造成了很大压力。目前,土耳其纺织品出口已经从国内各行业出口排名第一位降到第二位,让位于汽车出口。土耳其纺织工业在国际市场面临着低价产品冲击的威胁,但土耳其制造业克服了这一困难局面。

土耳其拥有自己的纺织和服装品牌,政府计划在未来几年着重扩大品牌的出口。土耳其纺织服装业自全球贸易自由化以来一直努力摆脱廉价供应商的印象,而向质量、品牌、设计和创新方面发展,以求树立在国际市场的新形象。

作为欧洲服装生产加工重要基地,土耳其不仅在生产加工技术、设备和工艺方面有其独到之处,在产品的设计与加工方面也很优秀。土耳其国土横跨欧亚大陆,已成为欧洲众多国家及品牌的主要生产加工基地,在土耳其,可以看到欧洲最新的流行款式、先进的加工技术。其中,横跨欧亚的伊斯坦布尔(lstanbul)以及原材料产地伊兹密尔(lzmtr)等地区已经成为土耳其的生产和贸易中心。

土耳其的养殖业非常发达,为皮革业以及毛纺织的发展提供了很强的材料自给保障。皮革加工以及毛纺织业从工艺、技术到设备都非常完善,同时配套行业也很发达,这为服装以及纺织产业的发展提供了基础和保障。

在技术与人才方面,土耳其也有较大优势。从历史传统上看,土耳其本身在纺织品的织造以及产品深加工方面都有着悠久的历史,尽管土耳其目前主要信奉伊斯兰教,但却不封闭,意识比较开放,特别是在服装的流行方面,做到"近水楼台先得月",对意大利的产品流行跟得非常紧,再加上修改,使其产品的时尚性非常国际化,而且目前在伊斯坦布尔设立的服装设计学院每年都为产业提供许多优秀的设计师,也为该市场的产品不断推出提供了人才条件。

近年来,随着中国和印度的低价织物和服装大量涌入国际市场,使土耳其意识到如不生产与中、印不同的纺织品服装会被淘汰出局。为此,土耳其开始把力量重新集中在优质面料的生产上,将投资更多地转向培养熟练的创新型设计师和技术人才。土耳其将主要精力放在发展高端纺织品服装市场与中国和印度拉开差距。

资料来源:郝杰:《土耳其纺织服装业:力求在国际市场树立新形象》,《纺织服装周刊》2007年第22期。

二、印度

纺织服装业是印度经济的一个重要部门,是印度外汇收入的最主要来源。印度纺织服装业的产值占其国内生产总值的 4%，工业产值的 20%；印度出口收入的 30% 来自于纺织服装业；印度纺织服装业大约雇佣 3800 万人，是吸纳就业人数最多的工业部门[①]。

纺织服装行业是印度历史最悠久的行业。从 20 世纪 80 年代开始，印度纺织服装业凭借得天独厚的优势，连续多年保持高速增长。自从 1991 年印度实施经济改革以来，印度纺织服装行业作为其国内重点扶持的行业之一，逐步发展成为印度的支柱产业之一，也成为世界纺织工业领域和国际纺织品服装市场上的一支重要力量。

印度纺织服装业的发展优势在于低廉的工资水平，充足的纺织原料供应（印度是世界第一大黄麻生产国，第二大丝绸生产国，第三大棉纱生产国和第五大合成纤维生产国[②]），庞大的国内市场以及政府的重视和支持。

目前，印度是美国第 3 大纺织品进口来源国，第 6 大服装进口来源国；是欧盟的第 4 大纺织品进口来源地和第 5 大服装进口来源地，但其在美欧市场的地位日益受到孟加拉、越南、土耳其、巴基斯坦等国的挑战。

（一）印度纺织品服装出口概况

根据表 7-4，印度是世界第五大纺织品服装出口市场。2008 年，印度出口纺织品服装 211.1 亿美元，占世界纺织品服装出口比重为 3.45%。如图 7-13 所示，1989—2009 年，印度的纺织品服装出口持续增长，年均增长率为 8.7%，其中纺织品出口的年均增速为 8.5%，低于服装出口 9.2% 的年均增速。印度纺织品服装出口的稳步增长使其在国际纺织品服装市场中的地位逐步上升，1990 年印度在国际纺织品服装局世界主要出口地排名中位列 17，到 1995 年上升到第 10 位，2005

---

① Vern Simpson, India's Textile and Apparel Industry：Growth Potential and Trade and Investment Opportunities.

② 赵京霞：《后配额时代的国际纺织品贸易》，中国纺织出版社 2006 年版，第 178—179 页。

年又进一步上升到全球第5位①。

（单位：亿美元）

—— 纺织品出口　　---- 服装出口　　—— 纺织品服装出口

图7-13　1989—2009 印度纺织品服装出口情况

资料来源：联合国商品贸易数据库，计算得出。数据采用 SITC Rev3. 两位产品分类。

印度纺织品服装出口的一个特点是，纺织品和服装在纺织品服装总出口中所占的比重基本相当。在 20 世纪 90 年代前期，服装出口略大于纺织品出口，1994 年以后的几年，纺织品出口超过了服装出口；2005 年以来，由于印度服装出口增速大于纺织品出口，服装出口在总出口中的占比呈现扩大的趋势（见图 7-14）。

（二）印度纺织品服装出口地区分布

1. 印度纺织品出口市场

美国是印度最大的纺织品出口市场，2009 年印度对美纺织品出口占其纺织品出口总额的 17%。阿联酋已经成为印度纺织品出口的第二大市场，其占比达到 7%。如图 7-16 所示，巴基斯坦在印度纺织品出口中的地位异军突起，2009 年已成为仅次于德国的印度第四大纺织品出口市场，而英国和意大利的市场地位有所下降见（见图 7-15、图 7-16）。

---

① International Textile and Clothing Bureau：Top 100 Textiles and Clothing Exporters' Ranking Changes and Their Shares Evolution In Merchandise Trade.

（单位：%）

——纺织品占比　- - - - 服装占比

图 7 - 14　印度纺织品和服装出口在纺织品服装总出口中的比重

资料来源:联合国商品贸易数据库,计算得出。数据采用 SITC Rev3. 两位产品分类。

美国 18%
英国 6%
德国 6%
阿联酋 5%
意大利 4%
其他 61%

图 7 - 15　2000 年印度纺织品出口地区分布

资料来源:联合国商品贸易数据库,计算得出。数据采用 SITC Rev3. 两位产品分类。

2. 印度服装出口市场

　　印度服装出口的市场集中度相对于纺织品出口来说较高,其五大服装出口市场合计占服装出口总额的比重达63%。其中,美国仍然是

图7-16 2009年印度纺织品出口地区分布

资料来源:联合国商品贸易数据库,计算得出。数据采用 SITC Rev3. 两位产品分类。

印度服装出口的第一大市场,2009年占比为23%,相对于2000年来说下降了10个百分点(见图7-17、图7-18)。英国、德国和法国的市场份额有所上升,三国合计占印度服装出口总额的31%,大于美国市场份额。阿联酋也是印度重要的服装出口市场之一,其市场份额稳定在9%左右。

图7-17 2000年印度服装出口地区分布

资料来源:联合国商品贸易数据库,计算得出。数据采用 SITC Rev3. 两位产品分类。

图 7-18　2009 年印度服装出口地区分布

资料来源：联合国商品贸易数据库，计算得出。数据采用 SITC Rev3. 两位产品分类。

第三节　孟加拉、巴基斯坦和越南

一、孟加拉

纺织服装业在孟加拉的国民经济中扮演着十分重要的角色。纺织服装业的产值约占该国工业总产值的 38%，其出口占该国总出口所得的 75%，就业人数超过 450 万人[1]。

孟加拉于 1971 年独立后，成立了首家国营纺织厂。上世纪 90 年代初期，私营纺织厂陆续开设[2]。孟加拉的纺织业在其整个纺织服装业生产体系中处于较弱的一环，在出口价值及就业人数等各方面均不及服装业重要。据统计，目前孟加拉拥有 200 多家纺纱厂，纱线生产能力约为每年 5 亿公斤；拥有 350 多家大、中型机织布厂和 1000 多家小型动力织布厂，拥有 4 万多台动力织布机，但其中只有约 1/4 的织布机

---

① 驻孟加拉国经商参处：《中国企业投资孟加拉国纺织服装业的优势分析》。
② 《孟加拉国纺织服装业概况》，《纺织信息周刊》2004 年第 38 期，第 39 页。

为现代无梭型。另外,孟加拉拥有 500 多家针织布染整厂和 300 多家机织布染整厂,具有约 25 亿米的年加工能力①。

服装业是孟加拉的支柱产业,对孟加拉国民生产总值的贡献度为 10.5%,在出口创汇和劳动力就业等方面亦贡献巨大。孟加拉的服装厂成立于 1978 年,据孟加拉官方统计,目前孟加拉有大小服装加工企业 4000 多家(其中大型服装加工企业有约 600 家),直接从业人员 180 万,吸纳了约 50% 的工业劳动力。

纺织服装业出口在孟加拉外贸出口中具有举足轻重的地位。据国际纺织品服装局统计的资料,1990 年,孟加拉纺织品服装出口占其全部货物贸易出口比重达 58.6%,且这一比重在过去 20 年里逐年上升,2000 年孟加拉纺织品服装出口占其外贸出口的比重已达 81.9%,到 2007 年又进一步上升到 87.1%。可见,纺织服装业是孟加拉出口创汇的最主要来源。

(一)孟加拉纺织品服装出口概况

孟加拉的纺织品服装出口在近 20 年里增长十分迅速。1989 年,孟加拉出口纺织品服装仅 7.4 亿美元,到 2007 年已达 103.7 亿美元,是 1989 年的 14 倍,年均增幅达 17%。如图 7-19 所示,孟加拉服装出口的增长快于纺织品出口增长,1989—2007 年,纺织品出口年均增长为 10.8%,而服装出口年均增长则高达 20.2%。孟加拉在世界纺织品服装出口中的地位也上升迅速。在国际纺织品服装局世界主要出口地排名中,1990 年孟加拉位列 38,1995 年上升到第 23 位,2000 年排名第 19,2005 年进一步上升到第 14 位,2007 年则进入全球前 10,位列第 8②。

由于孟加拉的纺织业发展相对于服装业较为薄弱,孟加拉纺织品

---

① 驻孟加拉国经商参处:《中国企业投资孟加拉国纺织服装业的优势分析》。

② International Textile and Clothing Bureau: Top 100 Textiles and Clothing Exporters' Ranking Changes and Their Shares Evolution In Merchandise Trade.

（单位：亿美元）

图 7-19 1989—2007 年孟加拉纺织品服装出口情况

资料来源:联合国商品贸易数据库,计算得出。数据采用 SITC Rev3. 两位产品分类。

出口在其纺织品服装总出口中的占比呈逐年下降趋势（见图 7-20）。

（单位：%）

图 7-20 孟加拉纺织品和服装出口在纺织品服装总出口中的比重

资料来源:联合国商品贸易数据库,计算得出。数据采用 SITC Rev3. 两位产品分类。

1989 年,孟加拉纺织品出口占其纺织品服装总出口比重为 40%,到 1993 年下降为 20%,到 1998 年又进一步下降为 10%。2007 年,孟加拉出口服装 93.9 亿美元,占比 90.55%;出口纺织品 9.8 亿美元,占比 9.45%。

(二)孟加拉纺织品服装出口地区分布

1. 孟加拉纺织品出口市场

2007 年,英国和美国是孟加拉最重要的纺织品出口市场,并且英国超过美国成为孟加拉纺织品第一大出口市场。美国市场在孟加拉纺织品出口中的占比下降明显,从 2000 年的 24% 下降到 2007 年的 11%(见图 7-21、图 7-22)。与 2000 年相比,土耳其市场在孟加拉纺织品出口中的重要性有所上升,从 2000 年的 5.7% 扩大到 2007 年的 8%,而阿联酋和比利时的市场占比有所下降。

图 7-21　2000 年孟加拉纺织品出口地区分布

资料来源:联合国商品贸易数据库,计算得出。数据采用 SITC Rev3. 两位产品分类。

图 7 - 22   2007 年孟加拉纺织品出口地区分布

资料来源:联合国商品贸易数据库,计算得出。数据采用 SITC Rev3. 两位产品分类。

背景知识

孟加拉服装出口迅猛发展

　　服装工业是孟加拉国最大的出口收入来源。2009 年 1—9 月份,孟加拉成衣制品出口额达 26.6 亿美元,比印度高出 3.9 亿美元。而 2008 年孟印两国成衣制品出口额不相上下,各占全球成衣出口总额的 3% 左右。2009 年印度成衣出口大幅下降,比去年同期减少 80% 左右。其主要原因有三:一是全球经济危机导致外部需求萎缩,出口严重受挫;二是孟加拉、越南、斯里兰卡等国成衣制品工业迅猛发展,出口竞争形势严峻;三是因孟加拉的成衣制品销往欧盟、澳大利亚、加拿大等国可享受零关税优惠,加之孟加拉劳动力价格低廉,印度投资商纷纷前往孟加拉投资设厂。孟加拉政府也加大招商引资力度,大力发展成衣制造业,孟加拉有望成为南亚地区成衣制品出口大国。

　　孟加拉正在逐步取代中国成为廉价服装的主要出口国。孟加拉成衣出口主要依靠欧美市场,但是目前也有不少成衣输往日本和其他国家。由于发达国家受全球经济衰退影响而倾向于更廉价的服装,许多国际商户放弃中国而来孟加拉购买更便宜的成衣,因而国际经济衰退对孟加拉成衣出口并未造成很大影响。据孟加拉出口促进局统计,2008—2009 财年(2008 年 7 月至 2009 年 6 月)孟加拉出口梭织服装59.18 亿美元,针织服装 64.29 亿美元,同比分别增长了 14.54%和 16.21%。

资料来源:中国纺织经济信息网。

2. 孟加拉服装出口市场

如图 7 - 23 和 7 - 24 所示,孟加拉服装出口的市场集中度非常高。2000 年,美国市场占孟加拉服装出口总额的 46%,而前五大出口市场合计占其服装出口总额比重达 81%。虽然这一情况近年有所改善,但2007 年前五大出口市场合计占比仍高达 75%,其中美国为 32%,德、英、法、西四国合计占比 43%,德国市场较 2000 年扩大明显。

图 7 - 23　2000 年孟加拉服装出口地区分布

资料来源:联合国商品贸易数据库,计算得出。数据采用 SITC Rev3. 两位产品分类。

图 7－24　2007 年孟加拉服装出口地区分布

资料来源:联合国商品贸易数据库,计算得出。数据采用 SITC Rev3. 两位产品分类。

二、巴基斯坦

纺织服装业是巴基斯坦的支柱产业,在巴基斯坦工业生产、出口、劳动力就业乃至整个国民经济发展中占有举足轻重的地位。巴基斯坦纺织业在国内生产总值(GDP)中占有 8.5% 的份额,在整个制造业中所占比重高达 46%;全国纺织业就业人数 1500 万人,占制造业总就业人口的 38%。

巴基斯坦目前有大型纺织企业近 450 家,其中大约 50 家是多功能型的(既纺纱又织布,有的还生产服装);另有至少有 300 家雇员在 100人以上的“较大型”针织和机织服装生产企业;此外还有数千个小型纺织厂,从事各种各样的纺织品生产。巴基斯坦服装生产企业总数量为 4500 家,其中 80% 是小型作坊式企业,20% 为大型工业化企业[①]。

纺织品服装是巴基斯坦第一大类出口商品,2007 年纺织品服装出口额占货物贸易出口总额的 68%。巴基斯坦纺织服装业的优势在于,

---

①　中国商务部:《巴基斯坦纺织服装业基本情况》。

巴基斯坦是世界第四大棉花、纱和布的生产国,纱和布的出口量在世界分别排名第二位和第三位;拥有强大的纺纱业、织布能力,良好的针织生产能力;劳动力成本低廉;以及优良的投资优惠政策。

(一)巴基斯坦纺织品服装出口概况

根据表7-4,巴基斯坦是全球第九大纺织品服装出口国。2008年巴基斯坦出口纺织品服装110.9亿美元,占全球纺织品服装出口额的1.81%。1990—2009年,巴基斯坦纺织品服装出口呈现波动性增长,年均增幅6%。其中,纺织品出口增长波动较大,年均增幅5.5%,服装出口增长相对平稳,年均增幅7.3%,服装出口增速快于纺织品出口增速(见图7-25)。

（单位:亿美元）

图7-25 1990—2009年巴基斯坦纺织品服装出口情况

资料来源:联合国商品贸易数据库,计算得出。数据采用 SITC Rev3. 两位产品分类。

与其他发展中纺织品服装出口大国不同的是,巴基斯坦的纺织品服装总出口中,纺织品出口大于服装出口。2009年,巴基斯坦出口纺织品65.1亿美元,占纺织品服装总出口的66%,出口服装33.6亿美元,占34%。由图7-26可以看出,1999年以后,由于服装出口增速大于纺织品出口增速,服装出口在巴基斯坦纺织品服装总出口中的比重呈上升趋势。

图 7 - 26 巴基斯坦纺织品和服装出口在纺织品服装总出口中的比重

资料来源:联合国商品贸易数据库,计算得出。数据采用 SITC Rev3. 两位产品分类。

(二)巴基斯坦纺织品服装出口地区分布

图 7 - 27 2000 年巴基斯坦纺织品出口地区分布

资料来源:联合国商品贸易数据库,计算得出。数据采用 SITC Rev3. 两位产品分类。

1. 巴基斯坦纺织品出口市场

如图 7 - 27 和 7 - 28 所示,美国是巴基斯坦最大的纺织品出口市场,2009 年占巴基斯坦纺织品出口总额的 21%。中国市场在巴基斯坦纺织品出口中的地位大幅提高。2005 年,中国在巴基斯坦出口总额中的占比仅 3.7%,到 2009 年已上升到 11%,取代中国香港成为巴基斯坦纺织品第二大出口市场。韩国和阿联酋在巴基斯坦纺织品出口中的地位有所下降,从 2000 年的第四、第五位分别下降到第九和第十七位。

图 7 - 28　2009 年巴基斯坦纺织品出口地区分布

资料来源:联合国商品贸易数据库,计算得出。数据采用 SITC Rev3. 两位产品分类。

2. 巴基斯坦服装出口市场

在巴基斯坦的服装出口中,美国占据绝对主要地位(见图 7 - 29、图 7 - 30)。2009 年,巴基斯坦对美出口服装 14.9 亿美元,占巴基斯坦服装出口总额的 45%。欧盟也是巴基斯坦服装出口的重要市场。2009 年英国、德国、西班牙及比利时四国合计占巴基斯坦服装出口的 28%。与孟加拉国一样,巴基斯坦的服装绝大部分出口至美国和欧盟国家,市场集中度极高。

图7-29　2000年巴基斯坦服装出口地区分布

资料来源:联合国商品贸易数据库,计算得出。数据采用 SITC Rev3. 两位产品分类。

图7-30　2009年巴基斯坦服装出口地区分布

资料来源:联合国商品贸易数据库,计算得出。数据采用 SITC Rev3. 两位产品分类。

三、越南

纺织服装业是越南经济的支柱产业之一,也是越南优先发展的产业之一。资料显示,越南纺织服装业约有 160 多万员工(不包括从事棉花生产和蚕丝生产的人员),占工业就业人数的 25% 左右,纺织服装业产值占越南工业总产值的 9% 左右,出口额占其出口总值的 15%[①]。

越南纺织服装业已有近 50 年的发展历史。上世纪 80 年代中后期,越南纺织业生产规模开始扩大,生产能力增强。90 年代初,越南已拥有上千家国营、集体及私营纺织企业。越南现有纺织服装企业约 2000 家,原国营企业于 2008 年基本实现了股份制改造,私营企业和外资企业是目前越南纺织服装生产的主要力量。由于投资环境不断改善,投资于越南纺织服装领域的外资企业不断增多,已占到越南纺织服装企业数目的大约 1/4,这些企业的合计产值占越南纺织品服装出口的 45%[②]。

目前,纺织服装业已经成为越南仅次于能源的第二大出口创汇产业。随着 2007 年越南成为世界贸易组织正式成员,越南纺织品服装出口将进一步扩大。越南纺织服装业的发展得益于低劳动力成本和外国投资的推动,但越南纺织服装业也面临产品附加值低;工人生产效率不高;产业链不完整;企业设备老化、工艺落后等问题。

(一)越南纺织品服装出口概况

越南是近年纺织品服装出口增长最快的国家之一。1997—2008 年越南纺织品服装出口从 15.3 亿美元增长到 103 亿美元,年均增幅达 19.7%(见图 7—31)。特别是 2001 年《越美贸易协定》签订后,越南纺织品服装出口增长更为迅速,2001—2008 年,越南纺织品服装出口年均增长 24.8%,越南逐步发展成为全球重要的纺织品服装出口国。根据表

---

① 赵京霞:《后配额时代的国际纺织贸易》,中国纺织出版社 2006 年版,第 214—215 页。

② 老王:《入世后的越南纺织服装业》,《中国市场》2007 年第 9 期,第 60 页。

7－4,2008 年越南仅次于巴基斯坦,排名全球第十大纺织品服装出口国。

（单位：亿美元）

图 7－31 1997—2008 年越南纺织品服装出口情况

资料来源:联合国商品贸易数据库,计算得出。数据采用 SITC Rev3. 两位产品分类。

越南纺织品服装出口以服装出口为主。服装出口占越南纺织品服装总出口的比重一直在 85%—90% 之间,纺织品出口只占 10%—15%

（单位：%）

图 7－32 越南纺织品和服装出口在纺织品服装总出口中的比重

资料来源:联合国商品贸易数据库,计算得出。数据采用 SITC Rev3. 两位产品分类。

(见图 7－32)。2008 年越南出口纺织品 15.6 亿美元,占比 15.2%,出口服装 87.2 亿美元,占比 84.8%。

(二)越南纺织品服装出口地区分布

1. 越南纺织品出口市场

由图 7-33、图 7-34 可以看出,越南的纺织品出口市场主要集中在亚洲,2008 年韩国、日本和中国是越南三大纺织品出口目的国,合计占越南纺织品出口总额的 35%。其中,日本市场所占份额下降明显,由 2000 年的 30% 下降到 2008 年的 13%,而韩国的市场份额有所上升,超越日本成为越南纺织品第一大出口市场。中国和美国在越南纺织品出口中的份额增长明显,2000 年越南对中国和美国出口分别占其纺织品总出口的 1.7% 和 0.4%,到 2008 年,两国的市场份额已上升到 8% 和 7%。

图 7－33　2000 年越南纺织品出口地区分区

资料来源:联合国商品贸易数据库,计算得出。数据采用 SITC Rev3. 两位产品分类。

2. 越南服装出口市场

近年来,越南服装出口格局发生了很大变化。2001 年 12 月《越美贸易协定》生效后,越南对美国出口大幅增长。2000 年,美国是越南第七大服装出口市场,越南对美国服装出口在其服装出口总额中的占比为

图 7－34　2008 年越南纺织品出口地区分布

资料来源:联合国商品贸易数据库,计算得出。数据采用 SITC Rev3. 两位产品分类。

2.7%,2005 年,这一比重迅速扩大到 56.2%,并在 2008 年继续扩大到 59%。美国取代日本成为越南第一大服装出口市场,而日本的市场份额由 2000 年的 32% 大幅缩减到 2008 年的 9%(见图 7－35、图 7－36)。

图 7－35　2000 年越南服装出口地区分布

资料来源:联合国商品贸易数据库,计算得出。数据采用 SITC Rev3. 两位产品分类。

图 7 - 36 2008 年越南服装出口地区分布

资料来源:联合国商品贸易数据库,计算得出。数据采用 SITC Rev3. 两位产品分类。

【本章小结】

本章简要介绍了世界纺织品服装出口市场的格局,并主要介绍了中国、土耳其、印度、孟加拉、巴基斯坦和越南几国的纺织服装业发展情况及纺织品服装出口情况,并具体讲述了这些国家的纺织品出口市场及服装出口市场。

【本章复习与思考】

1. 世界主要纺织品服装出口国有哪些?

2. 中国和土耳其纺织品服装出口市场分布有何不同? 各有何特点?

3. 选择2—3 个感兴趣的国家比较分析其纺织品和服装出口市场的分布。

参考文献

［1］《2007/2008 中国纺织工业发展报告》,中国纺织出版社 2008
年版。

［2］《2009/2010 中国纺织工业发展报告》,中国纺织出版社 2010
年版。

［3］曹亚克、王玺、郝杰:《美英德纺织服装业发展的比较分析》,
《中外科技信息》2003 年第 11、12 期。

［4］陈洁民、于岚:《国际贸易》,化学工业出版社 2008 年版。

［5］郭燕:《 后配额时代的中国纺织服装业》,中国纺织出版社
2007 年版。

［6］国际纺织品服装局,http://www.itcb.org。

［7］胡玉洁:《中印纺织服装产业出口竞争优势比较研究》,江南大
学,2009 年第 1 期。

［8］联合国商品贸易数据库,http://comtrade.un.org/。

［9］美国纺织品服装办公室,http://otexa.ita.doc.gov/
msrpoint.htm。

［10］宁俊:《国际服装商务》,中国纺织出版社 2005 年版。

［11］欧盟服装纺织联盟,http://www.euratex.org/。

［12］施禹之:《WTO 与中国纺织工业》,中国纺织出版社 2001
年版。

［13］世界贸易组织,http://www.wto.org。

［14］谭劲松:《中国纺织经济》,中国纺织出版社 2001 年版。

［15］亚洲纺织世界，http：//www. textileworldasia. com。

［16］姚兰：《贸易保护主义"子弹"纷飞——回顾2010年我国纺服类产品的贸易保护状况》，《纺织服装周刊》2011年第4期。

［17］赵京霞：《后配额时代的国际纺织品贸易》，中国纺织出版社2006年版。

［18］赵君丽：《从美国纺织服装产业调整看中国的产业升级》，《国际经贸探索》2010年第1期。

［19］中国纺织经济信息网，http：//www. ctei. gov. cn/。

［20］中国纺织品进出口商会网，http：//www. ccct. org. cn/。

［21］中国国际电子商务网，http：//www. ec. com. cn/。

［22］中国贸易救济信息网，http：//www. cacs. gov. cn/。

［23］中华人民共和国国家统计局网站，http：//www. stats. gov. cn/。

［24］中华人民共和国商务部网站，http：//www. mofcom. gov. cn/。

［25］中国质量新闻网，http：//www. cqn. com. cn/。

［26］中华纺织网，http：//www. texindex. com. cn/。

［27］Baris Tan，*Overview of the Turkish Textile and Apparel Industry*，Harvard Center for Textile and Apparel Research，Harvard University.

［28］Gauray Doshi，*Textile & Apparel Industry in Turkey*，http://EzineArticles. com/expert = Gaurav_Doshi.

［29］International Textile and Clothing Bureau，*Overview of Textiles and Clothing Exports to the World*：1995—2007.

［30］International Trade Statistics 2009，World Trade Organization，2009.

［31］U. S. Congress，Office of Technology Assessment，*The U. S. Textile and Apparel Industry*：*A Revolution in Progress-Special Report*，OTA-TET-332，April 1987.

［32］Vern Simpson，*India's Textile and Apparel Industry*：*Growth Potential and Trade and Investment Oppotunities*.

[33] William A. Amponsah and Victor Ofori Boadu, *Crisis in the U. S. Textile and Apparel Industry: Is It Caused by Trade Agreements and Asian Currency Meltdowns?* May 2002.

策划编辑:郑海燕
装帧设计:徐　晖
责任校对:张杰利

图书在版编目(CIP)数据

国际纺织品服装贸易理论与措施/郭　燕　杨楠楠　编著.
　-北京:人民出版社,2011.8
(服装产业经济学丛书)
ISBN 978－7－01－010114－9

Ⅰ.①国…　Ⅱ.①郭…②杨…　Ⅲ.①纺织品-国际贸易②服装-国际
　贸易　Ⅳ.①F746.8

中国版本图书馆 CIP 数据核字(2011)第 154764 号

国际纺织品服装贸易理论与措施
GUOJI FANGZHIPIN FUZHUANG MAOYI LILUN YU CUOSHI

郭　燕　杨楠楠　编著

人民出版社 出版发行
(100706　北京朝阳门内大街 166 号)

北京市文林印务有限公司印刷　　　新华书店经销

2011 年 8 月第 1 版　2011 年 8 月北京第 1 次印刷
开本:710 毫米×1000 毫米 1/16　印张:19
字数:250 千字　印数:0,001-2,500 册

ISBN 978－7－01－010114－9　定价:40.00 元

邮购地址 100706　北京朝阳门内大街 166 号
人民东方图书销售中心　电话 (010)65250042　65289539